全国交通技工院校汽车运输类专业规划教材

汽车营销礼仪
（第2版）

（汽车商务专业用）

吴晓斌　主　编
张玮馨　马彦飞　副主编
李福来　主　审

人民交通出版社股份有限公司
北京

内 容 提 要

本书是全国交通技工院校汽车运输类专业规划教材之一,主要包括汽车营销礼仪概述、汽车营销人员仪表礼仪、汽车营销人员仪态规范、汽车营销人员服务语言、国旗悬挂礼仪及位次礼仪、接待工作礼仪、沟通与应答技巧、商务通信礼仪、汽车4S企业售后服务流程及其礼仪规范,共9个项目。

本书是交通技工院校、中等职业学校的汽车商务专业的核心课程教材,也可作为汽车维修技术等级考核及培训用书和相关技术人员的参考用书。

图书在版编目(CIP)数据

汽车营销礼仪/吴晓斌主编. —2版. —北京:
人民交通出版社股份有限公司,2021.1
ISBN 978-7-114-16912-0

Ⅰ.①汽… Ⅱ.①吴… Ⅲ.①汽车—市场营销学—礼仪—中等专业学校—教材 Ⅳ.①F766

中国版本图书馆CIP数据核字(2020)第207638号

QICHE YINGXIAO LIYI

书　　　名:	汽车营销礼仪(第2版)
著 作 者:	吴晓斌
责任编辑:	郭　跃
责任校对:	赵媛媛
责任印制:	张　凯
出版发行:	人民交通出版社股份有限公司
地　　　址:	(100011)北京市朝阳区安定门外外馆斜街3号
网　　　址:	http://www.ccpcl.com.cn
销售电话:	(010)59757973
总 经 销:	人民交通出版社股份有限公司发行部
经　　　销:	各地新华书店
印　　　刷:	北京市密东印刷有限公司
开　　　本:	787×1092　1/16
印　　　张:	13.25
字　　　数:	296千
版　　　次:	2014年1月　第1版 2021年1月　第2版
印　　　次:	2021年1月　第2版　第1次印刷　总第6次印刷
书　　　号:	ISBN 978-7-114-16912-0
定　　　价:	34.00元

(有印刷、装订质量问题的图书由本公司负责调换)

交通职业教育教学指导委员会
汽车(技工)专业指导委员会

主 任 委 员：李福来

副主任委员：金伟强　戴　威

委　　　员：王少鹏　王作发　关菲明　孙文平

　　　　　　张吉国　李桂花　束龙友　杨　敏

　　　　　　杨建良　杨桂玲　胡大伟　雷志仁

秘　　　书：张则雷

第2版前言

　　为适应社会经济发展和汽车运用与维修专业技能型人才培养的需求,交通职业教育教学指导委员会汽车(技工)专业指导委员会陆续组织编写了汽车维修、汽车营销、汽车检测等专业技工、高级技工及技师教材,受到广大职业院校师生的欢迎。随着职业教育教学改革的不断深入,职业学校对课程结构、课程内容及教学模式提出了更高、更新的要求。《国家职业教育改革实施方案》提出"引导行业企业深度参与技术技能人才培养培训,促进职业院校加强专业建设、深化课程改革、增强实训内容、提高师资水平,全面提升教育教学质量"。为此,人民交通出版社股份有限公司根据职业教育改革相关文件精神,组织全国交通类技工、高级技工及技师类院校再版修订了全国交通技工院校汽车运输类专业规划教材。

　　此次再版修订的教材总结了交通技工类院校多年来的汽车专业教学经验,将职业岗位所需要的知识、技能和职业素养融入汽车专业教学中,体现了职业教育的特色。本版教材改进如下:

　　1. 教材编入了汽车营销行业的最新知识、新理论,更新相关法规,同时注意新设备、新场景和新方法的介绍,删除上一版中陈旧内容。

　　2. 对上一版中错漏之处进行了修订。

　　本书由杭州技师学院吴晓斌担任主编,张玮馨、马彦飞担任副主编。江苏交通技师学院王君磊、沈阳交通技术学校衣莉参加了项目六、七的编写。全书在编写过程中得到了部分汽车4S店的帮助和支持,在此一并致谢。

　　限于编者经历和水平,教材内容难以覆盖全国各地中等职业学校的实际情况,希望各学校在选用和推广本系列教材的同时,注重总结教学经验,及时提出修改意见和建议,以便再版修订时改正。

编　者

2020 年 10 月

第1版前言

教育部关于全面推进素质教育深化中等职业教育教学改革的意见中提出"中等职业教育要全面贯彻党的教育方针,转变教育思想,树立以综合素质为基础、以能力为本位的新观念,培养与社会主义现代化建设要求相适应,德智体美劳全面发展,具有综合职业能力,在生产、服务、技术和管理第一线工作的高素质劳动者和初中级专门人才"。根据这一精神,交通职业教育教学指导委员会在专业调研和人才需求分析的基础上,通过与从事汽车运输行业一线行业专家共同分析论证,对汽车运输类专业所涵盖的岗位(群)进行了职业能力和工作任务分析,通过典型工作任务分析→行动领域归纳→学习领域转换等步骤和方法,形成了汽车运输类专业课程体系,于2011年3月,编辑出版了《交通运输类主干专业教学标准与课程标准》(适用于技工教育)。为更好地执行这两个标准,为全国交通运输类技工院校提供适应新的教学要求的教材,交通职业教育教学指导委员会汽车(技工)专业指导委员会于2011年5月启动了汽车运输类主干专业系列规划教材的编写。

本系列教材为交通职业教育教学指导委员会汽车(技工)专业指导委员会规划教材,涵盖了汽车运输类的汽车维修、汽车钣金与涂装、汽车装饰与美容、汽车商务等4个专业26门专业基础课和专业核心课程,供全国交通运输类技工院校汽车专业教学使用。

本系列教材体现了以职业能力为本位,以能力应用为核心,以"必需、够用"为原则;紧密联系生产、教学实际;加强教学针对性,与相应的职业资格标准相互衔接。教材内容适应汽车运输行业对技能型人才的培养要求,具有以下特点:

1. 教材采用项目、课题的形式编写,以汽车维修企业、汽车4S店实际工作项目为依据设计,通过项目描述、项目要求、学习内容、学习任务(情境)描述、学习目标、资料收集、实训操作、评价与反馈、学习拓展等模块,构建知识和技能模块。
2. 教材体现职业教育的特点,注重知识的前沿性和全面性,内容的实用性和实践性,能力形成的渐进性和系统性。
3. 教材反映了汽车工业的新知识、新技术、新工艺和新标准,同时注重新设备、新材料和新方法的介绍,其工艺过程尽可能与当前生产情景一致。
4. 教材体现了汽车专业中级工应知应会的知识技能要求,突出了技能训练和学习能力的培养,符合专业培养目标和职业能力的基本要求,取材合理,难易程度适中,切合中技学生的实际水平。
5. 教材文字简洁,通俗易懂,以图代文,图文并茂,形象直观,容易培养学员的学习兴趣,有利于提高学习效果。

本书根据交通职业教育教学指导委员会交通运输类主干专业教学标准与课程标准——

《汽车营销礼仪课程标准》进行编写,是交通技工院校、中等职业学校的汽车商务专业的专业核心课程教材。主要内容包括汽车营销礼仪概述、汽车营销人员仪表礼仪、汽车营销人员仪态规范、汽车营销人员服务语言、位次礼仪、待人接物、沟通与应对技巧、商务通信礼仪、汽车4S企业售后服务流程及礼仪规范,共9个项目。

本书由杭州技师学院吴晓斌担任主编,由江苏汽车技师学院李福来担任主审。项目一、项目九由吴晓斌编写;项目二、项目三由杭州技师学院马彦飞编写;项目四、项目八由杭州技师学院张玮馨编写;项目五、项目七由沈阳交通技术学校衣莉编写;项目六由江苏交通技师学院王君磊编写。全书在编写过程中得到了部分汽车修理厂家和汽车4S店的支持,在此一并表示感谢。

由于编者经历和水平有限,教材内容难以覆盖全国各地的实际情况,希望各地教学单位在积极选用和推广本教材的同时,总结经验并及时提出修改意见和建议,以便再版时进行修订改正。

交通职业教育教学指导委员会
汽车(技工)专业指导委员会
2013年2月

目　　录

项目一　汽车营销礼仪概述 ··· 1
　　任务一　礼仪与汽车营销 ··· 2
　　任务二　汽车销售服务企业组织机构与人员构成 ···················· 7
　　任务三　汽车营销服务的内容与汽车营销礼仪 ····················· 18

项目二　汽车营销人员仪表礼仪 ··· 22
　　任务一　初识仪表礼仪 ··· 22
　　任务二　汽车营销人员妆饰礼仪规范 ·································· 24
　　任务三　汽车营销人员服饰礼仪规范 ·································· 29

项目三　汽车营销人员仪态规范 ··· 37
　　任务一　站、坐、行、蹲姿态规范 ····································· 37
　　任务二　手势、上下车礼仪规范 ·· 42
　　任务三　表情礼仪规范 ··· 46

项目四　汽车营销人员服务语言 ··· 48
　　任务一　走进汽车营销服务语言的世界 ······························ 48
　　任务二　汽车营销服务语言的语气、语调、语速 ··············· 59

项目五　国旗悬挂礼仪及位次礼仪 ··· 67
　　任务一　国旗悬挂礼仪 ··· 68
　　任务二　位次礼仪 ··· 70

项目六　接待工作礼仪 ·· 84
　　任务一　见面礼仪 ··· 85
　　任务二　介绍礼仪 ··· 94
　　任务三　接待礼仪 ··· 96

项目七　沟通与应答技巧 ·· 103
　　任务一　沟通技巧 ·· 104

任务二　聆听的技巧 ·· 106
　　任务三　接打电话的技巧 ·· 108
　　任务四　纠纷处理 ·· 112

项目八　商务通信礼仪 ·· 115
　　任务一　汽车营销商务信函 ·· 115
　　任务二　汽车营销商务传真 ·· 121
　　任务三　汽车营销商务电子邮件和商务信息 ····································· 124

项目九　汽车4S企业售后服务流程及其礼仪规范 ···································· 132
　　任务一　汽车售后服务概述 ·· 132
　　任务二　预约 ··· 133
　　任务三　准备工作 ·· 154
　　任务四　接车/制单 ··· 161
　　任务五　修理/进行工作 ··· 174
　　任务六　质检/内部交车 ··· 181
　　任务七　交车/结账 ··· 186
　　任务八　跟踪 ··· 194

参考文献 ··· 202

项目一　　汽车营销礼仪概述

 项目要求

1. 知识目标

知道礼仪、营销礼仪的基本知识，包括礼仪与营销礼仪的含义及内容、礼仪在营销活动尤其是汽车营销中的重要性、汽车营销人员的基本素养及礼仪要求；知道汽车销售服务企业——4S店的由来与现状，并了解其内部结构、各部门各岗位人员的职责，掌握汽车营销服务与售后服务的基本环节。

2. 技能目标

能够运用现代商务礼仪的基本知识，养成良好的礼仪修养，并能够在日常生活和工作中养成习惯。能够运用掌握的基本知识把握汽车营销与售后服务人员应该具备的素质，并能够在日常生活和工作中付诸实践。

3. 素养目标

重视礼仪在现代商务交往中的重要作用，并能够树立起较强的礼仪意识，为将来踏入汽车销售行业做好准备。较为全面地认识汽车销售服务企业，对应自身所学专业，明确学习目标。

 项目描述

本项目有三个学习任务：首先是介绍礼仪尤其是商务礼仪基本知识，包括商务礼仪的基本概念、礼仪的起源和发展以及礼仪在营销活动尤其是汽车营销活动中的重要作用。其次是全面介绍汽车销售服务企业的由来、现状、内部结构以及各岗位的基本责任。最后是介绍汽车营销与售后服务的基本环节。

 建议课时

6课时。

任务一 礼仪与汽车营销

学习任务

从古至今,我国素有"礼仪之邦"的美誉,包括儒家、道家等许多主流思想都推崇"讲礼重仪",并且对古代和近代社会文化的礼仪观念形成起到了重要的推动作用。现代社会的日常生活交往和经济活动交往中,加强礼仪教育,对于自身素质修养、促进社会文明以及事业成功都具有重要的现实意义。在日常生活交往和商务交往中,遵循一定的礼仪规范,会使得我们的社交和商务活动能够进行得更加顺利,甚至在一定程度上决定了沟通的结果,因为恰当、规范的礼仪既能体现出对他人的尊重,又能展现个人魅力和修养。今天的学习任务就是:了解礼仪的基本知识,掌握礼仪基本规范,掌握汽车营销礼仪的基本概念、特点、原则及作用。

任务知识

一、礼仪的起源与发展

1. 礼仪的起源

最初,礼仪的产生是为了协调群体生活中的各种矛盾,维护社会生活中的"人伦秩序"。

早期的人类多以群居形式生活,人与人之间相互依赖又相互制约。在群体生活中,男女有别,老少有异,既是一种天然的人伦秩序,又是一种需要被所有成员共同认定、保证和维护的社会秩序。人类面临着的内部关系必须妥善处理,因此,人们逐步积累和自然约定出一系列"人伦秩序",这就是最初的礼。此外,原始宗教的祭祀活动也为古代礼仪的形成奠定了一定的基础。这些祭祀活动在历史发展中逐步完善了相应的规范和制度,也就是祭祀礼仪。随着人类对自然与社会各种关系认识的逐步深入,人们将事神致福活动中的一系列行为,从内容和形式扩展到了各种人际交往活动,从最初的祭祀之礼(图1-1-1)扩展到社会各个领域的各种各样的礼仪,如古代的祭天礼仪(图1-1-2)。

图1-1-1 河南新郑黄帝故里拜祖大典

图1-1-2 北京天坛祭天仪式

2. 礼仪的发展

原始社会中晚期已经出现了早期礼仪的萌芽时期,尚不具有阶级性。具体表现有婚嫁礼仪、部族内部尊卑等级的礼制、祭典仪式,同时也出现了人们相互交往中表示礼节和恭敬的动作。

人类进入奴隶社会,统治阶级为了巩固自己的统治地位把原始的宗教礼仪发展成符合社会政治需要的礼制,将其打上了阶级烙印。在这个阶段,中国第一次形成了一整套涉及社会生活各方面的礼仪规范和行为标准(如"五礼"),这是比较完整的国家礼仪与制度。一些礼制典籍(如周代的《周礼》《仪礼》《礼记》)也在这一时期相继诞生,在汉代以来2000多年的历史中,它们一直是国家制订礼仪制度的经典著作,被称为礼经。

春秋战国时期是礼仪的变革时期,以孔子、孟子等为代表的诸子百家对礼教给予了研究和发展,第一次在理论上全面而深刻地论述了社会等级秩序的划分及其意义。例如,孔子非常重视礼仪,把"礼"看成是治国、安邦的基础,更有"不学礼,无以立""质胜文则野,文胜质则史。文质彬彬,然后君子"等强调礼仪的经典语句。孟子则认为"礼"更多地体现为对尊长和宾客严肃而有礼貌,即"恭敬之心,礼也",并把"礼"看作是人的善性的发端之一。

从秦汉到清末,在我国长达2000多年的封建社会里,不同朝代的礼仪文化在社会政治、经济、文化等方面都有了各自的发展,但却一直为统治阶级所利用,礼仪成为维护封建社会等级秩序的工具。整个封建社会的礼仪,大致可以分为国家政治礼制和家庭伦理两类,这一时期的礼仪正是构成中华传统礼仪的主体。

近现代礼仪的发展更多是受到西方"自由、平等、民主、博爱"等思想的影响。辛亥革命以后,中国的传统礼仪规范、制度,受到强烈冲击。五四新文化运动荡涤了腐朽、落后的封建礼教,并继承和完善了一些符合时代要求的传统礼仪,同时将一些国际上通用的礼仪形式和规范引入进来,使中华礼仪焕然一新。中华人民共和国成立后,逐渐确立了以平等相处、友好往来、相互帮助、团结友爱为主要原则的具有中国特色的新型社会关系和人际关系。改革开放以来,随着与世界的交往日趋频繁,我国的传统礼仪和西方一些先进的礼仪、礼节相容并生,一道融入社会生活、经济生活的各个方面,形成了中西交融的礼仪文化特色。今后,随着社会的进步、人民文化素质的提高、科技的发展以及国际交往的增多,礼仪必将得到新的完善和发展。

二、礼仪的含义与内容

1. 礼仪的含义

一般来讲,礼仪可以分成"礼"和"仪"两部分。"礼"是指礼貌、礼节,在《中国礼仪大辞典》中,礼是指特定的民族、人群或国家基于客观历史传统而形成的价值观念、道德规范以及与之相适应的典章制度和行为方式;"仪"则为"仪表""仪态""仪式""仪容"等,是对礼节、仪式的统称。

因此,我们认为"礼仪"就是人们在各种社会的具体交往中,为了相互尊重,在仪表、仪态、仪式、仪容、言谈举止等方面约定俗成的、共同认可的规范和程序。从广义的角度看,礼仪泛指人们在社会交往中的各种行为规范和交际艺术。从狭义上看,礼仪通常是指在较大或隆重的正式场合,为表示敬意、尊重、重视等所举行的合乎社交规范和道德规范的仪式。

2. 礼仪的内容

礼仪贯穿于社会生活中的各个方面,它的内容涵盖了日常交往、商务交流等活动的各种场合。一般来讲,礼仪主要分为个人礼仪和公共礼仪。个人礼仪从内容上看有仪容、举止、表情、服饰、谈吐、待人接物、待客与做客礼仪、见面礼仪、馈赠礼仪等。公共礼仪主要是针对特定环境或场合需要遵循的礼仪规范,如图书馆礼仪、影剧院礼仪、酒会礼仪、餐桌礼仪等。

三、礼仪的基本特征

1. 差异性

礼仪作为一种行为准则和约定俗成的规范,是各民族礼仪文化的一个共性。但是对于礼仪的具体运用,则会因现实条件的不同而呈现出差异性。这主要表现在同一礼仪形式常常会因时间地点的不同使其意义出现差异。

礼仪的差异性,还表现为同一礼仪形式,在不同场合,针对不同对象,会有细微差别。同样是握手,男女之间力度就应不同,新老朋友之间亦有差别。同样打招呼,在不同地区、不同民族的运用形式也不同。

2. 规范性

礼仪是一种规范。礼仪规范的形成,是对人们在社会交往实践中所形成的一定礼仪关系,通过某种风俗习惯和传统的方式固定下来,通过一定社会的思想家们集中概括出来,见之于人们的生活实践,形成人们普遍遵循的行为准则。这种行为准则,不断地支配或控制着人们的交往行为。规范性是礼仪的一个极为重要的特性。

3. 社会普遍性

礼仪这种文化形态,有着广泛的社会性。礼仪贯穿于整个人类的始终,遍及社会的各个领域,渗透到各种社会关系之中,只要有人和人的关系存在,就会有作为人的行为准则和规范的礼仪的存在。

4. 时代发展性

礼仪是一种社会历史发展的产物,并具有鲜明的时代特点。一方面它是在人类的交际活动实践之中形成、发展、完善起来的;另一方面,由社会的发展和历史的进步而引起的众多社交活动的新特点、新问题的出现,又要求礼仪有所变化,这就使礼仪具有相对的变动性。

四、礼仪的种类

礼仪按应用范围一般分为政务礼仪、商务礼仪、服务礼仪、社交礼仪、涉外礼仪、日常礼仪和风俗节庆礼仪七大类。

1. 政务礼仪

政务礼仪是国家公务员在行使国家权力和管理职能时所必须遵循的礼仪规范。

2. 商务礼仪

商务礼仪是人们在商务活动中,用以维护企业形象或个人形象,对交往对象表示尊重和友好的行为准则和规范。它是人们在商务活动中应遵循的礼节,是礼仪在商务领域中的具体运用和体现,实际上就是在商务活动中对人的仪容、仪表和言谈举止的一种普遍要求。

3. 服务礼仪

服务礼仪是指服务行业的从业人员应具备的基本素质和应遵守的行为规范,主要适用于服务行业的从业人员、经营管理人员、商界人士、职场人士、企业白领等从事这一领域的人士。

4. 社交礼仪

社交礼仪是指人们在人际交往过程中所具备的基本素质、交际能力等。社交礼仪在当今社会人际交往中发挥的作用愈显重要。

5. 涉外礼仪

涉外礼仪是指在长期的国际往来中,逐步形成了外事礼仪规范,也就是人们参与国际交往所要遵守的惯例,是约定俗成的做法。它强调交往中的规范性、对象性、技巧性。

6. 日常生活礼仪

日常生活礼仪包括见面礼仪、介绍礼仪、交谈礼仪、宴会礼仪、会客礼仪、舞会礼仪、馈赠礼仪及探病礼仪等。

7. 风俗节庆礼仪

风俗节庆礼仪包括春节礼仪、清明礼仪、端午礼仪、重阳礼仪、中秋礼仪、结婚礼仪、殡葬礼仪及祝寿礼仪等。

五、礼仪与营销活动

企业营销部门及营销人员是直接与客户接触的最前沿,因此,营销类商务活动也是代表企业形象和服务水准的重要环节。怎样才能使营销活动顺利开展,进而促进产品或服务销售呢?除市场营销方面的各类针对性措施外,营销人员的礼仪素质也具有很重要的作用。

(1)良好的礼仪对体现企业形象和产品形象具有重要意义。例如,一些世界知名奢侈品专卖店的销售服务人员都必须经过严格的礼仪训练和培养,这些服务人员从外表仪态到举手投足都代表着这些品牌的高端定位,顾客也能在接受服务的过程中领略到与众不同、高标准的礼仪素养。

(2)礼仪对于拉近与客户之间的关系和距离具有重要意义。在商品经济日趋繁荣、买方市场占主导的现代经济体系中,与客户之间的信任关系是决定企业竞争力的一个重要因素,为促进营销活动的顺利开展,许多企业对销售人员的礼仪素养也逐渐重视起来,因为良好的礼仪容易使双方互相吸引、增进感情,进而促使建立和发展良好的人际关系。

(3)礼仪对规范市场行为具有重要意义。由于现代市场竞争的加剧,许多企业的营销人员以及客户比较容易做出违背市场经济原则的行为,如违约、抢单等。现代营销礼仪可以在一定程度上规范各种行为,促使商务交往双方能够相互合作、相互理解、相互信任,从而保证市场营销活动的顺利开展和市场经济秩序的良好运行。

总而言之,礼仪是营销活动中非常重要的一个因素,营销人员个体和企业营销部门都应该注重自身的礼仪培养,提升礼仪素质,进而提高营销活动的成功率。

六、汽车营销礼仪

在当今日益激烈的市场竞争中,规范得体的服务礼仪作为一种媒介,表达出尊敬、友善、真诚,不仅能较好地展示个人的素养和道德水准,赢得客户的赞誉,还能塑造销售顾问的良好形象,为汽车销售带来经济效益和社会效益。在汽车营销领域,礼仪具有很重要的意义和作用,因为营销人员良好的礼仪能够体现出专业的职业素养和形象气质,向客户传递友好、亲切的情感,从而促成产品的销售。

1. 汽车营销礼仪的概念

汽车营销礼仪是指礼仪在汽车营销职业活动中的运用,是营销人员在汽车营销活动中体现相互尊重的行为准则。它是汽车营销人员的个人仪表、仪容、言谈举止、待人接物的准则,是营销人员个人道德品质、内在素质、文化素质、精神风貌的外在表现。

2. 汽车营销礼仪的特点

汽车营销礼仪作为特定环境下的行礼仪式具有其自身的特征。

(1) 规范性。汽车营销礼仪是营销人员在从事营销活动中待人接物时必须遵守的行为规范。这种规范约束着营销人员的行为举止,使其在仪容、仪表、仪态、举止等方面均按照特定营销项目的要求,符合特定的礼仪规范。如各类汽车品牌由于其企业文化追求的不同,有不同的着装、不同的表情要求。

(2) 限定性。受不同的场合、身份、发生的事件的限定,礼仪的仪式也是有差别的,汽车营销礼仪也是如此。为了满足企业品牌形象和企业经营理念的需要,不同的汽车品牌在营销过程中对营销人员都有特定的约束,从而显示出各类品牌各自特定的内涵,这就是汽车营销礼仪的限定性特点。

(3) 可操作性。不论何种汽车品牌的营销及其售后服务,其礼仪既有总体上的礼仪原则、礼仪规范,又有将这些原则、规范贯穿始终的具体的方式与方法,并落实在各个细节上,从而显得简便易行,容易操作。

(4) 传承性。任何礼仪都具有鲜明的民族特色,都是从各自以往礼仪的基础上继承发展而来,这就是礼仪的传承性特点。汽车营销礼仪也是如此,各类品牌的营销礼仪离不开本民族礼仪,多是对本民族礼仪的继承、发展。

3. 汽车营销礼仪的原则

在汽车营销活动中,营销人员首先要把握具有普遍性、共同性、指导性的礼仪规律——营销礼仪原则。只有这样,才能更好地学习、应用营销礼仪。汽车营销礼仪的原则主要有如下方面。

(1) 遵守原则。自觉自愿地遵守营销礼仪,以礼仪规范自己在营销活动中的一言一行、一举一动,做到学以致用。

(2) 自律原则。礼仪规范是由对待自身的要求与对待他人的方式两大部分构成。对待自身的要求需要在自觉上下功夫,即时时刻刻要求自己按照礼仪规范行事,这也就是自律原则,也是营销礼仪的基础和出发点。

(3) 敬人原则。营销人员对待客户要在互谦互让、互尊互敬、友好相待、和睦共处的基础上,把重视、恭敬、友好对待客户放在第一位,以充分体现"客户至上"。这是营销礼仪的重点与核心。

(4) 宽容原则。营销人员在运用营销礼仪时,既要严于律己,更要宽以待人。要设身处地为客户着想,体谅客户的情绪、处境,容忍客户的不合情理,更不要对客户求全责备,从而做到始终以耐心、包容、理解、谅解(尊重宽容)的心态对待客户。

(5) 平等原则。在营销活动中不以长幼、性别、种族、文化、职业、身份、地位、财富以及关系亲疏等方面的差异而厚此薄彼、区别对待,给予对方不同待遇。

(6) 从俗原则。要注意礼仪的差异性,在了解不同地方的不同习俗的前提下,坚持入乡随俗,灵活运用礼仪规范,以积极的态度从事营销活动。

(7)真诚原则。营销人员要始终抱着诚恳的态度与对方交往,让对方感受到自己与之交往的意愿,以得体的语言、行为举止向对方传递诚意,避免口是心非、言行不一、弄虚作假、投机取巧。

(8)适度原则。要根据时间、地点、环境的不同,灵活运用礼仪规范,既不过度施礼,更不要施礼不足。

4.汽车营销礼仪的作用

(1)有助于提高营销人员自身修养。在营销活动中,营销礼仪往往是衡量一名营销人员对企业及产品的忠诚度、责任感、使命感的准绳。它不仅反映营销人员的专业知识、技巧与应变能力,而且还反映营销人员的气质风度、阅历见识、道德情操、精神风貌。因此,完全可以说营销礼仪即代表营销人员的教养。而有道德才能高尚,有教养才能文明。由此可见,把握运用好营销礼仪,有助于提高营销人员的自身修养。

(2)有助于塑造良好的营销形象。个人形象是一个人仪容、表情、举止、服饰、谈吐、教养的集合,而营销礼仪在这些方面都有详尽的规范,因此,学习运用好营销礼仪,有助于营销人员更好地、更规范地设计和维护个人形象,展示良好的教养与优雅的风度。

(3)有助于塑造良好的企业形象,促进企业经济效益的提高。从企业角度看,营销礼仪是企业价值观、道德观、员工整体素质的整体体现,是企业文明程度的重要标志。营销礼仪可强化企业的道德要求,树立企业的良好形象。营销礼仪使企业规章制度、规范和道德具体化为一些固定的行为模式,这些固化的行为模式对这些规章、规范和道德有强化作用。让顾客满意、为顾客提供优质的产品和服务,是企业良好形象的基本要求。营销礼仪服务能够最大限度地满足顾客在服务中的精神需要,使顾客获得物质需求和精神需求的统一。以礼仪服务为主要内容的优质服务,是企业生存和发展的关键所在。它通过营销人员的仪容仪表、服务用语、服务操作程序等,使服务质量具体化、标准化、制度化,满足顾客的荣誉、感情、性格、爱好,培育顾客对企业的信任,从而给企业带来更多的商机。

(4)有助于促进社会交往,改善人际关系。运用礼仪除了可以使营销人员在交际中充满自信、胸有成竹、处变不惊之外,其最大的好处就在于它能够帮助营销人员规范彼此的交际活动,更妥当地向交往对象表达自己的尊重、敬佩、友好与善意,增进彼此的了解与信任。

(5)推进社会主义精神文明建设。遵守礼仪、应用礼仪,有助于个人、民族、全社会的精神品位的提升,净化社会空气,推进社会主义精神文明建设。

任务二 汽车销售服务企业组织机构与人员构成

当下的汽车销售服务企业是怎么发展而来的,有哪些特点?它的内部结构如何,有哪些岗位,这些岗位有哪些使命?今天的学习任务是:全面了解汽车销售服务企业。

当前,汽车销售与维修企业,多称"某某汽车销售服务有限公司",这种"汽车销售服务

有限公司"与以往的汽车维修企业名称上的最大差别在于人们一般称为4S店。而之所以称为4S店,是因为它是一种以"四位一体"为核心的汽车特许经营模式,包括整车销售(Sale)、零配件(Sparepart)、售后服务(Service)、信息反馈(Survey)。它具有统一的外观形象、统一的标识、统一的管理标准,一般只经营单一品牌等特点。它是一种个性突出的有形市场,具有渠道一致性和统一的文化理念。4S店在提升汽车品牌、汽车生产企业形象上的优势是显而易见的。

一、洗车4S店的由来与特点

4S店是在1998年以后才逐步由欧洲传入我国的。由于它与各个厂家之间建立了紧密的产销关系,具有购物环境优美、品牌意识强等优势,一度被国内诸多厂家效仿。

4S店一般采取一个品牌在一个地区分布一个或相对等距离的几个专卖店,按照生产厂家的统一店内外设计要求建造,投资巨大,动辄上千万元,甚至几千万元,豪华气派。4S店是集汽车销售、维修、配件和信息服务为一体的销售服务店,一家投资2500万元左右建立起来的4S店在往后5至10年都不会落后。在我国,4S店已初具规模和成效,不过由于自主品牌汽车的相对落后,实际上属于我国自主产权的汽车4S店还需要长足的发展和进步。

浙江奥达通汽车销售有限公司(图1-2-1),是一汽-大众奥迪在杭州的特许经销商,是集整车销售、零配件、售后服务、信息反馈于一体的4S销售服务店。该公司隶属北京奥吉通集团,注册资金5000万元,占地面积约21000m^2(31亩),总建筑面积约21400m^2,其中展厅面积约为5000m^2,维修车间约为16000m^2。该公司拥有维修工位165个,举升机工位95个,是目前为止全球最大的奥迪品牌4S店,全球最新奥迪标准城市展厅,为全球奥迪旗舰店。浙江奥达通奥迪4S城市展厅超越了传统豪华汽车4S店的概念,拥有品牌体验、车型展示、新车销售、售后服务、二手车置换等多项功能。该公司拥有完善的硬件设施、先进的服务理念以及严谨、高效的管理团队,所有员工均经过一汽奥迪或相关汽车领域的专业培训。该公司秉承德国奥迪"同一星球,同一奥迪,同一品质"的品牌宗旨,坚持奥吉通集团"承载众家服务,创造贴心感受"的经营理念,以"精准服务、追求卓越"为企业目标,提供专业、优质、便捷的"人性化"服务,让消费者尽享购车、用车的乐趣。

图1-2-1 浙江奥达通汽车销售有限公司

二、洗车4S店的发展状况与趋势

4S店模式这几年在国内发展极为迅速。汽车行业的4S店就是汽车厂家为了满足客户在服务方面的需求而推出的一种业务模式。4S店的核心含义是"汽车终身服务解决方案"。

6S店的兴起。6S店是指除了包括整车销售、零配件、售后服务、信息反馈以外,还包括个性化售车(Selfhood)、集拍(Sale by amount)。

6S店的兴起,得益于网络的发达,其是一种利用互联网发展起来的销售模式,整车销售、零配件、售后、信息反馈与普通4S店完全一样,所不同的是个性化售车和集拍。

个性化售车就是针对用户个人的需求来生产汽车,比如一辆越野车可以加上全景天窗,享受越野的同时又享受到敞篷车的兜风快感,也不必为了买一辆敞篷车,而局限于其狭小的空间。当然,价格仅仅三四万元钱的车,也可以加装全景天窗。另外,更值得一提的是,如果你是爱面子的人,想拥有一辆奥迪A6轿车,可市场价动辄三四十万元,那么这时你就可以选择个性化购车,你可以什么配置都不加,买一辆减配版的奥迪A6轿车,那么价格可能就会降低很多。

集拍,也就是集体竞拍,是一种直接与销量挂钩的营销模式。销量越大,价格越低。对于用户而言,价格上有优惠;对于经销商,可减少库存,减少资金积压,且可以借机增加销量。

既然个性化售车,是针对用户的个性化需求,用户就需提前下订单,这时便可以利用网络的便利性,在网上轻松实现订购。订单直接传递给生产车间,生产车间便可按需求装配汽车。这样,一台原厂原配的个性化汽车就生产出来了。有了这一销售模式,汽车厂家按需生产,大大减少了库存及采购成本。据权威机构数据显示,成本可节约30%。由此可见,个性化售车不是增加了用户负担,反而大大降低了市场价格。

三、汽车4S店基本组织机构

以上海大众为例,其特许经销商基本组织机构如图1-2-2所示。

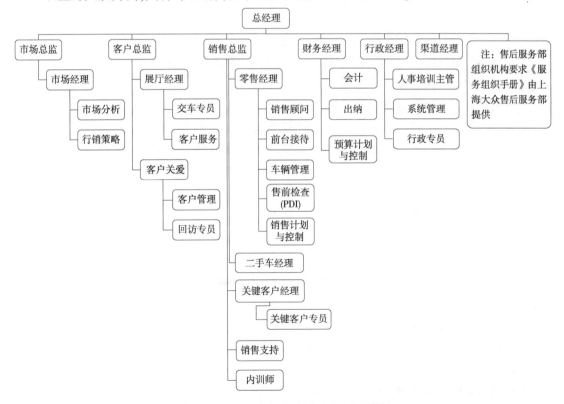

图1-2-2 上海大众特许经销商基本组织机构图

四、4S 店主要内设机构与岗位职责

以上海大众特许经销商为例,4S 店主要内设机构、岗位职责如下。

(一) 经理室

经理室是企业最高管理机构,负责企业人、财、物的全面管理,对企业经营效益、开拓发展、质量管理负全责,一般由总经理 1 人、副总经理若干人组成。

1. 总经理岗位的职责

(1) 遵守国家相关法律法规,有效执行公司规章制度。

(2) 领导、管理本公司全面工作。

(3) 负责与厂方及政府各相关职能部门沟通,处理相关事宜。

(4) 负责组织编制本公司年度、季度总体经营规划,制订营销策略、措施,并安排组织实施带领全公司努力完成公司经营目标及工作任务。

(5) 组织协调各部门工作,听取各部门工作汇报,提出决策性意见。

(6) 负责对公司各部门工作进行安排、监督,对各部门主要管理人员进行考核、评估。

(7) 负责审定各部门考核利润、费用开支。

(8) 负责上报材料总结、报告的政策性把关审核及上下行文的签发。

(9) 开展调查研究,分析公司经营管理情况,随时收集同行业和市场信息,制订客源市场的开发计划,为公司营运作出决策。

2. 副总经理岗位职责

(1) 在公司总经理的领导下,全面主持公司各项工作。

(2) 组织贯彻执行公司的各项规章制度,维护公司的正常经营秩序。

(3) 组织制订公司内部各项管理制度。

(4) 负责公司内财产的合理使用与调配。

(5) 负责公司内部重大人员调动、部门业绩考核、奖金分配等工作。

(6) 负责对员工思想文化、技术业务的指导教育,提高全体员工的整体素质,关心员工生活,做好思想工作。

(7) 负责公司行政、社会职能、公共关系、律师事务、基建工作。

(8) 协调与公司其他公司、部门之间的工作关系。

(9) 完成领导交办的其他工作。

(二) 市场部

市场部在经理室总经理领导下,对市场开拓负全部责任,一般由市场总监、市场经理、市场分析等岗位构成。

1. 市场总监岗位职责

(1) 开发潜在客户,为公司达成销售目标提供保证。

(2) 客户维系计划的制订与实施。

(3) 制订公司市场营销策略。

(4) 负责制订市场活动的年度计划和预算。

(5)主持公司市场活动的开展和评估。
(6)负责市场的研究与分析工作。
(7)与媒体建立良好的合作关系。
(8)协调和其他部门的工作使用。
(9)掌握责任区域内竞争对手的销售政策、广告促销活动等情况。
(10)负责本部门员工发展计划及激励。
(11)领导挂靠总部促销政策和区域促销政策。

2. 市场经理岗位职责
(1)遵守国家相关法律法规,有效执行公司规章制度。
(2)负责部门日常管理工作。
(3)负责参与制订公司市场推广宣传策略。
(4)负责落实和执行各种宣传推广政策。
(5)负责对各项市场策略进行效果评估和费用监督。
(6)负责与厂家就广告投放事宜进行联系、磋商。
(7)负责促销活动的顺利开展。
(8)负责订制和管理助宣物品,审核费用分摊情况。
(9)负责与广告媒体等相关单位接洽,处理相关工作。
(10)负责领导交办的其他工作。

3. 市场分析岗位职责
(1)遵守公司各项规章制度。
(2)收集本地区汽车市场信息。
(3)分析本地区的汽车消费政策环境和消费特征。
(4)分析本地区汽车市场动态。
(5)定期提供市场分析报告。
(6)分析本企业的竞争态势和区域的状况。
(7)收集并分析本企业历史客户和潜在客户资料,并定期生成报告。
(8)及时完成领导交办的其他任务。
(9)负责外来和内部文件的收发(销售部)。

4. 行销策略岗位职责
(1)遵守公司各项规章制度。
(2)编制公司年度/季度广告和促销(含客户维系)计划及实施方案。
(3)组织广告、促销方案的实施。
(4)评估广告投放和促销活动的效果。
(5)掌握竞争对手的广告投放和促销动态。
(6)制作广告效果图。
(7)及时完成领导交办的其他任务。

(三) 销售部

销售部在经理室总经理领导下,通过新车销售对企业经济效益的取得负主要责任,对开拓发展负一定责任,一般由销售总监、零售经理、销售顾问、销售计划与控制、PDI、销售支持、前台接待、交车专员等岗位构成。

1. 销售总监岗位职责

(1) 协助执行总经理制订的各类计划,尤其是销量计划。

(2) 制订新车销售目标并同执行协调编制相关年度计划。

(3) 计划和准备销售部门在设备和人力资源上的投资。

(4) 编制和维护新车仓库的资源利用规划,并建立库存优化管理观念并采取实际措施。

(5) 在销售部门形成客户利益观念并努力增进客户利益、销售额和利润率。

(6) 确保定期对所有交易进行成本估算和实际成本计算,并加以核对。

(7) 发展并跟踪目标客户,为销售顾问制订销售目标和每一细项的目标销售额,并追踪完成情况。

(8) 监督销售部门的成本管理。

(9) 对本部门的经营成果进行评估并采取相应措施。

(10) 追踪关键绩效指标(例如库存水平)。

(11) 分析关键客户、集团客户和各行业的购车意愿和盈利能力。

(12) 针对销售顾问有关价格和交易条件的特殊问题做出决定。

(13) 做好部门成本费用控制工作,确保部门利润目标的达成。

2. 销售顾问岗位职责

(1) 热情接待上门用户,积极开展试乘试驾,努力挖掘潜在客户,并跟进接触,努力转化为成交用户。

(2) 确保销售顾问销售核心流程的全过程,积极向客户推荐本公司的其他增值服务项目。

(3) 确保以亲切友善、富有成效和效率的方式与顾客接触。

(4) 确保销售顾问能够主动展示所有产品和服务。

(5) 针对顾客有关价格和交易条件的问题做出回答,特殊问题在征得销售总监意见后做出回答。

(6) 确保做好车辆交付的准备工作。

(7) 确保对特殊客户的支持,建立并保持联系。

(8) 按回访制度定期回访客户,与客户保持一定联系,协助提醒客户维护。

3. 销售计划与控制岗位职责

(1) 理解、贯彻公司的质量方针,遵守公司的各项规章制度,以树立公司良好的形象和信誉为己任。

(2) 根据企业销售目标和市场需求,制订车辆年度、月度和周需求计划。

(3) 掌握车辆库存情况。

(4) 采取要货制原则,根据销售部提供的需求情况,及时准确组织货源,保证公司的供货充足,并保证资源部商品车出库的原则为先进先出。

(5) 负责提车事宜。

(6) 了解总公司的生产情况、库存情况。

(7)收集总公司有关销售政策的信息,保持信息渠道畅通,并及时进行公司内部信息沟通。

(8)处理好与总公司(分销中心)开票处、营销部的关系,能有效处理有关总公司(分销中心)及其他相关部门的日常事务。

(9)通过总公司(分销中心)了解省区内外其他经销单位的经营状况,并及时与公司销售部进行信息沟通。

(10)做好开票的进出账目台账,当日开票应及时输入计算机并统计当月及累计分类开单数。

(11)通过多渠道收集信息,了解市场状况,及时向领导汇报,并与各部门保持信息沟通。

(12)负责督促和检查仓储员的工作。

(13)及时完成领导交办的其他任务。

4. PDI 岗位职责

(1)理解、贯彻公司的质量方针,遵守公司的各项规章制度,以树立公司良好的形象和信誉为己任。

(2)服从销售总监的工作调配。

(3)认真填写并保管商品车 PDI 表,一车一表,经检查无问题后做好计算机入库操作工作,建立汽车分类仓储台账。

(4)负责对有问题的商品车(包括随车物件不齐、有机械故障及油漆、灯光等未能通过 PDI 的车辆)进行隔离、评审并协同索赔员提出相应处理方案,及时通知部门经理及销售经理相关情况,并保持有问题商品车处理记录以备查询。

(5)每天上下班之前,对商品车辆(包括展厅样车)状况进行例行检查,根据车辆入库情况,按照 PDI 动态周期检查要求,认真做好商品车动态检查。

(6)根据销售员的工作进度,必须认真做好商品车清洗交接、PDI 并移库至新车发车区,发车时做好车辆交接清点工作,请客户在车辆交接单上签字确认。

(7)服从展厅经理安排更换展厅车辆车型和摆放,展车进展厅前须清洗,进展厅后除去座椅外套,按 PDI 要求对展车进行日常检查。

(8)做好双休日的值班工作的保管。

(9)遇到特殊灾害性天气(特别是台风)时,必须服从部门经理和销售经理的安排,做好商品车的保管工作。

(10)积极参与展厅部门(市场部)开展的各类促销活动。

5. 销售支持岗位职责

(1)完成成交车辆的保险、上牌、装潢等一条龙服务。

(2)顾客的货款手续后勤工作。

(3)其他销售有关的后勤工作。

(4)完成销售总监和零售经理交付的任务。

6. 前台接待岗位职责

(1)理解公司的质量方针,遵守各项规章制度,以树立公司优质服务为己任,服务态度端正,做到热情接待,礼貌待客。

(2)仪表端庄整洁,态度认真,着公司统一的服装。

(3)铃响三声内必须接起电话,接听电话一律以"您好,这里是上海大众杭州申华汽车有限公司,前台接待×××在为您服务!"为开头语,并面带微笑,主动询问客户需求。

(4)根据客户需求转接电话和分配客户。

(5)将来电和来店的客户信息填入《客流量登记表》。

(6)负责展厅的灯光、空调、背景音乐、宣传碟片的开、闭,展车门、行李舱的开关(工作日早上一上班先把展车门、行李舱打开,下班后锁好将钥匙交还给仓储)。

(7)负责总台的整洁和通信设备的维护工作,保证通信畅通,不得占用总台电话聊天,不得无故串岗,不得让无关人员围聚总台。

(8)做好员工外出登记工作和客户进展厅的引导工作。

(9)做好总台的清洁整理工作。

(10)及时完成领导交办的其他任务。

7. 交车专员岗位职责

(1)销售顾问新车成交后,负责协调相关部门人员参与交车仪式。

(2)交车过程按照相关标准流程操作。

(3)负责交车区域的布置、营造舒适、温馨的交车环境。

(4)负责交车的其他相关事项。

8. 关键客户经理岗位职责

(1)关键客户资源的开发。

(2)维系成交关键客户的关系。

(3)关键客户业务市场信息的收集和反馈。

(4)与上海大众业务部门的工作联络。

9. 关键客户专员岗位职责

(1)关键客户资源的开发。

(2)关键客户的回访及客户关系维系。

(3)关键客户业务市场信息的收集和反馈。

(4)与上海大众业务部门的工作联络。

(5)完成关键客户经理交付的任务。

(四)客户关爱部

客户关爱部在经理室总经理的直接领导下,负责客户满意度指标的监控与落实,一般由客户总监、客户经理、展厅经理、客户服务等岗位构成。

1. 客户总监岗位职责

(1)全面负责本公司客户满意度指标的监控与落实。

(2)监控客户信息的管理,推进客户关系管理系统(CRM)的有效实施,提高客户忠诚度。

(3)对销售核心流程和售后核心流程的服务质量进行监控。

(4)对销售顾问和服务顾问有关客户满意度提升的技巧进行内训。

(5)确保客户的抱怨得到及时处理并终结。

(6)负责上海大众车主俱乐部的组建、日常运行和完善。

(7)监控客户可接触区域的环境整洁情况,维护经销商的品牌形象。

(8)本部门员工发展计划及激励。

2. 客户管理岗位职责

(1)汇总潜在用户的信息,并录入经销商广域网(SVWDN)。

(2)负责新车提车后三天的电话回访,监督销售顾问的服务质量。

(3)受理客户抱怨。

(4)及时完成领导交办的其他任务。

3. 客户服务岗位职责

(1)理解公司的质量方针,遵守各项规章制度,以树立公司优质服务为己任,服务态度端正,做到热情接待,礼貌待客。

(2)仪表端庄整洁,态度认真,着公司统一的服装。

(3)负责展厅维护,根据《展厅形象维护检查制度》对展厅环境进行维护,营造舒适、温馨的展厅环境。

(4)负责展车保洁的检查,每日不定时检查展车整洁情况,发现不符合规范的情况立刻通知责任人整改。

(5)负责销售流程中的辅助工作,如接待流程中茶水的提供、交车流程中交车区的布置等。

(6)及时完成领导交办的其他任务。

4. 回访专员岗位职责

(1)受理客户投诉事宜,并协调和监控销售处理客户抱怨。

(2)负责新车成交客户和维修客户的回访,收集客户的服务感受。

(3)及时完成领导交办的其他任务。

(五)售后服务部

售后服务部在经理室总经理直接领导下,负责售后服务工作,一般由服务总监、服务经理、服务助理、服务顾问等构成。

1. 服务总监岗位职责

(1)组织和管理好本部门的生产、经营工作,带领本部门员工努力完成公司下达的各项经营指标。

(2)参与制定公司的决策,协助厂家售后督导等工作。

(3)积极做好与制造厂家售后服务的业务联络工作。

(4)完善售后服务各部门的规章管理制度,控制售后部的经营方针与经营计划。

(5)全面主持售后服务工作,定期召开生产例会,对生产、安全等方面出现的问题及时解决,保证经营目标的实现。

(6)定期向公司汇报售后服务部的经营管理情况,负责部门的管理和协调工作。

(7)制定售后服务政策、部门工作流程及员工的内部培训制度。

(8)及时处理客户的重大投诉及索赔事宜,监督并确保售后服务质量和顾客的满意度。

(9)参与制定售后服务部人员计划及奖励制度,充分调动员工的积极性。

(10) 及时向企业管理的相关部门反馈信息。

(11) 对大客户、老客户进行开发、稳定、公关工作。

(12) 做好部门成本费用控制工作,确保企业稳定的投资回报率。

(13) 做好售后部门应收款的管理工作,防止不良应收款的发生。

2. 服务经理岗位职责

(1) 领导和激励下属员工,使所有员工的思维和行动都以客户为中心。

(2) 直接承担并处理售后客户抱怨。

(3) 制定策略,以提高责任地区的售后服务市场份额。

(4) 实现企业领导所制定的业绩目标。

(5) 制定维修业务目标,并分解到本部门员工的工作指标。

(6) 负责本部门员工的绩效评估、岗位调整、培训发展计划和激励措施。

(7) 利用在售后服务中与客户接触的机会进行汽车、配件和附件的销售。

3. 服务顾问岗位职责

(1) 尊重顾客,避免与顾客发生冲突,力所能及并热情回答客户的咨询。

(2) 认真倾听并记录客户对车辆故障的描述,以便做出正确的判断,清楚明了地填写施工单。

(3) 正确查找施工编号及工时,避免公司有所损失,维护公司形象。

(4) 及时跟踪车辆维修进度,随时回答客户的询问。

(5) 接到客户投诉时,应以礼貌相对,并认真记录,及时向售后服务经理汇报。

(6) 认真记录新客户资料,以便联系。

(7) 协助相关人员做好新车索赔工作。

(8) 不断学习更新专业知识,提高接待水平。

(9) 注意个人形象,言行得体。

(10) 充分领会公司的经营理念,为公司创造利润。

(11) 遵守公司各项规章制度,保守公司机密,维护公司利益。

4. 服务助理岗位职责

(1) 根据服务顾问提供的维修单制作毛率报表。

(2) 通过人保网与定损员核审后制作事故单。

(3) 车间"5S"统计。

5. 车间经理岗位职责

(1) 遵守国家相关法律法规,有效执行公司规章制度。

(2) 负责车间的日常管理工作,协助解决维修过程中的疑难问题。

(3) 车间工位使用和协调。

(4) 与服务经理共同制定员工考核政策。

(5) 及时与客户沟通。

(6) 负责维修车辆路试。

(7) 负责工单审核。

(8)负责安全生产领导工作,做好防火、防爆、防盗工作,车间内确保无烟区、无违章作业,灭火器材摆放位置明显,使用有效。

(9)做好班组建设,充分发挥班组长骨干作用。

(10)负责指导下属工作,对其进行工作评价。

6. 技术经理岗位职责

(1)向车间员工和服务顾问提供技术指导和支持。

(2)监督修理工的操作规范和工艺流程的执行,对竣工车辆进行抽检。

(3)监督工具设备的使用、维护和标定。

(4)负责技术培训和考核。

(5)负责技术文件和资料的管理。

7. 机修工岗位职责

(1)独立完成所有复杂修理工作的功能测试,并对其工作进行最终检查。

(2)使用恢复系统功能所需的所有适用的车间信息系统,独立计划和完成所有复杂的修理工作。

(3)完成复杂的解体/装配步骤,包括独立进行质量控制的调节和调节操作,例如修理自动变速器或校正发动机运转方面的问题。

(4)能够按照说明安装额外、广泛和复杂的部件和系统(例如专门项目、远程信息处理系统、固定加热器、挂车牵引系统等),并且能够将它们与车辆系统连接以及专业地将它们投入使用。

(5)通过使用智能诊断仪和其他技术/系统确定参数,并进行数据传送/软件更新("刷新")。

(6)在团队合作中就广泛的修理操作范围逐项对维护技师进行指导,并对质量和安全进行监督管理。

(7)使用最新诊断技术和方法进行困难和复杂的故障诊断。

(8)根据国家专门法律和规定(例如排放检查、转速图表测试)保护好专业文件(例如软件更新)。

(六)行政部

行政部在总经理的直接领导下,负责企业人事管理、行政事务等工作,一般由行政经理、行政专员等岗位构成。

1. 行政经理岗位职责

(1)遵守国家相关法律法规,有效执行公司规章制度。

(2)负责部门日常管理工作。

(3)负责安排公司内部会议、月会、公司重要会议及重大活动。

(4)负责组织固定资产、低值易耗品、办公用品的采购、调配和管理工作。

(5)负责组织公司巡视、"5S"环境整治、绿化工作。

(6)负责组织、监督公司保安、保洁、机房网络维护、消防安全工作。

(7)负责管理、监督公用设施维护、食堂伙食、电话费用。

(8)负责审核组织员工福利发放。

(9)负责对下属的工作进行评价并协助制订和实施绩效改善计划。

(10)负责人事管理,进行招聘、培训组织和指导工作。

(11)负责公司制度的起草、颁布和监督执行。

(12)负责公司内部网站系统的信息管理工作。

(13)负责公司的公共关系,各项证照的审批、年检、报备工作。

(14)负责重大客户投诉的处理工作。

2.行政专员岗位职责

(1)遵守国家相关法律法规,有效执行公司规章制度。

(2)服从领导,听从分配及管理。

(3)负责公司内设施和食堂卫生整顿。

(4)负责员工日常考勤,统计出勤率。

(5)负责收、发文件并整理归档。

(6)负责物品采购和领用记录。

(7)负责票据的核对、结算及话费核查。

(8)负责各类物品管理。

(9)负责人员的统计核对、福利的发放。

(10)负责来宾的接待。

(11)负责人事档案的建档、内容更新等工作。

任务三 汽车营销服务的内容与汽车营销礼仪

学习任务

汽车营销活动有哪些环节,各个环节的服务内容有哪些,这些活动属于哪个类别?今天的学习任务是:了解汽车营销活动的各个环节及其内容。

任务知识

一、汽车营销服务

汽车营销人员不仅要将企业生产的商品转移到消费者手中,满足消费者的需要,还要本着"一切以服务为宗旨",为顾客提供各种周到和完善的服务。服务是现代销售活动出发点和立足点,有服务的销售才能充分满足顾客的需要。服务不仅是非价格竞争的主要内容,也是能否完成销售的关键因素。

汽车营销人员提供的服务包括售前、销售过程中及售后服务。

(1)售前服务通常包括:帮助顾客确认需求和要解决的问题、为顾客提供尽可能多的选择、为顾客的购买决策提供必要的咨询等。

(2)销售过程中的服务是销售成败的关键,主要包括:为顾客提供买车咨询、融资贷款、保险、上牌、办理各种手续方面的帮助。

(3)售后服务主要包括：维护、修理、技术咨询、零配件的供应以及各种保证或许诺的兑现等。

二、营销服务

营销服务应包括售前服务与销售过程中的服务两方面内容。这两方面在时间上紧密相连，且密不可分。尽管这种营销服务可能会由于各种原因戛然而止，但从一次成功的营销活动来看，它在时间上有次第性和连续性。

营销服务的前台接待通行接待流程、主要服务内容和要求如下。

1. 欢迎顾客

消费者刚进入展厅，营销人员迎上前招呼客户，让客户注意到自己并产生好感，为进一步交往奠定基础。

2. 简单地询问客户

营销人员应在正式进入销售之前与客户进行简单交流与沟通，以了解客户的基本资料和初步打算，并对客户需求进行分析。

3. 产品介绍

营销人员极尽所能地向客户介绍产品知识，回答客户提问。

4. 处理客户异议

营销人员对客户提出的产品以及销售手续、价格、服务等方面的异议要尽可能地帮助解决，以提高客户的购买意愿。

5. 讨论成交事宜

讨论成交事宜是汽车营销活动中最难处理的环节，营销人员对汽车销售的相关程序、材料的熟悉程度，往往决定了成交的概率高低。

6. 办理成交手续

办理成交手续主要是与客户签署有关协议，收取订金或首付款，办理牌照、保险等事宜。

7. 交车

营销人员进行交车时应该向客户介绍汽车的维护、售后服务等。

三、售后服务

售后服务是销售的一部分，具有延续性销售作用。在客户眼里，没有售后服务的销售是不可信的，没有售后服务的商品是没有保障的商品。售后服务通行的接待流程、主要服务内容和要求如下。

1. 招揽顾客

招揽顾客既是以顾客关怀为宗旨的体现，通过主动为顾客提供有价值的服务项目，既可以使顾客觉得省心、省时，又可以增加顾客来店量，保障特约店的经济收益。

顾客一般都期望有专业人员对自己的车辆给予关怀，在适当的时间及时告知自己相关事项，同时希望能拥有比较自由的时间、场地和方法。

2. 预约服务

预约服务能有效地缩短顾客在店等待时间，通过为顾客提供优质迅速的服务，为创造顾客忠诚奠定基础,另一方面,还可以增加车间生产效能,提高特约店效益,特别是可以合理安排时间,尽量缓解工作安排上的高峰时间。

预约服务至少可以减少在店等待时间,在顾客来店后能立即得到服务受理,保证顾客在方便、快捷、专业的前提下接受服务,时间安排上也可以满足顾客需要。

3. 接待

接待是服务人员给顾客留下良好第一印象的关键环节。迅速、热情、友好、专业的接待能够体现对顾客的尊重和关心,给顾客留下深刻的印象,赢得顾客的信赖,建立良好的互动关系,创造顾客的喜悦,提升顾客的满意度。

4. 诊断

诊断环节是与顾客接触的过程中,展现服务顾问专业形象和建立顾客信心的最佳时机。服务顾问只有认真、正确地执行问诊和诊断工作,才能保证车间的维修质量和维修效率。此环节,营销人员要仔细倾听车辆故障的描述和维修需求,认真专业地主动询问,当面做进一步的实车检查,主动检查出车辆的其他故障问题。

5. 估价及顾客安顿

估价流程是标准服务流程中的重要环节。此环节中,服务顾问应将时间和所需费用逐项解释清楚,展现专业、诚信、负责的态度,履行顾客的承诺,建立顾客的信赖感,为之后流程顺利执行打下坚实基础。营销人员要对客户保持友好的服务态度,提供清晰专业的解释,确保期望得到准确的时间与合理的价格。

6. 派工

派工即选择能解决问题的适当人选,有效率地完成维修作业。顾客的车辆来店维修,关注的重点是车辆的故障问题能否一次修好,因此,营销人员要努力做到尽可能在最短的时间内交车。

7. 零件出库

售后零部件备料能否及时供应以满足顾客的需求,是顾客衡量品牌服务良好的关键指标。而零部件部门的出货时间,也直接影响了车间的作业效率和交车时间。因此,该环节要求零件库存充足,能够及时供应。

8. 作业

能否快速地解决顾客的疑难,保证良好的作业质量,是顾客对其是否有信心的关键要素。特约店必须不断地强化车间的作业能力,完善车间管理工作,方能获得顾客的信赖,进一步提升顾客的满意度。这就要求维修人员要坚持良好的规范作业,及时维修,及时完工;营销人员要在了解维修进度的同时,满足顾客观看维修过程的要求。

9. 完工检查

故障问题能否一次修好,不需再为车辆维修问题操心,这是顾客来店后最关注的重点,也是顾客最基本的期望。特约店在管理上要重视完工检查,对维修质量严格把关,必能获得顾客的信赖,赢得顾客的心。

10. 清洗

车辆清洗最容易被顾客感知,也是售后服务店最容易"标准化"的服务之一。一辆维修后干净整洁的车辆,能够加深顾客对特约店的正面印象。

11. 验车结算

验车工作的重点是通过充分展示和说明,减少顾客的迷惑和疑虑,解决顾客关心的问题,保证顾客都能满意而去,从而创造顾客忠诚。

12. 交车送行

该环节是同顾客面对面交流的最后一个环节,若不能让顾客满意离开,弥补的机会是不多的,因此,此环节甚至比接待环节更为重要。让顾客满意离店就能提高下次进站的机会,形成一批忠诚顾客。

13. 跟踪服务

通过跟踪回访对顾客的来店表示真诚感谢,及时了解到顾客维修后的车辆使用情况。如果存在问题,可以迅速采取补救措施,还可收集顾客对特约店提供的服务的评价,帮助提升服务质量。

四、汽车营销礼仪的归类

从"关于礼仪的分类和各类礼仪的特点"看,汽车营销礼仪在销售过程中主要显现其商务性,是汽车营销人员在商务活动中,用以维护企业形象或个人形象,对交往对象表示尊重和友好的行为规范和准则,应从属于商务礼仪的分支;而在售后服务过程中则主要显现其服务性,是汽车营销人员应具备的基本素质和应遵守的行为规范,应属于服务礼仪的分支。

项目二　汽车营销人员仪表礼仪

 项目要求

1. 知识目标

了解仪表礼仪的含义、内容以及汽车营销人员的仪表基本要求与原则；具体掌握发式、服装、面部、配饰等方面的要求。

2. 技能目标

能够掌握基本的仪表礼仪实际操作，如面部护理与保养、发式整理；会进行简单的职业妆饰，进行正确的职业着装，男士应学会打领带。

3. 素养目标

通过对汽车营销仪表礼仪的规范学习，掌握基本的着装、化妆等外形修饰技能，从而达到一名专业汽车营销人员的标准仪表要求，养成良好的职业仪表和礼仪意识。

 项目描述

本项目分为三个学习任务，首先，介绍汽车营销人员仪表礼仪的基本含义、内容以及仪表修饰原则，让学员从整体上把握该职业领域应该达到的仪表要求。第二，介绍妆饰礼仪的基本规范和要求，重点了解面部护理、发式设计、化妆技巧、香水使用等内容。第三，介绍汽车营销人员的职业着装要求，包括西装、职业套装、领带以及其他配饰等方面。

 建议课时

12 课时。

　初识仪表礼仪

了解什么是仪表礼仪，尤其是在汽车服务行业中，了解仪表礼仪的重要意义。

项目二 汽车营销人员仪表礼仪

一、仪表礼仪概述

仪表是个人素养和品位的最直接体现,良好的仪表在现代商务交往活动中是非常重要的礼仪要素,如从事汽车营销相关行业的职业人员应该重视培养自身的仪表礼仪,把握好内在美和外在美、自然美与修饰美的统一。一般来讲:仪表礼仪是人们在容貌、体态、妆容、服饰等方面体现出来的精神面貌、内在素质及外在感官形象。

在生活中仪表美非常重要,它反映出一个人的精神状态和礼仪素养,是人们交往中的"第一形象"。仪表美可以靠化妆修饰、发式造型、着装佩饰等手段,弥补和掩盖容貌、形体等方面的不足,并在视觉上把自身较美的方面展露、衬托和强调出来,使形象得以美化。

仪表在人际交往中的最初阶段,往往是最能吸引对方注意的方面,仪表端庄、穿戴整齐者能够给人留下良好的第一印象,并且也更显得尊重别人。心理学家认为,最初印象的形成在见面的15s就形成了,人和人之间的沟通首先是视觉的沟通,好的第一印象往往对接下来的交流和深层了解起到积极的促进作用,反之,不好的仪表印象不仅给人的第一印象留下阴影,也会影响以后的沟通或交往。

一般来讲,仪表礼仪主要是反映人们的外在形象、形态气质等,包括自身容貌、皮肤、发式、肢体等自然仪表,也包括服饰、配饰等修饰仪表。

二、汽车营销人员仪表基本要求

汽车营销人员在仪表修饰时应该注意遵循一定的原则,一般来说主要有适体性原则、TPO原则、整体性原则和适度性原则,如表2-1-1所示。

仪表修饰原则 表2-1-1

仪表修饰原则	具体要求
适体性原则	要求仪表修饰与个体自身的性别、年龄、容貌、肤色、身材、体型、个性、气质及职业身份等相适宜和相协调
TPO原则	时间(time)、地点(place)、场合(Occasion)原则(简称TPO原则),即要求仪表修饰因时间、地点、场合的变化而相应变化,使仪表与时间、环境氛围、特定场合相协调
整体性原则	要求仪表修饰先着眼于人的整体,再考虑各个局部的修饰,促成修饰与人自身的诸多因素之间协调一致,使之浑然一体,营造出整体风采
适度性原则	要求仪表修饰无论是修饰程度,还是在饰品数量和修饰技巧上,都应把握分寸,自然适度。追求虽刻意雕琢而又不露痕迹的效果

具体来看,应该达到以下要求。

1. 内在美与外在美兼收并蓄

汽车营销人员的仪表礼仪不仅应体现在外在容貌和妆饰上,还应该注重自身内在修养,如提升个人文明素质、生活品位等,从而使人散发出优雅的内在气质,这样才能使外表美和内在美交相辉映。

2. 自然美与修饰美和谐统一

一般来讲,每个人的先天资质都有所不同,如肤色、体态等,因此,应该针对不同的资质差异,使用相应的修饰方法,而不是千篇一律或盲目使用。例如,化妆品的使用中,不同特性的皮肤往往是需要不同的化妆品进行修饰;穿衣戴帽方面,不同体态的人也同样要考虑衣服款式、颜色等是否适合自己的体型条件。因此,汽车营销人员在修饰外表的时候应该注意自然美与修饰美的和谐统一。

3. 简洁大方、干净利落

汽车营销人员是代表企业的整体形象,简洁大方、精神振作的外在形象也彰显出企业的精神风貌。首先,汽车营销人员应该树立整洁、卫生的良好个人形象,保持身体的清洁、卫生,外在衣着的干净、整洁。第二,做事干净利落,精神状态高昂、振作,要体现出营销人员干练、积极向上的良好形象。

1. 实践说明

结合本节课学习任务中关于 TPO 原则的有关知识点,分析同学们在校园学习生活的不同场景中应该如何注意自己的仪表礼仪。

2. 实践要求

以小组为单位进行学习研讨,将本小组的意见形成文字材料,并在课堂上分享(建议结合 PPT 等办公软件,进行图文并茂的介绍)。

任务二　汽车营销人员妆饰礼仪规范

掌握作为一名优秀的汽车营销人员的妆饰礼仪规范。

一、面部

1. 汽车营销人员面部要求

良好的面目形象可以给客户留下好的第一印象。汽车营销人员应重视面部的清洁和护理。面部的具体要求有如下方面。

男士:面部应保持干净无油腻,包括眼角、嘴角、鼻孔等处要清理干净,鼻毛不外露;耳朵和耳后保持清洁;胡须修干净,不可蓄胡须,养成每天剃须的习惯;口气要清新,每天早晚清洁口腔和牙齿,牙缝里无异物,不要在上班时间食用有刺激性气味的食物(如大蒜、大葱、洋葱等),不能饮酒和含酒精成分的饮料(图2-2-1)。

女士:面部应保持清洁,白天上班期间不宜化浓妆,应以淡妆为主;保持口腔清洁和口气清新,牙缝无异物,不在上班期间食用有刺激性气味的食物(如大蒜、大葱、洋葱等),不能饮酒和有酒精成分的饮料(图2-2-2)。

2. 面部护理和皮肤保养

油性皮肤的护理:油性皮肤应勤洗脸,选用清洁力和杀菌力强的洗面奶或香皂,以利于清除皮肤上的油分和污垢。洗脸后不要使用含油分的乳液或面霜,可搽些收敛性的化妆水。

干性皮肤的护理:这类皮肤主要是由于缺少油脂而导致面部粗糙、褶皱,所以应该注意选用富含油分的面霜或乳液。洗脸时应用温水,洗后用化妆水、乳液或面霜敷面。

中性皮肤的护理:中性皮肤在夏季宜采用清爽型的化妆水和乳液,冬季可改用油分较多的护肤品。

图2-2-1 男士面容规范要求

图2-2-2 女士面容规范要求

二、发式礼仪

发型对于汽车营销领域从业者的个人形象来说有着重要的作用。因此,了解汽车销售行业发式礼仪并系统地学习一些美发礼仪也是很有必要的。

(一)发式礼仪的基本要求

发式礼仪对于汽车营销人员的基本要求是:头发必须经常地保持健康、秀美、干净、清爽、卫生、整齐的状态。具体来说,应该做到以下几点。

1. 男士(图2-2-3)

(1)头发长度适中:前不过眉,后不过领,两侧长度不宜过耳,更不宜理光头。

(2)头发应保持清洁:养成勤洗头发的习惯,不要有头皮屑。

(3)学会护理头发,头发应健康有光泽,定期修剪和护理。

(4)发型符合大众审美观,不做前卫、怪异的造型,不宜戴发饰和染发。

(5)头发应梳理有型,因睡觉等压坏的发型可使用定型水等进行修正,但定型水不要使用气味太重的产品。

2. 女士(图2-2-4)

(1)头发梳理有型,刘海不要遮住眉毛和眼睛,留长发的女士应该用发卡或其他发饰将头发扎住。

图2-2-3 男士发式礼仪要领

图2-2-4　女士发式礼仪要领

女士头发的礼仪要领：不过于个性化，头发不能彩染，刘海不遮眉眼，整齐没有碎发，长发盘在脑后。

(2) 头发应保持清洁：养成勤洗头发的习惯，不要有头皮屑。

(3) 学会护理头发，头发应健康有光泽，定期修剪和护理。

(4) 发型符合大众审美观，不做前卫、怪异的造型，不宜戴发饰和染发。

(二) 头发养护

汽车营销行业等商务人员应该重视自己头发的护理，使头发看起来健康、清爽。

1. 洗发注意事项

(1) 应选择酸碱度适中的水来清洗头发，温度应该适中。

(2) 洗发剂应该选择适合自己发质需要的产品，如发质较差的可以重点选用富含护发成分的养护型洗发水。但需要注意，每次洗发时均要将洗发水冲洗干净。

(3) 洗发时用力应适中，指甲不宜过长，防止伤及头皮层，容易引起感染。

(4) 电吹风温度不要过高，最好是自然晾干，更有利于护理头发。

2. 养护注意事项

发质干燥、易分叉、断裂等是由于头发缺乏养分，需要日常的保养，例如，可在洗发时使用适量的护发素；条件允许的话可以去专业理发店进行定期护理等。

(三) 发型要求

1. 美发礼仪基本要求

汽车营销人员对于发型的要求应该定位在庄重、大方，不追求发型与自身条件的完美匹配，但应该彰显销售人员干练、简约的职业气质。具体应体现在以下几个方面。

(1) 男士头发应以短发为宜，所以应当定期理发；女士也应该定期修剪发梢、刘海等，保持合适的头发长度。

(2) 男士理发方式应以普通修剪为宜，慎重选择染、烫、拉直等方式。

(3) 商务人员发型普遍以传统惯例为主，不适合选择新潮、怪异的另类发型，否则，不能给人以稳重感。

(4) 尽量避免在头发上滥加装饰之物。男士更不宜使用任何发饰。女士在有必要使用发卡、发绳、发带或发簪时，应使之朴实无华，其色彩宜为蓝、灰、棕、黑，并且不带任何花饰。绝不要在工作岗位上佩戴色彩鲜艳或带有卡通、动物、花卉图案的发饰。

2. 发型选择常识

人的脸型一般可分为8种，其中鹅蛋脸（又称瓜子脸）属标准型，可以做任何发型。设计发型时，只有对发型设计及化妆的原则有深刻的认识，针对脸型处理发式，进行平衡和调和，才能弥补脸型的不足，创造美丽和满意的效果。不同脸型与发型的搭配如表2-2-1所示。

脸型与发型配合表　　　　　　　表 2-2-1

脸　　型	发　型　配　合
圆形脸	将头发安排在头顶,用前刘海盖住双耳及一部分脸颊,即可减少脸的圆度
方形脸	类似于圆形脸,其发式应遮住额头,并将头发梳向两边及下方,并可以烫一下,造成脸部窄而柔顺的效果
梨形脸	保持头发覆盖丰满且高耸,分出一些带波浪的头发遮住额头,头发以半卷或微波状盖住下级线,造成宽额头的效果
长形脸	可适当用刘海掩盖前额,一定不可将发帘上梳,头缝不可中分,尽量加重脸型横向感,使脸型看上去圆一些
钻石形脸	增加上额和下巴的丰满度,使头发贴近颧骨线,可创造出鹅蛋形脸的效果
心形脸	将中央部分刘海向上卷起或倾斜地梳向一边,在下级线加上一些宽度
不规则形脸	可以选择适当的发型掩饰其缺点,采用柔和的盖住突出缺陷的发型,造成脸部两边平均的效果

三、手部、香水使用等

1. 手部要求

(1)不论是男士还是女士,从事汽车销售行业都尽量不要留长指甲,指甲长度以不超过手指头为标准(图2-2-5)。

(2)女士不要涂有颜色的指甲油(图2-2-6)。

(3)手部应经常保持清洁。冬天等天气干燥的季节应注意手部护理,防止皴裂、干皮。

图 2-2-5　男士手部规范要求　　　　　图 2-2-6　女士手部规范要求

2. 香水使用规范

(1)汽车营销人员应勤洗澡、勤洗脸、勤换衣,保持脖、颈、手、足、耳及耳后、腋下等干净无异味。

(2)不要使用浓烈香味的香水。

(3)在一些重要场合(如第一次会见大客户或招聘、应聘时),如果不了解对方的香味喜好,最好少用或不用香水。

(4)参加宴会时要避免使用香水,以免对别人的嗅觉系统造成干扰,无法正常享受美味佳肴。在宴会上如果想使用香水,应当涂抹在腰部以下的位置。进食时,口和手等部位绝对要避免抹香水。

(5)去医院看病或探视病人不要使用香水,以免对医生和病人造成干扰。看望呼吸系统疾病的病人,严禁使用香水。

(6)与他人品茶时不可使用香水。

(7)商务人士在社交场合当中,要尽量避免在他人面前涂抹或喷洒香水,否则,容易给对方留下轻浮与缺乏修养的印象。隔一段时间之后香水的香味就会变得较淡,因此,需要再度补用。补香水虽很简单,但是同样需要避人。

 任务实践

1. 实践说明

将学员分为若干实训小组,要求各组学员以汽车营销人员的仪容规则要求进行实操练习,相互讨论和整理。

2. 实践要求

实操完成后各小组互相检查,并按照以下评价标准进行互相打分(表2-2-2)。

仪容项目评分表　　　　　　　　　　　表2-2-2

序号	项目	评分标准	分值	得分
1	头发	整洁,无头屑,无异味	5分	
		发型合适,梳理整齐,头发服帖	10分	
		发色自然、无染色	5分	
		男:前不盖眉、侧不过耳、后不过领; 女:前不盖眉、侧不过耳;长发盘发髻,佩戴发饰时,发饰高度与耳朵高度持平;短发不能过肩	10分	
2	面部	眼睛洁净,无分泌物	5分	
		脸部洁净,鼻毛不外露	10分	
		口腔、牙齿清洁,无食品残留物,无异味	5分	
		男:每日剃须,不留胡子及长鬓角; 女:宜淡妆修饰	5分	
		室内不戴深色眼镜	5分	
3	手部	手部洁净	10分	
		指甲修剪整齐,不留长指甲	5分	
		不涂浓艳指甲油	5分	
4	腿部	脚趾不露于鞋外	5分	
		腿部保持洁净,袜子一天一换,不穿残破袜子	5分	
		不当众脱鞋、趿鞋、抠脚	5分	
		不穿短裤,不露腿毛,女士穿丝袜,不光腿	5分	
		合计	100分	
综合评语				

项目二 汽车营销人员仪表礼仪

任务三　汽车营销人员服饰礼仪规范

学习任务

在特定的场合中,服饰也代表着一种礼仪,穿着职业服装不仅是对服务对象的尊重,同时也使着装者有一种职业的自豪感、责任感,是敬业、乐业在服饰上的具体表现。规范穿着职业服装的要求是整齐、清洁、挺括、大方。汽车营销人员在正式的商务场合中,应该重视自己的服饰礼仪。

任务知识

一、着装的规则

1. TPO 原则

"t""p""o"分别是英语中 time、place、occasion 三个单词的首字母。"t"指时间,泛指早晚、季节、时代等;"p"代表地方、场所、位置、职位;"o"代表场合、场景。TPO 原则是目前国际上公认的衣着标准。若着装遵循了这个原则,就是合乎礼仪的。

2. 整体性原则

正确的着装,能起到修饰形体、容貌等作用,形成和谐的整体美。服饰的整体美构成,包括人的形体、内在气质和服饰的款式、色彩、质地、工艺及着装环境等。服饰美就是从这多种因素的和谐统一中显现出来。

3. 个性化原则

着装的个性化原则,主要指依个人的性格、年龄、身材、爱好、职业等要素着装,力求反映一个人的个性特征。选择服装因人而异,着重点在于展示所长,遮掩所短,显现独特的个性魅力和最佳风貌。现代人的服饰呈现出越来越强的表现个性的趋势。

4. 整洁原则

在任何情况下,服饰都应该是整洁的。衣服不能沾有污渍,不能有绽线的地方,更不能有破洞。扣子等配件应齐全。衣领和袖口处尤其要注意保持整洁。

二、着装礼仪规范

(一) 正装着装

1. 男士职业着装要求

男士着装以自然、干净、整洁、得体为宜。正式商务场合中,男士着装不宜华丽、鲜艳,其中西装为主要的职业服饰(图 2-3-1)。

(1)拆除衣袖上的商标:在正式穿西装之前,切记将商标先行拆除,西装的档次不是看牌子,而是看穿出来的感觉。不要为了显示西装的牌子,故意不拆,那样只会让人嗤之以鼻。

(2)熨烫平整:要让西装看上去美观大方,就要对其进行认真的熨烫,使西装显得平整而

图2-3-1　一汽奥迪轿车男性销售顾问着装规范要求

挺括,线条笔直。

(3)扣好纽扣:扣子的扣法也很重要,通常讲究"扣上不扣下"的原则。双排扣西装应全部扣好;单排两扣西装可以扣最上面一颗,或者全不扣;单排三扣西装可以扣上面两粒,也可以扣中间一粒,或者全不扣;单排四扣可以扣上面三粒,也可以扣中间两粒,或者全不扣。在正式场合,男士起立时应扣好纽扣,当坐下时,可以将单排扣的西装纽扣解开。

(4)用好衣袋:西装上衣两侧的口袋只作装饰用,不可装物品,否则,会使西装上衣变形。西装上衣左胸部的衣袋只可放装饰手帕。有些物品,如票夹、名片盒可放在上衣内侧衣袋里,裤袋亦不可装物品,以求臀位合适,裤形美观。

(5)巧穿衬衫:衬衫为单色,领子要挺括,不能有污垢、油渍。从衬衣到领带到西装颜色应该有层次,由浅及深,西装衬衫下摆要放在裤腰里,系好领扣和袖扣。衬衫衣袖要稍长于西装衣袖0.5～1cm,领子要高出西装领子1～1.5cm,以显示衣着的层次。在正式的商务场合,白色衬衫永远是最佳选择。

(6)穿好皮鞋:穿西装一定要穿皮鞋,而且裤子要盖住皮鞋鞋面,搭配正装西装的皮鞋,应该是黑色系带牛皮鞋。不能穿旅游鞋、轻便鞋或布鞋、露脚趾的凉鞋,也不能穿白色袜子和色彩鲜艳的花袜子。男士宜着深色线织中筒袜,切忌穿半透明的尼龙或涤纶丝袜。

(7)注重礼仪:西装不同于休闲装,不穿就罢了,穿上身就要非常讲究,穿着西装时要非常注意自己的语言、行为、姿态,这样穿上西装才会显示大度、热情奔放。请记住,多数场合都不要把你的手插在裤子口袋里。另外,正式的商务场合只能穿着深色西装,浅色西装只能作为商务便装来穿着,详参表2-3-1与图2-3-2～图2-3-4。

西装、衬衣、领带颜色搭配表　　　　表2-3-1

西装颜色	衬衣颜色	领带颜色
黑	白	灰、蓝、绿
灰	白	灰、绿、黄
深蓝	白或亮蓝	蓝、灰、黄

图2-3-2　一汽奥迪轿车男性销售顾问着装(正面)规范要领

图2-3-3　一汽奥迪轿车男性销售顾问着装(背面)规范要领

2. 女士职业着装要求（图 2-3-5）

（1）整齐。服装必须合身,袖长至手腕,裤长至脚面,裙长过膝盖,尤其是内衣不能外露;衬衫的领围以插入一指大小为宜,裤裙的腰围以插入五指为宜。不挽袖,不卷裤,不漏扣,不掉扣;领带、领结、飘带与衬衫领口的吻合要紧凑且不系歪;如有工号牌或标志牌,要佩戴在左胸正上方,有的岗位还要戴好帽子与手套。

（2）清洁。衣裤无污垢、无油渍、无异味,领口与袖口处尤其要保持干净。

图 2-3-4 一汽奥迪轿车男性销售顾问着装（鞋）规范要领

（3）挺括。衣裤不起皱,穿前要烫平,穿后要挂好,做到上衣平整、裤线笔挺。

a)　　　　　　　　　　　　b)

图 2-3-5 一汽奥迪轿车女性销售顾问着装规范要求

（4）大方。款式简练、高雅,线条自然流畅,便于岗位接待服务。衬衫应轻薄柔软,色彩与外套和谐。内衣的轮廓最好不要从外面显露出来。衬裙应为白色或肉色,不宜有任何图案。裙腰不可高于套裙裙腰而暴露于外。商界女士所穿的用以与套裙配套的鞋子,宜为皮鞋,并以棕色或黑色牛皮鞋为上品。袜子不可随意乱穿。所穿的袜子,可以是尼龙丝袜或羊毛袜。千万不要将健美裤、九分裤等裤装当成袜子来穿。女性销售顾问着装规范要领如图 2-3-6 所示。

a)　　　　　　　　　　　　b)

图 2-3-6 一汽奥迪轿车女性销售顾问着装规范要领

(二)领带打法

领带的打法主要有以下几种:

(1)平结(图2-3-7)。

图2-3-7 平结的打法

(2)双交叉结:这样的领结很容易让人有种高雅且隆重的感觉,适合正式的活动场合选用。该领结应多运用在素色且丝质领带上,若搭配大翻领的衬衫不但适合且有种尊贵感(图2-3-8)。

图2-3-8 双交叉结的打法

(3)交叉结:这是对于单色素雅质料且较薄领带适合选用的领结,对于喜欢展现流行感的男士不妨多加使用交叉结(图2-3-9)。

图2-3-9 交叉结的打法

(4)双环结:一条质地细致的领带再搭配上双环结颇能营造时尚感,适合年轻的上班族选用。该领结完成的特色就是第一圈会稍露出于第二圈之外,可别刻意给盖住了(图2-3-10)。

图2-3-10 双环结的打法

(5)温莎结:温莎结适合用于宽领型的衬衫,该领结应多往横向发展。应避免材质过厚的领带,领结也勿打得过大(图2-3-11)。

图 2-3-11 温莎结的打法

(6) 其他样式不错的打法,如图 2-3-12 所示。

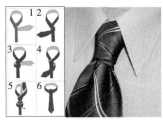

a) 亚伯特王子结

b) 浪漫结

c) 四手结

d) 简式结(马车夫结)

图 2-3-12 其他领结花样及打法

三、饰品佩戴规范

1. 男士饰品佩戴要求

对男士来说,在正式商务场合中,首饰只能佩戴戒指,戒指的佩戴要格外注意,只能佩戴不超过一枚的戒指,而且应该是婚戒,佩戴在无名指上。项链、耳环、手镯等都不适合职场男士。另外佩戴一款典雅庄重的腕表,是商务男士最佳的选择。

2. 女士饰品佩戴要求

1) 项链

项链要与脸型相搭配。脸部清瘦且颈部细长的女性,戴单串短项链,脸部就不会显得太瘦,颈部也不会显得太长了。

脸圆而颈部粗短的女性,最好戴细长的项链,如果项链中间有一个显眼的大型吊坠,效果会更好。

椭圆形脸的女性最好戴中等长度的项链,这种项链在颈部形成椭圆形状,能够更好地烘托脸部的优美轮廓。颈部漂亮的女性可以戴一条无坠的短项链,以突出美丽的颈部。

2) 耳环

身材短小的人,戴蝴蝶形、椭圆形、心形、圆珠形的耳环,显得娇小可爱。

方形脸适宜佩戴圆形或卷曲线条吊式耳环,可以缓和脸部的棱角。

圆形脸戴上"之"字形、叶片形的垂吊式耳环，在视觉上可以造成修长感，显得秀气。心形脸宜选择三角形、大圆形等纽扣式样的耳环。三角形脸最好戴上窄下宽的悬吊式耳环，使瘦尖的下颌显得丰满些。

戴眼镜的女性不宜戴大型悬吊式耳环，贴耳式耳环会令她们更加文雅漂亮。耳环与肤色的配合不容忽视。肤色较白的人，可选用颜色鲜艳一些的耳环。若肤色为古铜色，则可选用颜色较淡的耳环。如果肤色较黑，选戴银色耳环效果最佳。若肤色较黄，以古铜色或银色的耳环为好。

3）手镯与手链

手镯与手链是一种套在手腕上的环形装饰品，它在一定程度上，可以使女性纤细的手臂与手指显得更加美丽。

选戴手镯时应注意，如果只戴一个手镯，应戴在左手上；若戴两个时可每只手戴一个，也可都戴在左手上，这时不宜戴手表；戴三个时应都戴在左手上，不可一手戴一个，另一手戴两个。手链一般只佩戴一条。

手镯与手链不是必要的装饰品，因此，职业妇女在工作时无须佩戴，也最好不戴。

4）皮包

平拿式皮包豪华、时尚，使用这种皮包能够充分体现出女性的职业、身份、社会地位及审美情趣。普通休闲式的平提式皮包适合一般外出使用，比较考究的皮质皮包多为职业女性使用。皮包的款式、颜色要与服装相匹配。

5）丝袜

丝袜的色泽应讲究，职业女性在政务或商务场合内只能穿肉色丝袜，休闲及着便装时选择丝袜的颜色就应与所穿的服饰相协调。需要注意的是，穿着有明显破损或脱丝的丝袜是相当不雅的。另外，丝袜的袜口不应低于裙子的下缘，在穿迷你裙时，最好穿连裤袜，以免袜口外露。

6）戒指

戒指应与指形相搭配。

手指短小，应选用镶有单粒宝石的戒指。如橄榄形、梨形和椭圆形的戒指，指环不宜过宽，这样才能使手指看来较为修长。

手指纤细，宜配宽阔的戒指，如长方形的单粒宝石，会使玉指显得更加纤细圆润。

手指丰满且指甲较长，可选用圆形、梨形及心形的宝石戒指，也可选用大胆创新的几何图形。

7）手表

手表是一种品位的象征。配合需要和自我风格来选择陪衬手腕的时尚饰物，已经成为一种生活的享受及喜悦，超薄系列手表配搭混合了不同布料、装饰、银及金属，质感、皮革及颜色等，变成意想不到的组合，完全迎合现今瞬息万变的生活模式需求。现在女性很少有人戴手表，如果一定要戴，请务必戴品位较高的手表。

任务实践

1. 实训场景设计

请利用虚拟的汽车营销工作场景，在售前准备阶段检查自己的仪表形象是否符合礼仪规范。

主要包括如下方面：
(1)着装。
(2)领带。
(3)鞋袜。
(4)配饰。

2. 检查评价

结合实训情景设计，各小组推荐代表进行表演展示，其他小组结合以下评分表，就表演者的仪表进行评分，并提出修正意见。评价标准参考表 2-3-2 和表 2-3-3。

仪表(女士)项目评分表　　　　　　　　　　　　　　　　　　　表 2-3-2

序号	项目	评分标准	分值	得分
1	上衣	平整挺括，合身得体	5 分	
		较少使用饰物和花边进行点缀	5 分	
		纽扣全部扣上	5 分	
2	裙子/西裤	窄裙，裙子下摆在膝盖以上 3~6cm	10 分	
		西裤裤线清晰笔直，裤脚前面盖住鞋面中央，后至鞋跟中央		
3	衬衫	单色最佳	5 分	
		衬衫的下摆掖入裙腰或裤腰之内	5 分	
		衬衫的纽扣除最上面一粒可以不扣上，其他纽扣均扣好	5 分	
4	丝巾	整洁挺括，造型优美	5 分	
5	皮鞋	鞋子颜色与衣服搭配，黑色最佳	5 分	
		款式简洁，浅口造型	5 分	
		不露脚趾	5 分	
		粗跟鞋、高跟鞋或中跟鞋，高度约 5cm 以下	5 分	
6	袜子	袜子颜色与衣服搭配，肉色最佳	5 分	
		袜式简单，不能选择鲜艳、带有网格或有明显花纹的丝袜	5 分	
		着裙装应穿高筒袜或连裤袜，裤装穿肉色丝袜	5 分	
		袜口不露在裙子或裤子外面	5 分	
7	佩饰徽章	除手表外最好不佩戴其他饰品	5 分	
		手表佩戴在左手腕	5 分	
		工号牌佩戴在左胸前正上方，如果是吊牌可直接挂在脖子上	5 分	
	合计		100 分	
综合评语				

仪表(男士)项目评分表　　　　　　　　　　　　　　　　　　　表 2-3-3

序号	项目	评分标准	分值	得分
1	上衣	衣长刚好到臀部下缘或差不多到手自然下垂后的大拇指尖端的位置；袖长到手掌虎口处	5 分	
		肩宽以探出肩角 2cm 左右为宜	5 分	

续上表

序号	项目	评分标准	分值	得分
1	上衣	胸围以扣上纽扣后,衣服与腹部之间可以容下一个拳头大小为宜	5分	
2	西裤	裤线清晰笔直	5分	
		裤脚前面盖住鞋面中央,后至鞋跟中央	5分	
3	衬衫	颜色以单色为宜	5分	
		衬衫领子挺括;衬衫下摆塞在裤腰内,扣好领扣和袖扣	5分	
		衬衫领口和袖口要长于西装上装领口和袖口1~2cm	5分	
4	领带	图案以几何图案或纯色为宜	5分	
		领结饱满,与衬衫领口吻合	5分	
		领带系好后大箭头垂到皮带扣处	5分	
5	腰带	黑色或深色,牛皮材质	5分	
		皮带扣大小适中,样式和图案简单大方	5分	
6	皮鞋	深色皮鞋	5分	
		造型简单规整,鞋面光滑亮泽	5分	
7	袜子	深色	5分	
		袜口以坐下蹲起腿后不露出皮肤为宜	5分	
8	佩饰徽章	除手表外最好不佩戴其他饰品	5分	
		手表佩戴在左手腕	5分	
		工号牌佩戴在左胸前的兜口正上方,如果是吊牌可直接挂在脖子上	5分	
		合计	100分	
综合评语				

项目三　汽车营销人员仪态规范

　项目要求

1. 知识目标

了解并掌握仪态的含义、内容，掌握基本姿态等内容的要领和注意事项。

2. 技能目标

熟悉基本姿态要领、手势和表情礼仪要求等，并通过实操训练达到标准要求。

3. 素养目标

培养汽车营销人员的基本姿态规范、手势规范、表情规范，为汽车营销工作塑造良好的礼仪形象。

　项目描述

仪态包括了人的举止、动作、姿态、手势、表情等。汽车营销人员的良好仪态在很大程度上代表了个人的规范、专业，也体现了企业的形象和对顾客的尊重，因此，规范、得体的仪态是汽车营销人员所必备的要求。本项目主要是阐述在汽车营销领域中的仪态规范和要求，包括站、坐、行、蹲等基本姿态规范，手势、上下车礼仪、表情礼仪等。

　建议课时

16 课时。

 站、坐、行、蹲姿态规范

　学习任务

在一段时间的汽车营销实际工作中，小李认真地向老员工学习请教，同时她也发现：有工作经验的同事们，在待人接物、举手投足间都体现着非常好的职业形象。营销经理告诉她：我们前台营销人员的"行为举止是心灵的外衣"，它不仅反映一个人的外表，也可以反映一个人的品格和精神气质。有些人尽管相貌一般，甚至有生理缺陷，但举止端庄文雅、落落大方，也能给人以深刻良好的印象，获得他人的好感。正确的仪态礼仪要求做到自然舒展、

充满生气、端庄稳重、和蔼可亲。

任务知识

行为动作和表情,如站立、走路的姿态,举手投足,一颦一笑都反映出个人特有的仪态,它与人的风度密切相关,是构成人们风度的主要方面。仪态是一种不说话的"语言",但却又是内涵极为丰富的"语言"。举止的高雅得体,直接反映出人的内在素养;举止的规范到位,直接影响他人对自己的印象和评价。论起美来,状貌之美胜于颜色之美,而适宜并优雅的动作之美又胜于状貌之美。

一、基本姿态内容

汽车营销人员的基本姿态包括了站、坐、行、蹲等,每种姿态都有规范的做法和要求,应该努力遵守职业仪态要求和规范,展现良好的职业形象和素养。

二、基本姿态规范

(一)站姿

1.站姿的基本要求

站姿的基本要求是立如松,即端立、身直、肩平、正视,规范的站姿有如下要求:

(1)头正。两眼平视前方,嘴微闭,收颌梗颈,表情自然,稍带微笑。

(2)肩平。微微放松,稍向后下沉。

(3)臂垂。两肩平整,两肩自然下垂,中指对准裤缝。

(4)躯挺。挺胸收腹,臀向内向上收紧。

(5)腿并。两腿立直,贴紧,脚跟靠拢。

男士、女士标准站姿,如图3-1-1所示。

2.运用

各类汽车品牌对其营销人员的站姿均有严格要求,但万变不离其宗。

(1)一汽奥迪轿车公司对其男性营销人员的站姿要求是:挺胸收腹、平视前方,头正颈直,重心放在两脚之间,左手握住右手腕、自然放于小腹前(图3-1-2a)。对其女性营销人员的站姿要求是:面带微笑,目视前方,挺胸收腹,双脚呈V形或Y形站立,重心在前脚掌上,右手手指并拢与左手虎口相对而握自然放于小腹处(图3-1-2b)。

图3-1-1 标准站姿示意图　　图3-1-2 一汽奥迪轿车营销人员站姿规范要求

(2)广汽本田轿车公司对其营销人员的站姿要求是:抬头挺胸、收腹直腰、双肩舒展、体现出自信自然从容的精神面貌。男士双手交握放在肚脐周围,脚后跟靠拢,脚尖微张(图 3-1-3);女士左手压在右手上面,放在肚脐周围,手指伸直,两脚错开,右脚后跟向左脚后方靠拢(图 3-1-4)。

  a)   b)   a)   b)

图 3-1-3 广汽本田轿车男性营销人员站姿规范要求　　图 3-1-4 广汽本田轿车女性营销人员站姿规范要求

3. 禁忌

汽车营销人员在站立过程中应该注意避免表 3-1-1 中的禁忌事项。

站 姿 注 意 事 项　　　　　　　　　　　表 3-1-1

站立时,不要无精打采或东倒西歪	忌手插在衣袋里或双手叉腰或交叉在胸前
忌弯腰驼背,两肩一高一低	站立时忌腿不停地抖动
忌两脚分开太大或交叉两腿而站	忌与别人勾肩搭背地站着
忌把其他物品作为支撑点,依物站立(如交叉两腿斜靠在墙壁)	

(二)坐姿

1. 标准坐姿

标准坐姿要求坐如钟,即身正、文雅(图 3-1-5)。

(1)女士坐姿。轻缓地走到座位前,转身后两脚成小丁字步,左前右后。两膝并拢的同时上身前倾,向下落座。如果穿的是裙装,在落座时要用双手在后边从上往下把裙子拢一下,以防坐出皱纹或因裙子打褶坐住而使腿部裸露过多。坐下后,上身挺直,双肩平正,两臂自然弯曲,两手交叉叠放在两腿中部,并靠近小腹。两膝并拢,小腿垂直于地面,两脚保持小丁字步。

(2)男士坐姿。上身正直上挺,双肩正平,两手放在两腿或扶手上,双膝并拢,小腿垂直落于地面,两脚自然分开成 45°。

2. 运用

(1)一汽奥迪轿车公司对其男性营销人员的坐姿要求为:头部端正,面带微笑,双目平视,腰背挺直,双膝分开与肩同宽,坐椅子的三分之二(图 3-1-6);女性营销人员的坐姿要求为:头部端正,面带微笑,双目平视,腰背挺直,坐下时双膝要并拢,坐椅子的

a)　　　b)

图 3-1-5 标准坐姿示意图

三分之二(图3-1-7)。

图3-1-6　一汽奥迪轿车男性营销人员坐姿规范要求　　图3-1-7　一汽奥迪轿车女性营销人员坐姿规范要求

(2) 广汽本田轿车公司对其男性营销人员的坐姿要求为：入座要轻，至少坐满椅子的三分之二，切忌躺在椅中；上身端正，稍微向前倾，头平正，双肩放松；双膝可以略微分开，但不宜超过肩的最外侧(图3-1-8)。女性营销人员的坐姿要求为双膝靠紧，脚跟略往后缩，自然靠齐，双腿可偏向一侧，坐在椅子上同左边或右边的客人说话时，可侧坐，并将面部朝向客人(图3-1-9)。

图3-1-8　广汽本田轿车男性营销人员坐姿规范要求　　图3-1-9　广汽本田轿车女性营销人员坐姿规范要求

3. 坐姿注意事项

坐姿注意事项见表3-1-2。

坐姿注意事项　　表3-1-2

坐 姿 禁 忌	其他注意事项
①跷二郎腿(两腿叠放，抖腿跷脚，甚至鞋跟离开脚跟晃动着)； ②坐时东倒西歪，半躺半坐，前趴后仰； ③双腿拉开成八字形，把脚伸得很远； ④把脚放到桌椅上或架到别人桌椅上； ⑤双手夹在腿之间或垫在臀部下； ⑥将双手交叉在胸前或抱在脑后或双手托下巴	①入座时要轻稳，离座时要自然稳当，右脚向后收半步，然后起立，动作不要过猛； ②正式场合，一般不宜坐满座位或只坐椅边，规范的坐法是坐满椅面的三分之二左右； ③当倾听别人指导、指示时，可只坐椅面的前半部，身体稍向前倾，以表示对对方的尊重

(三)走姿

1. 基本要求

标准的走姿,应当直行、匀速、无声、稳健且有节奏(图3-1-10)。具体而言应该是:

(1)头正。双目平视,收颔,表情自然平和。

(2)肩平。两肩平稳,防止上下前后摇摆。双臂前后自然摆动,前后摆幅在30°~40°,两手自然弯曲,在摆动中离开双腿不超过一拳的距离。

(3)躯挺。上身挺直,收腹立腰,重心稍前倾。

(4)步位直。两脚尖略开,脚跟先着地,两脚内侧落地。走出的轨迹要在一条直线上。

(5)步幅适度。行走中两脚落地的距离大约为一个脚长,即前脚的脚跟距后脚的脚尖相距一个脚的长度为宜。不过不同的性别、不同的身高、不同的着装,都会有些差异。

(6)步速平稳。行进的速度应保持均匀、平衡,不要忽快忽慢。在正常情况下,步速应自然舒缓,显得成熟、自信。

(7)警惕不良姿态。行走时要防止八字步,低头驼背。不要摇晃肩膀,双臂大甩手,不要扭腰摆臀,左顾右盼。脚不要擦地面。

2. 运用

(1)一汽奥迪轿车公司的要求是:面带微笑,目视前方,步伐从容,步态平稳,步幅适中,步速均匀。

(2)广汽本田轿车公司的要求是:挺直脊背、身体重心稍前倾,抬头挺胸收腹,从腰部向前行进;双手掌心向内,在身体两侧自然摆动;迈步时脚后跟先触地,脚步自然,步伐沉稳且面带微笑;若遇到急事,可加快步频,但不要奔跑(图3-1-11)。

图3-1-10 标准行姿示意图　　图3-1-11 广汽本田轿车营销
　　　　　　　　　　　　　　　　　人员走姿规范要求

3. 走姿注意事项

走姿注意事项见表3-1-3。

走 姿 注 意 事 项　　　　　　　　　　表3-1-3

行姿禁忌	其他注意事项
①走路切记:男不扭腰,女不扭臀; ②走路时忌摇头晃脑,身体左摇右晃,忌弯腰驼背;	①与客户告辞或退出上司、领导办公室等时,不宜立即扭头便走,给人以后背;为表示对在场其他人的尊重,在离

续上表

行姿禁忌	其他注意事项
③走路时忌内八字或外八字步伐，不可脚蹭地面，发出声响； ④走路时忌步幅过大，大甩手，手插兜、手叉腰	去时应采用"后退步"的走法； ②在楼道、走廊等狭窄处需为他人让行时，应采用侧行走（即面向对方，双肩一前一后，侧身慢行，表示对人"礼让三先"）

(四) 蹲姿

1. 蹲姿基本要求

下蹲时，左脚在前右脚在后向下蹲去，双腿合力支撑身体（图3-1-12）。

男士：一般采用高低式蹲姿。

女士：一般采用交叉式蹲姿，注意双腿并拢。女士着裙装时，下蹲前应事先整理裙摆。

2. 运用

一汽奥迪轿车公司对营销人员的蹲姿要求：男士双脚前后，半步蹲下，双膝分开，一高一低，上体挺立（图3-1-13a）；女士保持与客户适中的距离，上身挺直，双膝并拢，两腿一高一低，侧对客户时靠紧客户一侧的腿为高腿位（图3-1-13b）。

a)　　　　　　b)　　　　　　　　　a)　　　　　　　　　　b)

图3-1-12　标准蹲姿示意图　　　图3-1-13　一汽奥迪轿车营销人员蹲姿规范要求

三、实训情境设计

为保证连贯性，与任务二实训情境设计和评价合并进行。

实践要求

为保证任务的连贯性，建议与学习任务二实践任务合并进行。

　　手势、上下车礼仪规范

学习任务

了解和掌握汽车营销工作中常用的手势、上下车礼仪规范。因为在工作场景中，手势表现的含义非常丰富,表达的感情也非常微妙复杂,如招手致意、挥手告别、拍手称赞、拱手致谢、举手赞同、摆手拒绝,手抚是爱、手指是怒、手搂是亲、手捧是敬、手遮是羞等。手势的含义,或是发出信息,或是表示喜恶、表达感情,能够恰当地运用手势表情达意,会为交际形象增辉。汽车营销人员在工作中会经常性地使用到手势,如引导顾客、向顾客介绍产品、引领顾客上下车等,虽然只是简单的动作,但也包含着礼仪的要求。因此,应该需要通过本次学习任务,加强知识学习和技能训练,提高动作的规范性。

任务知识

一、手势礼仪

(一)接传物品

1. 基本礼仪规范

递送时,资料正面面对接收人,用双手递送,并对资料内容进行简单说明;如果是在桌子上方交递,切忌将资料推到顾客面前;如果有必要,帮助顾客找到其关心的页面,并做指引;如果是交递锋利和尖锐的物品,锋利和尖锐部位面朝自己,切忌对准顾客。

2. 基本话术

"这是资料,请过目。""我现在就您所关心的问题给您做个介绍,您看可以吗?""请您在客户栏签字,谢谢!"

3. 运用

(1)一汽奥迪轿车公司递物礼仪要求:面带微笑双手递出,文字正面朝向客户,目光注视对方(图3-2-1)。

(2)广汽本田轿车公司递物礼仪要求:交接物品前应先简要介绍物品,面带微笑,双手递送;交接前应注视对方的眼睛,并加上适当的话语,在肩膀与肚脐之间的位置交接;交接时注意将视线移向物品;交接结束后再注视对方的眼睛(图3-2-2)。

图3-2-1 一汽奥迪轿车公司递物礼仪规范要求　　图3-2-2 广汽本田轿车公司递物礼仪规范要求

(3)名片递交:名片以对方阅读的方向递出,递交前应做自我介绍,递交时保持身体微微前倾,略带弧度的递交出去;郑重对待收到的名片,并当着对方的面,将对方的姓名、职务念出,等对方收起后自己再收起。

(二)引导动作

1. 基本礼仪规范

指引顾客方向或指示物品的时候,手臂应自然伸出,手心向上,四指并拢。出手的位置根据与顾客所处的位置而定。

引导顾客进入展厅时,走在顾客的斜前方,与顾客保持一致步调,先将店门打开,请顾客进入店内,如果经销店不是自动门,则用左手向展厅外方向拉开店门,请顾客先进入展厅,并鞠躬示意。

2. 基本话术

"这边请。""您请跟我来。""您请进。"

3. 运用

一汽奥迪轿车公司展厅引领礼仪要求:位于客户左前侧,指引时五指并拢,目光要关注客户,面对客户要微笑(图3-2-3)。如果是上下楼梯或乘坐扶手电梯,上楼时要让客户先行,下楼时走在客户前面,若遇女客户,上下楼梯都在前(图3-2-4)。

图3-2-3 一汽奥迪轿车公司展厅引领礼仪规范要求

二、上下车礼仪

1. 基本要求

引导顾客进入展车时,走在顾客的斜前方,与顾客保持一致步调,并为顾客拉开展车车门,请顾客进入。开、关门时注意礼貌,站在不妨碍顾客上下车的位置为顾客开启车门。如果顾客坐在驾驶室,应该用左手拉门,右手挡在车门框下为顾客护住头部;如果顾客坐在副驾驶室,则应该用右手拉门,左手挡在车门框下为顾客护住头部。

a)

b)

图3-2-4 一汽奥迪轿车公司上下楼梯引领礼仪规范要求

2. 基本话术

"这边请。""您请跟我来。""您请进。""您请坐到车里面感受一下。""您请看这里。"

3. 运用

(1) 一汽奥迪轿车公司开车门礼仪要领:用手挡住车门框作保护,伸手在门框顶边做提示(图3-2-5)。

(2) 广汽本田轿车公司开车门礼仪要领:左手打开驾驶室门,退至后门旁伸手在顶边做提示(图3-2-6)。

图3-2-5 一汽奥迪轿车公司开车门礼仪规范要求

图3-2-6 广汽本田轿车公司开车门礼仪规范要求

任务实践

实训场景设计

模拟实务中汽车营销人员(如正规4S店汽车销售人员)的工作场景,如站立迎客、引导、座谈、捡物、新车介绍和体验等情境下员工的仪态演练,并由小组间相互打分评价,并提出改进建议。仪态项目评价标准如表3-2-1所示。

仪态项目评分表　　　　　　　　　　表3-2-1

序号	项目	评 分 标 准	分值	得分
1	站姿	头正、肩平、躯挺、挺胸收腹	5分	
		男:双手相握于腹前、握于身后或垂于身体两侧; 女:双手相搭放于小腹上	5分	
		男:双脚打开与肩同宽; 女:脚为V字或T字步	5分	
2	坐姿	头正、身直、双目平视	5分	
		肩平,挺胸收腹,上身微微前倾,不倚靠座椅的背部	5分	
		坐椅面2/3或3/4	5分	
		男:双手自然地放于两腿上; 女:双手相叠放于一腿上	5分	
		男:双腿分开间距不超过肩宽; 女:双膝紧靠,不分开,可用斜放式、交叉式坐姿	5分	
		入座离座动作轻缓,左进左出	5分	
3	走姿	头正、肩平、上身挺直、挺胸收腹,两眼平视前方	5分	
		两臂自然弯曲,自然地前后摆动,摆幅为30°~35°	5分	

续上表

序号	项目	评分标准	分值	得分
3	走姿	两腿跟走在一条直线上,脚尖偏离中心线约10°	5分	
		步幅:前脚的脚跟与后脚尖相距为一脚长	5分	
		步速:每分钟在60~100步	5分	
4	蹲姿	左脚在前,右脚稍后,不重叠	5分	
		下蹲时,左脚掌着垂直于地面,全脚掌着地,控制平衡,避免摔倒	5分	
		男士:一般采用高低式蹲姿; 女士:一般采用交叉式蹲姿,且双腿要并拢。着裙装时,下蹲前应事先整理裙摆	5分	
5	手势	接传物品:双手递接,附带说明性语言,语气温婉、客气	5分	
		引导手势:四指并拢,掌面朝上,语言温柔、亲切	5分	
		上下车礼仪:程序标准,开关车门轻柔,语言得体	5分	
		合计	100分	
综合评语				

任务三  表情礼仪规范

 学习任务

掌握常见的表情礼仪规范。

 任务知识

一、表情礼仪概述

表情是人的思想感情和内在情绪的外露,脸部则是人体中最能传情达意的部位,可以表现出喜、怒、哀、乐、忧、思等各种复杂的思想感情。在交际活动中面部表情备受关注。在人的千变万化的表情中,眼神和微笑最具有礼仪功能和表现力。表情通过人的面部情态和姿态变化,表达出来内心的思想感情。

营销人员在与公众打交道时,表情礼仪的基本要求就是热情、友好、真诚、稳重、和蔼。

二、表情礼仪规范

(一)目光

眼睛是人体传递信息最有效的器官,它能表达出人们最细微、最精妙的内心情思,从一个人的眼睛中,往往能看到他的整个内心世界。一个良好的交际形象,目光是坦然、亲切、和蔼、有神的。

目光凝视的区域包括如下方面:

(1) 公务凝视区域:以两眼为底线,额中为顶角形成的三角区。这种凝视会显得严肃认真,对方也会觉得你有诚意,容易把握住谈话的主动权和控制权。

(2) 社交凝视区域:两眼为上线,唇心为下顶角所形成的倒三角区。这种凝视能给人一种平等、轻松感,从而创造出一种良好的社交气氛。

(3) 亲密凝视区域:双眼到胸部之间。这是亲人、恋人、家庭成员之间使用的一种凝视,往往带着亲昵爱恋的感情色彩,所以非亲密关系的人不应使用这种凝视,以免引起误解。

(二) 微笑

微笑是交际活动中最富有吸引力的面部表情,也是世界通用的交际语言。尤其对于汽车营销人员来说,好的微笑可以向客户展现自己的友善、谦恭、亲切的情感,发出信任、宽容、理解等信号。

1. 微笑的要求

微笑的要求是得体、真诚、适度、合时宜。

2. 运用

(1) 上海大众轿车公司在训练营销人员微笑的时候,要求做到以下几方面:嘴角微微向上翘起,让嘴唇略呈弧形,在不牵动鼻子、不发出笑声、不露出牙齿的前提下,略微一笑。可默念英文单词 cheese,或英文字母"G"或普通话"茄子"。

(2) 广汽本田轿车公司在训练营销人员时要求:真诚的微笑能够融洽工作人员与顾客的关系,拉近距离,所以说,微笑是热情接待的重要表现。眼睛是直接流露我们思想情感的窗口,微笑时,嘴唇两端向耳朵方向拉伸,脸颊上翘,眼角出现皱纹,感觉有朝气、最优美的微笑应该在眼睛和嘴巴的表情里,加上诚心,只有诚心的微笑才能打动对方的心(图 3-3-1)。

a)　　　　　　　　　b)

图 3-3-1　广汽本田轿车公司微笑礼仪规范

任务实践

实训场景设计

每两人一组,按照汽车营销人员表情规范相互纠正工作中的表情礼仪,包括目光、微笑等。可以用口含筷子的方法进行微笑表情练习,如图 3-3-2 所示。

图 3-3-2　微笑表情练习

项目四　汽车营销人员服务语言

项目要求

1. 知识目标

了解语言和服务语言的概念,掌握汽车营销服务语言的基本要求和使用规范。

2. 技能目标

在汽车营销过程中正确地运用服务语言,与顾客进行交流时进行适当的语气、语调和语速的变换运用。

3. 素养目标

培养汽车营销人员服务顾客的意识,掌握服务语言的运用。

项目描述

语言是人类进行信息交流的符号系统,它包括一切可以起沟通作用的信息载体。在汽车营销过程中,通过语言的交流可以充分地反映一个营销人员的能力、修养和素质。学习和掌握汽车营销的语言艺术既是营销工作职业性质的要求,也是赢得顾客、占领和扩大市场、提高营销经济效益、树立汽车服务行业社会形象的需要。

本项目分为两个学习任务:一是汽车营销人员在营销过程中,需要掌握的营销服务语言的基本要求以及营销过程中服务语言的合理运用;二是汽车营销人员在服务语言运用过程中对语气、语调和语速的合理把握。

该项目重在技能训练,主要训练汽车营销人员服务语言应用的基本礼仪和技巧。

建议课时

12课时。

　**走进汽车营销服务语言的世界**

今天是小李单独进行销售的第一天,在面对客户时,小李很紧张,总是不知道应该怎样

和客户进行交流和互动,好几次都面临了无话可说的尴尬境地,小李很郁闷。在销售服务过程中,应该如何有效地利用语言和客户进行沟通呢?今天,我们的学习任务就是走进汽车销售服务语言的世界,让我们一起了解营销服务语言的奥秘,掌握营销服务语言的运用。

任务知识

语言,是人类特有的用来表达思想、交流情感、沟通信息的工具。运用语言进行认知和交往活动,是人类特有的能力。

作为一名汽车销售人员,沟通在工作、生活当中无处不在,它不仅是用来了解客户需求的渠道,更是与客户之间传递信任和尊重的重要桥梁。当然,沟通要保证有效性,不能无的放矢。

沟通分两个方面:"听"和"说"。倾听可以使你从客户的话语中得知对方是否真正地理解了你说话的意思;懂得如何表达,可以拉近与客户之间的距离。

一、语言

(一)语言的概念

语言具有狭义和广义两个概念。

狭义的语言,是指有声的语言,即口语,通常称之为"说话"。它是由语音、语义、词汇、语法等要素构成的表情达意的结合体。

广义的语言,不仅包括口语,还包括用文字记录下来的口语,即书面语,以及伴随口语而出现的体态动作,即体态语。

事实上,语言作为日常生活或工作中的交际工具,是指口语、书面语以及体态语在具体的社会环境、交际场合中,独立且综合地实现交际活动的意义、价值和作用。其中,口语是交流的主要工具,书面语是辅助性工具,体态语是伴随性工具。三者各具特色,相互制约,相互影响。口语最灵活、最直接,诉诸于人的听觉;书面语更广泛、更明确,呈现于人的视觉;体态语则较含混、较隐蔽,作用于人的视觉和心理。

(二)语言的作用

1. 传递信息

信息是一种在利用中不断增值的永久性资源。在社会生活中,人们通过语言实现信息的交换和利用,从而创造新的价值,促进社会文明的发展。

案例:

领导让刚毕业的秘书小王打电话给某公司主管营销的副总经理,敲定合同的具体事项。于是,秘书小王拨通了电话:"喂,您好!潘总在吗?"

"不在,他出去考察了。"

于是,小王把电话放下,去找领导汇报了。

"经理,潘总人不在。出差了。"

经理说:"这件事很重要,你有没有问到人家的联系方式,比如手机号码什么的?"

"哦,对不起,我没想到。"

这样,他再次拨通对方电话。

"你好,我是××公司员工,能不能把潘总的手机号告诉我。"

大家知道,领导的私人联系方式是不能随便告诉别人的。结果可想而知,对方秘书答道:"对不起,这个不方便告诉您,您有什么事,等他出差回来,我帮你转达。"

"这样啊,那不用了。"

放下电话,他又跟领导说:"经理,人家不告诉我。"

经理又问:"那你有没有问他们,这件事还有谁能做主?我们要尽快谈妥这件事。"

"哦,对不起……"

点评:可想而知,秘书小王在这件事情的处理上显得多么被动,又会给领导留下一个什么样的印象。他的问题在哪?就在于在通话前,他没有搞清楚自己到底要干什么、没有目的性,也不知道通过怎样的策略达成目的。

2. 交流思想

语言是思想的直接实现。在人际交往中,语言是思维的物质外壳,借助于语言这个媒介,人们可以相互传达认识、陈述见解、交换看法,或者进行独立思考、深入分析、广泛理解和综合判断。

案例:

在美国,某汽车生产厂极力向小运输公司业主推销载重量大、价格也比较贵的四吨车,而这些小运输公司业主执意只买载重量为两吨的车,双方之间有了如下的对话。

甲(某汽车生产厂家,以下略):"你们运的货,每次平均重量是多少?"

乙(小运输公司业主,以下略):"大概两吨吧。"

甲:"有时候多,有时候少,对吗?"

乙:"对。"

甲:"究竟需要哪种型号的载货汽车,一方面要看运什么货,一方面要看在什么路上行驶,你说对吗?"

乙:"对。"

甲:"冬天在丘陵地带行车,车身所受压力比平原地带要大得多吧?"

乙:"是的。"

甲:"贵公司冬天出车的次数比夏天多吧?"

乙:"对,多得多。我们夏天的业务并不多。"

甲:"冬天的货物多,又在丘陵地带行驶,汽车常处在超负荷状态吧?"

乙:"对,你很懂行。"

甲:"你在决定购车型号时,是否应留有余地?"

乙:"是的,要留有余地。"

甲:"从长远看,决定买哪种车,关键是看它的使用期有多长,对不?"

乙:"这是毫无疑问的。"

甲:"一辆车长时间超负荷,另一辆不超负荷,你觉得哪车寿命长些?"

乙:"当然是马力大、载重多的那辆了。我明白你的意思了,好吧,我不买两吨车了,我买四吨车。"

点评:在这场汽车推销活动中,事前,甲方的营销人员就对这些小运输公司的情况做了广泛的调查。设计了一套站在乙方立场上的问答,实际上却是使对方按自己的思路来作答。整个对话过程环环相扣,步步深入,使对方心悦诚服,让乙方说出甲方想说又不便明说的结果。

因此,任何人在开口说话前,其思维总要有所活动。该说什么,为什么要这么说,说给谁听,将会起什么作用,这样说会产生什么效果,自己将如何应对,这些问题都要考虑成熟后才能开口。如果没有清晰的思路,就无法自觉控制说话的流程。

3.表达情感

在人际交往过程中,通过信息传递和思想交流,交际双方都会产生一定的情感体验。它表现为感情共鸣和情感排斥两种状态。

二、服务语言

1.服务语言的概念

在任何的服务行业或行业服务过程中,相关人员(服务人员或营销人员)对顾客进行服务(营销)时所运用的语言都可被称为服务语言。

服务语言的范围十分广泛,它既包括基本礼貌用语,也包括专业的营销用语和技术用语等。

2.服务语言的种类

服务语言主要可以分为无声的服务语言和有声的服务语言两大类。

1)无声的服务语言

无声的服务语言包括形体语言和手势语言、表情语言等,具有间接、含蓄的特点,能辅助有声的服务语言。在服务过程中,服务人员和顾客面对面,除有声的服务语言外还可以借助无声的服务语言来增加、补充甚至强化要表达的内容。有些细小的无声的服务语言所产生的实际效果是用再多的有声语言也难以达到的。例如:服务人员对顾客充满亲和力的微笑、柔和的眼神、关怀的手势等。

2)有声的服务语言

有声的服务语言主要是指服务人员的口语,它具有直接、准确、迅速及易于理解的特点。

3.常用的服务语言类型及要求

1)称呼

称呼是指当面招呼对方,以表明彼此关系的名称。根据各民族习惯、语言、社会制度的不同,对服务对象的称呼也要不同。按照服务礼仪的规则,服务语言中的称呼要注意以下几点。

(1)初次见面的服务对象,用"您"而不是"你",以示谦虚与尊重。

(2)通常对男士称"先生",对女士称"小姐"或"女士"。(未婚者称"小姐",已婚者称"女士")

2)问候语

服务人员应当对进入服务范围的服务对象主动进行招呼和问候。问候是服务语言中的重要环节。作为问候语,服务人员应当根据见面时的情景和彼此的关系进行互相问候。一般来说,服务语言中的问候语有:"您好""你好""早上好""下午好""晚安"等。

问候语要求简单明了,不受场合的约束,给服务对象以亲切之感。问候时服务人员应当面带微笑,表情自然、和蔼、亲切。在服务对象对服务人员发出问候时,要热情予以回应,不能毫无反应和表示。

3)感谢语

当服务对象予以服务人员帮助和配合时,服务人员应当对服务对象表示感谢。一般使用的感谢语言有:"谢谢""麻烦您了""非常感谢"等。在感谢时,根据实际情况还可以说明原因,例如:"感谢您的配合""谢谢您给我们提供的建议"等。在使用感谢用语的过程中,服务人员还应当以热情的目光注视对方,以示真诚。

4)道歉语

当服务对象的需求无法予以满足,或者招待不周等情况下,服务人员应当及时地进行道歉。一般使用的道歉语言有:"对不起""很抱歉""真是不好意思"等。同时,服务人员的语气要谦和,态度要恭敬。

4. 服务语言使用的基本要求

(1)服务语言要亲切。

(2)服务语言要朴实。

(3)服务语言要真诚。

(4)服务语言要准确。

(5)服务语言要简练。

(6)服务语言要文明。

三、汽车营销服务语言

1. 汽车营销服务语言

在汽车营销工作中,服务语言的规范运用是对汽车营销人员语言的基本要求。汽车营销人员要让顾客可以接受你向他推荐的产品或服务,首先必须通过服务语言使顾客得到尊重并获得精神上的满足,其次才能进行进一步的营销工作。因此,一个汽车营销人员对服务语言的运用,既能体现出他的营销水平,又直接反映其所在企业的总体精神文明状态。所以,汽车营销人员在自己的工作岗位上,必须运用好服务语言并自觉遵守有关的服务语言要求和规范。

2. 汽车营销服务语言的基本要求(表4-1-1)

汽车营销服务语言的基本要求　　　　　　　　　表4-1-1

语　言	基 本 要 求
声音优美、使用敬语	咬字准确、发音清晰,力求声音悦耳动听,有感染力和吸引力;音量适度,以顾客能听清楚为好;多用礼貌语言,语调亲切热情
表达恰当	与顾客交流时,说话力求语言的完整、准确、贴切,要注意选择准确、规范的词句,力求言简意赅
表情自然、举止优雅	在汽车营销过程中"说"的时候,要注意和肢体语言的配合,要保持微笑和目视顾客的三角区域,以表示尊重。不要指手画脚,眉飞色舞

3.汽车营销人员的服务语言规范(表4-1-2)

汽车营销人员的服务语言规范　　　　　　　　　　　表4-1-2

语　言	基本要求
通俗易懂	使用普通话。对汽车产品和交易条件的介绍必须简单明了,表达方式必须直截了当。熟悉和使用不同顾客所特有的语言和交谈方式
尊重客户	使用敬语,措辞谦敬委婉,多用征询式、商量式的语气进行交谈。在交谈时,面带微笑,态度和蔼,说话亲切,语气柔和,切不可使用命令和指示的口吻
情境互动	鼓励顾客说话,根据实际的情境选择与顾客进行交流的语言方式,实现与顾客交流思想的过程。通过互动了解顾客的基本情况和真实需求,切忌"唱独角戏"

4.汽车营销人员的基本服务语言(表4-1-3和表4-1-4)

汽车营销人员的基本服务语言　　　　　　　　　　表4-1-3

服务用语	要　求	情境图例及用语举例
迎宾用语	当顾客进门时,汽车销售人员应当主动迎接,以表示对顾客的尊重。同时,可以配合体态语言进行招呼引导。如:面带微笑,对顾客点头致意等。 基本用语一般为肯定语句	基本用语:"请进,欢迎光临我们专卖店!""您好,欢迎光临!""请坐,我给您介绍一下这个车型的优点。"
友好询问用语	汽车销售人员和顾客进行交流时,应当尽量采用征询、协商或者请教的口气,鼓励顾客讲话,从中获得顾客实际需要的信息。 基本用语一般为疑问语句	基本用语:"请问您怎么称呼?我能帮您做点什么?""您是自己用吗?如果是的话您不妨看看这辆车。""我们刚推出一款新车型,您不妨看看。不耽误您的时间的话,我给您介绍一下好吗?""请问您是第一次来吗?是随便看看还是想买车?""好的,没问题,我想听听您的意见行吗?"

续上表

服务用语	要 求	情境图例及用语举例
招待介绍用语	汽车销售人员对顾客进行招待和介绍时，对顾客提出的疑问和需求应当耐心解释，正确引导顾客，用语要多运用叙述的方式来进行表达	基本用语："请喝茶,请您看看我们的资料。""关于这款车的性能和价格有什么不明白的请吩咐。""我现在就您所关心的问题给您做个介绍,您看可以吗？""请慢用。"

汽车营销人员的基本服务语言　　　　　　　　表4-1-4

服务用语	要 求	情境图例及用语举例
道歉用语	针对不同的实际情况而使用。对顾客服务不周到,应对顾客说"对不起"或"对不起,请原谅"。 让顾客等候之前应说"对不起,请稍候"；让顾客等候之后应说"对不起,让您久等了"。 未能立即为顾客提供服务或顾客需要的产品不能立即到位时,应对顾客致歉并予以解释	基本用语："对不起,这款车型刚卖完,只要等新车一到,我立即通知您。""不好意思,您的话我还没有听明白。""有什么意见,请您多多指教。""介绍的不好,请多原谅。"
赞扬用语	对顾客的赞美语言必须因人而异,因时而异。赞美顾客要有的放矢,态度要真诚,内容适度恰当	基本用语："像您这样的成功人士,选择这款车是最合适的。""先生(小姐)真有眼光,……""您是我见过的对汽车最熟悉的顾客了。""先生(小姐)真是快人快语,您给人的第一印象就是干脆利落。"

续上表

服务用语	要求	情境图例及用语举例
送客道别用语	根据顾客在现场的情况不同进行。当顾客结束消费和活动离开时,汽车营销人员必须将顾客送至门口,应说:"再见,请走好/请慢走,欢迎您再次光临。"对于没有进行购买只做参观咨询的顾客,应说"再见,认识您很高兴!"等	送客礼仪要领:面带微笑 握手致谢 送至门口 挥手告别 基本用语:"请您慢走,多谢惠顾,欢迎您下次再来!""有什么不明白的地方,您可以随时给我打电话。""买不买车没有关系,能认识您我很高兴!"

四、汽车营销人员常用礼貌语言和服务忌语(表4-1-5)

汽车营销人员常用礼貌语言和服务忌语　　　　表4-1-5

语言	常用、忌用语句
礼貌语言	①您好！　②欢迎光临！　③欢迎您再次光临！　④请问？　⑤您有什么需要帮助的吗？　⑥谢谢！　⑦请稍等！　⑧不客气！　⑨再见！　⑩欢迎下次光临。　⑪您走好。　⑫谢谢惠顾！　⑬对不起！　⑭对不起,我们的这款车已经卖了,请您看看别的车好吗？　⑮好的,马上就来。　⑯您还需要什么其他别的服务吗？　⑰您的满意就是对我们最大的赞赏。　⑱麻烦您……　⑲您太客气了。　⑳您过奖
服务忌语	①哎！买什么？　②你买吗？　③你不会看吗？　④不买就别问。　⑤到底要不要,想好没有？　⑥不买看什么？　⑦哎！快点挑。　⑧看了这么多,有没有钱买？　⑨有完没完？　⑩你买得起就快点,买不起就别买。　⑪喊什么？等会儿。　⑫没看我正忙？着什么急。　⑬不知道,不要问我。　⑭你问我,我问谁？　⑮有说明书,你自己看。　⑯怎么不提前准备好？　⑰交钱快点。　⑱你不买,为什么要换？　⑲你买的时候怎么不挑好？　⑳谁卖的,你找谁。　㉑不是告诉你了吗？　㉒我就这态度,你能怎样？　㉓你管不着。　㉔神经病。　㉕有能耐你去告,随便告哪都行

五、汽车营销人员服务语言使用技巧

服务工作是汽车营销工作过程中的一个重要环节。面对各种各样的顾客,这项看似很平常的工作环节,实际上却关系企业的形象、信誉以及进一步发展的问题。因此,汽车营销人员必须采取积极的态度,讲究营销服务艺术,尤其是要注意服务语言的使用技巧,把"主动、热情、耐心、周到"贯穿到整个营销服务的每一个环节中,努力提高汽车营销服务工作的水平。

1. 汽车营销人员营销服务过程中的语言技巧

1) 引导问好式

汽车营销人员在迎接顾客的过程中,如果可以在对顾客问好的语言后面加上一些与情景或生活等相关的话语做一个简单的引导,就会在顾客的心里留下一些不同的印象。

例如：与天气有关，"您好！欢迎光临××4S店，外面风很大吧？今天天气有点冷。"；与开展活动相关，"您好！欢迎光临××4S店，这段时间我们正在搞优惠活动……"等。

这些简单的问候不仅更加人性化，同时也在第一时间向顾客阐述了一种新的信息，继而让顾客能对具体内容产生兴趣。由此可见，简单地添加几句特色语言可以给顾客与众不同的感觉，让顾客对这家店记忆深刻。

2）交换沟通式

汽车营销人员在面对顾客时，要以主动积极的心态去照顾好顾客。同时面对好几位顾客时，要进行及时的交换沟通。比如，当一名顾客对产品进行询问，汽车营销人员正在进行相应解释时，又进来了一名新顾客。这时，我们应主动告知眼前的顾客："对不起，请您稍等一下。"得到顾客谅解后立即转向新来的顾客："您好！您先看看喜欢哪款车型！"同时要及时地把产品介绍拿给顾客，让他能先从资料上了解产品。营销人员再返回前面的那名顾客前继续进行沟通："这位……，您看您还有什么问题？"直到顾客可以给出结果后，汽车营销人员必须立即转到新来的顾客那里，对顾客表达歉意："对不起，让您久等了。"只有这样进行适时地交换沟通，你才会发现，每一位顾客都能在你的掌控范围内，而不是顾此失彼。

3）主动应答式

应答就是回答。汽车营销人员回答顾客的问题，看起来是被动的，但实际上可以变被动为主动。比方说，顾客对产品进行询问："这款车是最新上市的车型吗？"这时，我们要先做出回答，然后变被动为主动："是的，先生，您对我们品牌的车型很了解是吗？"如此，一个探询需求的问题就推给了顾客。如果我们直接回答顾客："是的，这是最新的。"或者"没错。"那么，很可能与顾客就不能有下一步的交流了，同时也丢掉了进一步探询顾客需求的机会。作为汽车营销人员，首先要掌握的就是顾客的需求，要随时通过"问"的形式来引导我们的顾客。有的顾客可能会问："你们这款车的质量怎么样？"对此，我们可以这样回答："这款车质量很好啊，销量很不错，您是第一次了解我们这款车吧？"这又是一种"问"的方式，有效引导我们的顾客。而不是顾客走到哪里跟到哪里，只有有效地引导顾客的需求，满足顾客的需求，才能实现销售的成功。这就是主动进行应答式语言使用的技巧。

4）迂回式

迂回式就是要创造一种朋友见面的愉快的场景，互助地交流沟通，不是直接切入销售的话题，而是采取迂回的策略，从其他话题引入。

(1) 利用生活场景创造和谐的沟通氛围："先生，今天心情不错嘛，有什么好事情啊？"

(2) 利用叙旧方式，表示对顾客记忆深刻："先生，您很眼熟啊，我记得您上次和您夫人来过……"

(3) 利用恭维赞美的方式，让顾客心情愉悦："先生，这是您的女儿吧，真好看！"

除了以上几点以外，汽车营销人员应该还能通过很多话题引入销售，在交谈中，看似平常的聊天内容实际上是在与顾客建立良好的愉快的谈话氛围，从而使得顾客能建立信任感，实现最终销售的目的。

2. 汽车营销服务语言多用肯定忌用转折

在汽车营销服务语言使用时，不论汽车营销人员前面讲得多好，如果后面出现了"但是",就等于将前面对顾客所说的话进行否定。所以,汽车营销服务语言中应该尽量避免出现使用"但是"。在沟通中有一个很重要的法则叫作"Yes Yes But",即"是,是,但是"。这等于什么?等于"不"。很多人都认为,以前很婉转地表达不同观点的最好方式是"Yes Yes But"。可是对于服务对象而言,一个汽车营销服务人员说"但是"就等于把前面说的话全都否定了,所以顾客感到这是一种很自相矛盾的语言表达。比如,汽车营销人员对顾客说:"您买的这款车设计真的很合理,颜色也很鲜艳,不过……","不过什么?""不过"就把前面说的那句话又收回来了。因此说现在比较忌讳说"但是……",不要让顾客感觉到你的语言表达有前后矛盾的感觉。

3.汽车营销服务语言要多用谦语和敬语

在汽车营销人员进行营销服务过程中,无论针对怎样的顾客、怎样的情况,多用谦语、敬语都是合理正确的。汽车营销人员在给顾客提供服务时,必须要做到"请"不离口。以下例句是对谦语和敬语的使用进行的示范。

例如:当与顾客谈话需请顾客说话时,应说:"请讲。"

当顾客对我们表示歉意时,应说:"没关系,谢谢。"

当顾客向我们表示感谢时,应说:"不客气,这是我应该做的。"

询问顾客姓氏时,应说:"请问我可以怎样称呼您呢?"

当发现顾客在观望、徘徊时,应主动上前询问:"您好,请问,有什么事需要我做吗?"

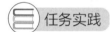

实践说明 1

结合本节课学习任务中"语言"的相关知识点,分析在校园学习生活的不同场景交流中应该如何注意自己的语言运用?

实践要求

以小组为单位进行学习研讨,将本小组的见解形成文字材料,并在课堂上分享(建议结合 PPT 等工具,进行图文并茂地介绍)。

实践说明 2

将学生分为若干小组,布置实训任务(表 4-1-6),进行实操练习、相互讨论和整理。

实践要求

各小组根据实训任务单的要求结合项目评分表(表 4-1-7),就表演者的营销服务语言进行评分,并提出改善意见。

汽车营销人员服务语言礼仪实训任务单　　　　　　表 4-1-6

任务名称	语言礼仪实训	班级		教师评阅	
		姓名			
任务描述	顾客李先生来到 4S 店,希望了解奥迪 A6、2.4L 的情况,营销顾问向他介绍该产品				
组织与实施步骤	第一步:分组,每 2 人一组,分配角色。 第二步:讨论情景中可能出现的情况,提出注意事项和解决办法。 第三步:进行模拟演练。 第四步:挑选出典型小组,示范展示				

续上表

学生实训后反思与改善	小组互评 优点： 不足： 改善点：			
自我学习评价	□优 □良 □中 □及格 □不及格			

汽车营销人员基本服务语言使用项目评分表　　　　表4-1-7

序号	项目	评分标准	分值	得分
1	迎宾用语	主动进行迎接，并对顾客使用招呼语"您好""欢迎光临"等	5分	
		体态语言的配合运用：面带微笑、点头致意等	5分	
		使用普通话，给顾客热情、亲切感	5分	
		正确的使用敬语和称呼"先生""小姐""女士"等	5分	
2	询问用语	使用征询、协商、请教用语"请问""麻烦您"等	5分	
		使用疑问语与顾客进行询问交流，态度恭谦	5分	
		使用普通话，让顾客能准确听清询问的内容	5分	
3	介绍用语	体态语言：介绍时面带微笑，面向顾客	5分	
		使用普通话，语气亲切	5分	
		用语能正确引导顾客	5分	
		采用叙述用语	5分	
4	道歉用语	使用普通话，态度恭敬，平易近人	5分	
		体态语言：面向顾客，身体略为前倾，面带微笑	5分	
		正确使用礼貌语言："对不起""很抱歉"等	5分	
5	恭维赞扬用语	使用普通话，用语符合实际情景要求	5分	
		用语符合实际顾客对象特点，用词准确	5分	
		态度真诚，配合体态语言运用得当	5分	
6	送别用语	使用普通话，态度恭谦	5分	
		正确使用礼貌用语："再见！""请慢走！"等	5分	
		正确使用敬语："您""你"等	5分	
		合计	100分	
综合评语				

任务二　汽车营销服务语言的语气、语调、语速

掌握在和客户交流的过程中正确的语气、语调和语速。

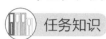

在汽车营销服务过程中，汽车营销人员与顾客进行交流，注意依赖语言。汽车营销人员在服务过程中，要时刻保持良好的工作状态，说话要注意抑扬顿挫，达到缓和有力的最佳效果，从而使顾客产生如沐春风的感觉。因此，汽车营销人员在与顾客进行语言交流的过程中，要想吸引顾客的注意、引起顾客的共鸣，就必须在服务语言运用时注意语气、语调、语速三方面的配合。

一、汽车营销服务语言的语气

（一）语气

1.语气的定义

语气就是说话的口气。它既存在于书面语言之中，更存在于口头语言之中。在书面语言里，作者语气要通过读者的视觉引起思维才能感受、认识、体会。而口语表达中的语气，将句式、语调、理性、词彩、音色、立场、态度、个性、情感等融为一体，由说话者直接诉诸于听众的听觉，听众当即就可直观地感受到，因而，它对口语表达的效果产生直接的、立竿见影的影响。语气的强弱、长短、清浊、粗细、宽窄、卑亢等变化，均能产生不同的声音效果。

2.语气运用的一般规律

有了恰当的语气，才能使听众具有形象色彩、感情色彩、理性色彩、语体色彩、风格色彩；有了恰当的语气，才能增强语言的魅力，才能恰当的表达思想感情。才能调动听众的情绪，才能引起听众的共鸣。

语气是多种多样的，无论从表达主体和听众的关系来看，还是从表达主体的心境和思想感情来看，或者从表述内容和方式来看，它都是丰富多彩的，因人、因事、因时、因地而不同，变化多端，气象万千。在说话过程中，语气永远不会是单一的，常常出现几种语气交替出现或结伴而行的现象。不过，在综合运用多种语气的过程中，还是有主次之分的，主要的感情色彩造成主要的语气色彩，即语气的基调。同时，又要适时根据内容、感情、对象等的变化，选择调控自己的语气，使之恰如其分。

总之，语气要服从内容，语气要看对象，语气要质朴自然，贴近生活（表4-2-1）。

语气运用的一般规律　　　　　　　　　　　表4-2-1

语气运用	例　句
爱则气徐声柔	"我爱妈妈！"

续上表

语气运用	例句
憎则气足声硬	"我恨你!"
悲则气沉声缓	"唉!太惨了。"
喜则气满声高	"啊!我们终于胜利了。"
惧则气提声抖	"我……我再也不敢了。"
急则气短声促	"不好了!不好了!月亮掉到井里了。"
冷则气少声淡	"啊,我早就知道了。"
怒则气粗声重	"你给我滚!"

(二)汽车营销服务语言的语气

1.汽车营销服务语言的语气类别

对于汽车营销服务工作而言,说话的语气比说话的内容更重要。一个优秀的汽车营销服务人员对顾客说话时应尽量采用亲切柔和、自然轻松的语气。依照语气的一般类别,汽车营销服务语言的语气使用类别可参照表4-2-2。

汽车营销服务语气的类别　　　　表4-2-2

类别	作用	使用举例
陈述语气	营销人员最常用的语气,比较平易近人,顾客容易接受	顾客:"这款车看起来不错。" 汽车营销人员:"您很有眼光,这款车采用了今年最流行的……,设计更加合理、科学。"
一般疑问语气	营销人员可以通过提问的方式找到顾客的诉求点,打消顾客疑虑,节省营销时间	汽车营销人员:"您比较喜欢什么颜色?我们这款车有黑色、蓝色、红色三种色系。" 顾客:"红色的吧。"
反问语气	通过反问顾客可以增强感情,加强语言的鼓动性。但切记蛮横、粗野	汽车营销人员:"您是先看看还是我着重给您介绍一下呢?"
命令语气	请求顾客配合或做某事时,要礼貌、客气,不能发号施令	汽车营销人员:"为了您的用车安全,我需要给您提供几条建议。"

2.汽车营销服务语言语气使用的一般要求

1)因地而异,注意场合

对于汽车营销服务而言,场面越大,越要注意适当提高声音,放慢语速,把握语势上扬的幅度,以突出重点。相反,场面越小,越要注意适当降低声音,适当紧凑词语密度,并把握语气的下降趋向,追求自然。场合不同,运用的语气也应不同。在与服务对象谈话的场合不同时,要根据情况使用不同的语气。

2)因时而异

同样一句话,在不同时候说,效果往往大相径庭。运用适当的语气,才会产生正确有效的效果。

3)因人而异

汽车营销人员驾驭服务语言的语气最重要的一条是因人而异。汽车营销服务语言的语气能够影响顾客的情绪和精神状态。语气只有适应于听话者,才能同向引发,如,是喜悦的会引发出对方的喜悦之情,是愤怒的会引发出对方的愤怒之意;服务语言的语气不适应于顾客,则会异向引发,如生硬的语气会引发出顾客的不悦之感,埋怨的语气会引发出顾客的满腹牢骚等。判断说话语气的依据是一个人内心的潜意识。汽车营销服务语言的语气是有声服务语言的最重要的表达技巧。只有掌握了丰富、贴切的服务语言的语气,才能使汽车服务营销人员的思想感情处于运动状态,不时对顾客产生正效应,从而赢得营销的成功。

二、汽车营销服务语言的语调

(一)语调

1. 语调的定义

字有字调,句有句调。我们通常称字调为声调,是指音节的高低升降。而句调我们则称为语调,是指语句的高低升降。所以,语调是指说话时语音的高低、升降以及轻重虚实的变化。语调是语言表达中的第二要素。语调能突出重点,加强语气,增加感情色彩,还可以起到修饰语言的作用。

2. 语调的表现形式

语调根据表示的语气和感情态度的不同,可分为四种:升调、降调、平调、曲调。

(1)升调:情绪亢奋,语流运行状态是由低到高,语尾音强而向上扬起。一般用于提出问题、等待回答时,用来表示疑问、反问、惊异等语气。如汽车营销人员向顾客询问意见时。

(2)降调:情绪稳定,语流运行状态由高到低,语尾音弱而下降。一般用于陈述句、肯定句等,用来表示肯定、坚决、祝福等感情。如汽车营销人员向顾客介绍产品时。

(3)平调:情绪沉稳,语流运行状态基本平直,语尾和语首差不多在同一高度。一般用于庄重严肃、思索回忆的时刻。如汽车营销人员同顾客进行谈判的时候。

(4)曲调:情绪激动或情感复杂,语流运行呈起伏曲折状态。多用于语意关联、言外有意、幽默讽刺等语句中。汽车营销人员应予以避免使用这种语调。

(二)汽车营销服务语言禁用语调(表4-2-3)

汽车营销服务语言禁用语调　　　　　表4-2-3

语　调	示　例	点　评
烦躁的语调	顾客:"还有赠品吗?" 汽车营销人员:"你是买汽车还是要赠品来了,没有没有!"	顾客不是汽车营销人员的垃圾情绪收集站,即使汽车营销人员的心情不好,也要耐心对待顾客
嘲讽的语调	顾客:"这款车的价格还可以优惠点吗?" 汽车营销人员:"你说还要怎么优惠啊?买不起就别来买。"	嘲笑顾客是汽车营销人员的大忌,也是对人极不尊重的表现,并且会激化矛盾,最后只会不欢而散

续上表

语调	示例	点评
傲慢的语调	顾客:"你怎么这样啊!" 汽车营销人员:"我喜欢怎样就怎样!你有什么资格跟我说话!"	这样咄咄逼人的语言是无法与顾客交流的

三、汽车营销服务语言的语速

(一)语速

1. 语速的定义

语速就是说话的速度。交谈中,听的速度要比说的速度快。如果说话的速度过慢,经由耳朵传到大脑的信息间隔时间长,即会导致思想开小差;另一方面,人们"感知"速度又比说话速度慢,如果语速过快,吐词如"连珠炮",经由耳朵传至大脑的信息过于集中,又会使人应接不暇、顾此失彼,甚至搞得人精神紧张。

2. 语速的运用要求

1)语速服从谈话的内容

(1)说明性语言用正常语速。

(2)叙述性、描写性语言用较慢语速。

(3)议论、抒情性语言要或快或慢。

2)语速与谈话语言的形式特点相结合

散乱的冗长的谈话语言,内容和发音拗口的词汇,不宜太快;而整齐的富有韵律色彩的谈话语言,说得快些,才听得顺耳。

(二)汽车营销服务语言的语速

在汽车营销过程中,过快和过慢的语速都会导致汽车营销人员与顾客的交流失败。汽车营销人员在工作中要尽量保持中等语速,即每分钟讲100~120个字左右为最适宜,以圆滑顺畅为第一原则。

1. 汽车营销服务语言的语速表现(表4-2-4)

汽车营销服务语言的语速表现　　　　表4-2-4

语速	种类	表现
较快	视觉型	只顾自己说话,语言毫无逻辑可言,没有中心思想,让顾客无所适从
较慢	感觉型	与顾客交流时总是落后一拍,反应迟缓,不够灵敏
快慢适宜	听觉型	与顾客交流时能迅速融合到顾客说话的语速中,形成互动性强的交流氛围

2. 决定语速的各种因素

1)产品介绍的专业性要求

产品介绍的专业性要求直接影响汽车营销人员说话的语速。当汽车营销人员对顾客进行相关产品的专业术语或名词介绍时,需要降低语速,尽量让顾客能听清楚,并对专业术语进行适当的解释。

例如：

先生，我们这款车的前风窗玻璃是暗色的防紫外线玻璃，和传统的绿色隔热玻璃相比最大不同点是它能把部分太阳光和紫外线反射掉，而不是吸收。它可以反射掉太阳光和紫外线的31%，所以它与传统的绿色隔热玻璃相比，驾驶人头部的空气温度可以降低5℃，仪表板的温度可以降低11℃，这样可以大大增加您夏天开车的舒适性。您说是吗？（慢速）

2）不同的情绪、心理状态

情况紧急、工作紧张、心情焦急、慌乱、热烈、欢畅，需在较短时间内表达主要意思时，语速就应当快些；表示致歉、遗憾，心情沉重、悲痛、失望、惋惜，需要安抚对方并向对方进行解释时，语速就应当放慢了。

例如：

先生，非常荣幸能为您服务，恭喜您成为了我们的车主。您也非常幸运地成了我们的第1000名车主，我们将赠送给您价值5000元的礼包一个，希望它能给您的爱车锦上添花。（语速宜快）

先生，非常遗憾，如果您今天不能交订金，您将不能参加我们的这次购车抽奖活动。不过没关系，我们店经常会有回报客户的优惠活动，希望您能继续支持和选择我们品牌的车，也希望我们能给您的生活带来更多的便捷！（语速宜慢）

3）不同的谈话内容和谈话方式

在销售过程中，汽车营销人员和客户的谈话内容和谈话方式也会改变和影响语速的快慢。辩论、争吵、急呼，语速宜快；闲谈、聊天等，语速宜慢。

示例1：

销售人员："先生，很抱歉！我们不能再有价格的折扣优惠了。"

客户："不可能吧，我朋友上个星期买你们店的车明明就便宜了1万元。"

销售人员："先生，汽车的销售情况每天都可能发生变化的，我们的价格也是根据市场行情每天在进行调整的。您今天来买是这个价格，明天来买价格和今天也不一样了，优惠活动也会不一样的。"（语速宜快）

示例2：

销售人员："先生，您的眼光真不错，这款车是我们店里现在卖得最好的一款，客户的反响很好，您是做什么行业的呢？"（语速宜慢）

客户："我是做……"

4）不同年龄、性别的客户

一般来说，汽车营销人员要视客户的年龄和性别来决定语速的快慢。如果客户是老人或文化水平不高者，语速要适当放慢；如果对方年轻，听辨能力强，或者是个急性子，语速应适当加快。但大多情况下，还是以中速为宜。

3. 汽车营销服务语言的语速要求

(1) 咬字清晰，保持中速。

(2) 每分钟120～150字左右。

(3) 尽量匹配顾客的语速和情绪。

(4) 根据与顾客所谈话的内容进行调整。

四、正确运用汽车营销服务语言的语气、语调、语速

(一) 与顾客的语速、语调相协调

不同的顾客声音各有特点,汽车营销人员应该尽可能主动适应并相应改变尊敬的声音,与顾客的声音相协调,让顾客更有亲切感,感觉你们是"同类人"。

1. 顾客语速较快、语调较高

当顾客讲话速度快、音调高时,如果自己说话速度较慢,音调较低,则自己就要适当加快速度、在适当的地方提高音调。

2. 顾客语速适中、语调有起伏

当顾客语速比较适中,语调高低起伏,抑扬顿挫时,自己也要控制语速,将语调适当调成高低起伏的状态。

3. 顾客语速慢、语调较低

当顾客语速较慢,音调比较低沉,并时有停顿的客户,自己也必须将自己的语速变慢,将音调适当变得低沉一点,以与他们的节奏相协调。

(二) 自然而不生硬

汽车营销人员在与顾客交流时要做到沟通自然而不生硬,必须对所要说的内容非常熟悉,并对顾客可能的提问也要有所设想并总结出理想的说辞。只有这样,才有可能做到自然。

(三) 语言富有感染力

有感染力的讲话是灵活而生动的。汽车营销人员在使用服务语言进行沟通时,表述尽量不要带有"很""肯定"等"绝对性"的词语,而采用中性词,否则给人是不可信的。

(四) 语速要有变化

语速的变化会让人有一种抑扬顿挫的感觉,听着更有声音的美感,更容易让人集中精力倾听。

(五) 音量要有大小

音量的大小要根据不同的沟通环境和内容进行不同的调整。在重要的词语、数字及转折词上应适当加大音量,以示强调。在向顾客表达祝贺、祝福类的话语时,也同样要适当加大音量,以表达喜悦的心情。

(六) 话语要有停顿

不停地讲述容易引起顾客的疲劳和注意力的分散,继而引起顾客的反感情绪。而话语的适时停顿,可以留给对方思考和发表意见的机会,特别是表述重要的内容时,在表达重要的词语、数字时适当停顿,无疑是在提醒对方注意。

总之,汽车营销人员在服务语言的运用过程中,要时刻保持良好的心态,对顾客进行正确的信息传递,实现与顾客良好沟通的目的。

五、实训情境设计

(1) 在进行汽车营销服务工作前,朗读下列语句对自己的服务语言进行语气的正确练习。每读对一句语气加5分。

① (语句朗读) 表意语气练习:

对此,您的意见如何呢?(反问)
您真的事先一点也不知道吗?(质问)
您还是先试驾一下吧。(提醒)
先生,这款车只剩下这最后一辆了,您定下吧。(催促)
您能把联系电话告诉我吗?(请求)
站住!否则我就开枪啦。(命令)
您上哪?(询问)

②(语句朗读)表情语气练习:
哎呀,这下子可好了。(喜悦)
先生,您来晚了,这款车我们已经全部售完了。(叹息)
您的眼光真好啊!(赞叹)
哦!我听懂了。(醒悟)

③(语气朗读)表态语气练习:
我确实尽了最大的努力。(肯定)
小姐,这件事恐怕我难以办到。(不肯定)
先生,我也不希望看到这样的结果。(委婉)
您觉得这辆车的配置符合您的要求吗?(商量)
先生,您的这种想法是错误的。(否定)

(2)请大声朗读下列这段史蒂芬·怀斯的演讲词并以手表计时,满60s时停止,在朗读到的最后一个字上做个记号。在60s时朗读到"林肯永远不会出现"或之后,加5分。

"林肯的一生都不断受到诽谤及中伤,然而一个人一生中的诽谤并不能代表他的生命价值,也不能为历史裁断做预测,看来,似乎伟人一生的不朽的光荣可以由他们在世时受到的诋毁及否定而预见。但一个酷似林肯的人出现时,我们应辨认出来并适当地尊崇他。以假设林肯的种裔已从世上消失,及我们也再不会看到像他那样的人作为敬悼林肯最糟的方式。另一项确证林肯种裔消失的方式便是假设另一个林肯永远不会出现。"

"林肯已经成为我们衡量人类价值的准绳,我们也已用最接近亚伯拉罕·林肯的标准来衡量对人的尊崇。其他的人也许会像他,趋近他,但林肯仍然是用来衡量及评估的准绳。"

 任务实践

1. 实践内容
将学生分为若干组,布置实训任务,进行实操练习,相互讨论和整理。

2. 实践要求
各小组根据实训任务单(表4-2-5)进行表演展示,其他小组结合评分表(表4-2-6),就汽车营销服务语言的语气、语调、语速使用进行评分。

汽车营销人员服务语言礼仪实训任务单 表4-2-5

任务名称	服务语气、语调、语速礼仪实训	班级		教师评阅	
		姓名			
任务描述	一对年轻的夫妇带着4岁的女儿来到展厅看车,营销顾问上前接待他们				

续上表

组织与实施步骤	第一步:分组,每3人一组,分配角色。 第二步:讨论情景中可能出现的情况,提出注意事项和解决办法。 第三步:在布置好的场地中,进行模拟演练。 第四步:挑选出典型小组,示范展示。
学生实训后 反思与改善	小组互评 优点: 不足: 改善点:
自我学习评价	□优　　□良　　□中　　□及格　　□不及格

汽车营销服务语言的语气、语调、语速使用项目评分表　　表4-2-6

序号	项目	评分标准	分值	得分
1	迎宾语	语气亲切,语调上扬有热情感	5分	
		语速中等	5分	
		语言表达肯定	5分	
2	询问语	一般疑问语气,"请问""您打算"等	5分	
		语调为升调	5分	
		语速保持适中,顾客能准确听清询问内容	10分	
3	介绍语	语气自然不生硬,采用叙述的语气	10分	
		语调略微降低	5分	
		语速放慢,略微停顿	5分	
4	道歉语	语气恭敬,充满歉意感	5分	
		语调平缓柔和,可适当降低	5分	
		语速保持中速	5分	
5	赞扬语	语气真诚,一般多采用肯定、感叹的语气	5分	
		语调变化正常,曲调表述	5分	
		语速适中	5分	
6	送别语	语气亲切,态度恭谦	5分	
		语调为平调表述	5分	
		语速适中,简洁肯定	5分	
		合计	100分	
综合评语				

项目五　国旗悬挂礼仪及位次礼仪

项目要求

1. 知识目标

本项目包含两个学习任务：一是掌握生活和社交中的国旗的悬挂、行进中的位次、乘车的位次、宴会及会议会谈的位次礼仪规范；二是了解交往中的位次礼仪，给对方良好的印象，提高交往效果。

2. 技能目标

(1) 了解国旗悬挂的位次礼仪。

(2) 了解行进中的位次排列礼仪。

(3) 了解乘坐轿车礼仪。

(4) 了解宴会的次序礼仪。

(5) 了解会客、谈判、签字仪式、会议位次礼仪。

3. 素养目标

将学到的位次的礼仪知识变为自觉的行动，在未来的工作中掌握各种活动的礼仪要求，从而提高学生的综合素质，从而为未来的工作打好基础。

项目描述

在营销活动中，为了向交往对象表达自己的敬重、友好之意，通常会在位次安排的问题上倍加讲究。通过本项目的学习，使汽车营销人员在销售接待过程中，运用位次礼仪要求，将交往对象专门安排在尊贵的位次上，会被理解为给予对方的一项重要的礼遇。

建议课时

8课时。

任务一　国旗悬挂礼仪

了解国旗及其悬挂的意义,国旗在国内和涉外悬挂时的排序要求。

一、国旗

(一)什么是国旗

国旗是国家的一种标志,是国家的象征。它通过一定的式样、色彩和图案反映一个国家政治特色和历史文化传统。

(二)国旗的悬挂

(1)在一个主权国家领土上一般不得随意悬挂他国国旗。

(2)在国际交往中,形成了悬挂国旗的一些惯例,为各国所公认。在建筑物上或在室外悬挂国旗,一般应日出升旗,日落降旗。

(3)如果遇需悬旗致哀,通常的做法是降半旗,即先升至杆顶,再下降至离杆顶相当于杆长三分之一的地方。也有的国家不降半旗,而是在国旗上方挂黑纱致哀。

(4)升降国旗时,要立正脱帽行注目礼,升国旗一定要升至杆顶。

(5)悬挂双方国旗,按国际惯例,以右为上,左为下。两国国旗并挂,以旗本身面向为准,右挂客方国旗,左挂本国国旗。汽车上挂国旗,则以汽车行进方向为准,驾驶员左手为主方,右手为客方。所谓主客,不以活动举行所在国为依据,而以举办活动的主人为依据。

(6)国旗不能倒挂。有些国家的国旗由于文字和图案的原因,也不能竖挂或反挂。有的国家明确规定,竖挂需另制旗,将图案转正。

(7)各国国旗图案,式样,颜色,比例均由本国宪法规定,不同国家的国旗若比例不同,同样尺寸制作,两面旗帜放在一起,就会显得大小不一,因此,并排悬挂不同比例的国旗,应将其中一面略放大或缩小。

二、国旗排序礼仪

在正式场合,国旗排序通常被视为最敏感、最关键的一个礼仪问题。

在实际操作中,国旗排序指的是我国国旗与其他旗帜或外国国旗同时升挂时的具体顺序的排列,具体而言,它应被分为中国国旗与其他旗帜的排序,中国国旗与外国国旗的排序这两个具体问题。

(一)国内排序

国旗与其他旗帜排序,具体是指国旗与其他组织、单位的专用旗帜或彩旗同时升挂时的顺序排列。在国内活动里,往往需要将国旗与其他旗帜,例如厂旗、店旗、校旗、彩旗同时升挂、使用。在这种情况下,不仅需要注意其彼此之间的排列位置,而且还须令国旗处于中心、较高或突出的尊贵位置。我国国旗法专门规定,升挂国旗,应当将国旗置于显著的位置。在一般情况下,我国国旗与其他旗帜的排序具体有下列三种常见的情况。

1. 前后排列

当我国国旗与其他旗帜呈前后列队状态进行排列时,一般必须使我国国旗排于前列。

2. 数面旗帜并排排列

国旗与其他旗帜并排排列分为两种具体情况。

(1)一面国旗与另外一面其他旗帜并列。其标准做法是应使国旗位居右侧。

(2)一面国旗与另外多面其他旗帜并列。在此情况下通常必须令国旗居于中心的位置。

3. 高低排列

国旗与其他旗帜呈高低不同状态排列时,按惯例应当使国旗处于较高的位置。

(二)涉外排序

在某些特殊情况下,我国境内有可能升挂外国国旗。因此,客观上便出现了中外国旗的排序问题。具体处理这一问题时一定要遵守有关的国际惯例与外交部的明文规定。

1. 升挂外国国旗的规定

只有在下述情况下,外国国旗才有可能在我国境内升挂使用。

(1)外国驻我国的使领馆和其他外交代表机构,及其主要负责人的寓邸与乘用的交通工具。

(2)外国的国家元首、政府首脑、副首脑、议长、副议长、外交部长、国防部长、总司令或总参谋长,率领政府代表团的正部长,国家元首或政府首脑派遣的特使,以其公职身份正式来华访问之际所举行的重要活动。

(3)国际条约和重要协定的签字仪式。

(4)国际会议,文化、体育活动,展览会,博览会等的举行场所。

(5)民间团体所举行的双边和多边交往中的重大庆祝活动。

(6)外国政府经援项目以及大型三资企业的重要仪式,重大庆祝活动。

(7)外商投资企业,外国其他的常驻中国机构。

此外,在一般情况下,只有与我国正式建立外交关系的国家的国旗,方能在我国境内的室外或公共场所按规定升挂。若有特殊原因需要升挂未建交国国旗,须事先经过省、市、自治区人民政府外事办公室批准。

2. 升挂外国国旗的限制

为维护我国的国家主权,外国国旗即使在我国境内合法升挂,也应受到一定的限制。

(1)在我国升挂的外国国旗,必须规格标准,图案正确,色彩鲜艳,完好无损,为正确而合法的外国国旗。

(2)除外国驻华的使领馆和其他外交代表机构之外,在我国境内凡升挂外国国旗时,一律应同时升挂中国国旗。

(3)在中国境内,凡同时升挂多国国旗时,必须同时升挂中国国旗。

(4)外国公民在中国境内平日不得在室外和公共场所升挂国籍国国旗。唯有其国籍国国庆日可以例外,但届时必须同时升挂中国国旗。

(5)在中国境内,中国国旗与多国国旗并列升挂时,中国国旗应处于荣誉地位。外国驻华机构、外商投资企业、外国公民在同时升挂中国和外国国旗时,必须将中国国旗置于上首或中心位置。外商投资企业同时升挂中国国旗和企业旗时,必须把中国国旗置于中心、较高或者突出的位置。

(6)中国国旗与外国国旗并挂时,各国国旗均应按本国规定的比例制作,尽量做到其面积大体相等。

(7)多国国旗并列升挂时,旗杆高度应该统一。在同一旗杆上,不能升挂两国的国旗。

3.中外国旗并列时的排序

中国国旗与外国国旗并列时的排序,主要分为双边排列与多边排列这两种具体情况。

(1)双边排列。我国规定:在中国境内举行双边活动需要悬挂中外国旗时,凡中方所主办的活动,外国国旗应置于上首;凡外方所主办的活动,则中方国旗应置于上首。以下,以中方主办活动为例,说明三种常用的排列方式。

一是并列升挂,中外两国国旗不论是在地上升挂,还是在墙上悬挂,皆应以国旗自身面向为准,以右侧为上位。

二是交叉悬挂。在正式场合,中外两国国旗既可以交叉摆放于桌面上,又可以悬空交叉升挂。此时,仍应以国旗自身面向为准,以右侧为上位。

三是竖式悬挂。有时,中外两国国旗还可以进行竖式悬挂。此刻,也应以国旗自身面向为准,以右侧为上位。竖挂中外两国国旗又有两种具体方式,即或两者皆以正面朝外,或以客方国旗反面朝外而以主方国旗正面朝外。应当指出:某些国家的国旗因图案、文字等原因,既不能竖挂,也不能反挂。有的国家则规定,其国旗若竖挂需另外制旗。

(2)多边排列。当中国国旗在中国境内与其他两个或两个以上国家的国旗并列升挂时,按规定应使我国国旗处于以下荣誉位置。

一是一列并排时,以旗面面向观众为准,中国国旗应处于最右方。

二是单行排列时,中国国旗应处于最前面。

三是弧形或从中间往两旁排列时,中国国旗应处于中心。

四是圆形排列时,中国国旗应处于主席台(或主入口)对面的中心位置。

任务实践

基于本项目的知识连贯性,本任务实训任务与任务二的结合进行,具体任务要求见任务二的实训任务与检查评价。

学习任务

了解位次的意义及其各种场合的礼仪要求。

一、位次礼仪

位次的含义是"在先权的次序",所以位次的实质是在先权,即谁先谁后的问题。在外交实践中,位次也称礼宾次序,如果安排不当则会引起不必要的争执和交涉,甚至影响国家关系。在商务活动中,位次的排列往往备受人们关注。因为位次是否规范,是否合乎礼仪的要求,既反映了商务人员自身的素养、阅历和见识,又反映了对交往对象的尊重和友善程度,因此每一位商务人员在郑重其事的交往中,尤其是在一些较为隆重而热烈的场合,对位次的问题,必须认真对待。

二、行进中的位次礼仪

所谓行进中的位次排列,指的是人们在步行的时候位次排列的次序。在陪同、接待来宾或领导时,行进的位次引人关注。

(一)常规情况

并行时,中央高于两侧,内侧高于外侧,一般让客人走在中央或内侧;单行行进时,前方高于后方,若没有特殊情况的话,应让客人在前面走。如果客人不认识路,陪同者左前方引导。实际上内侧就是指靠墙走,我国道路行进规则是右行,所以在引领客人时,客人在右,陪同人员在左。换句话说,客人在里面你在外面。因为把客人让在靠墙的位置,受到骚扰和影响少。

(二)特殊情况

1. 引导

如果是主陪陪同客人,要与客人并行;若属随行人员,应走在客人和主陪人员的后边。在陪同引导客人时,自己走在客人左前方两三步,侧转130°向着客人的角度走,忌把背影留给客人。用左手示意方向;要配合客人的行走速度;保持职业性的微笑和认真倾听的姿态;若来访者带有物品,可以礼貌地为其服务;途中注意引导提醒:拐弯或有楼梯台阶的地方应使用手势,并提醒客人"这边请"或"注意楼梯""有台阶,请走好"等。

2. 上下楼梯

一般而言,上下楼梯要单行行进;没有特殊情况要靠右侧单行行进引导客人上下楼梯:上楼梯时,客人走前面,陪同者紧跟后面;下楼梯时,陪同者走前面,并将身体转向客人。楼梯中间的位置是上位,但若有栏杆,就应让客人扶着栏杆走;如果是螺旋梯,则应该让客人走内侧。上下楼梯时,要提醒客人:"请小心"。如果陪同接待女性宾客的是一位男士,而且女士身着短裙,上下楼梯时,接待的陪同人员要走在女士前面,以免短裙"走光",避免尴尬。在客人不认路的情况下,陪同引导人员要在前面带路。陪同引导的标准位置是左前方,应该让客人走在内侧,陪同人员走在外侧。行进时,身体侧向客人,用左手引导。

3. 出入电梯

在客人之前进入电梯,一手按住"开"的按钮,另一只手示意客人进入电梯;进入电梯后,按下客人要去的楼层数,侧身面对客人,可做寒暄;到目的地时,按住"开"的按钮,请客人先下。

先上电梯者应靠后面站,以免妨碍他人乘电梯;帮助后来人,等所有人都进来后,才能关电梯;不要挡住电梯按钮,以免其他人无法按按钮;远离按钮者不可伸手越过数人去按按钮;电梯内不可大声喧哗或嬉笑吵闹;电梯内千万不可吸烟;靠近电梯者先离电梯。

4. 出入房门

若无特殊原因,位高者先出入房门;若有特殊情况,如室内无灯而暗或者是室内仍需引导,陪同者宜先入;出去也是陪同者先出,为客人拉门引导。

三、乘车的位次礼仪

在接待客户时候,乘车成为最基本的交通方式,在乘坐小轿车和旅行车时也有不同的礼仪。

(一)乘坐小轿车

上下车的问题,一般情况下让客人先上车,后下车。具体分为三种情况。

(1)公务:接待客人是一种公务活动,车辆是单位的,驾驶员是专职驾驶员。上座是后排右座,即驾驶员的对角线;后排左侧是下座;副驾驶座一般是随员的座位。

(2)社交:社交应酬时,这时车辆一般归属个人,开车的是车主。车主开车,上座是副驾驶座,其次是后排右座,再次是后排左座,最后是后排中座。

(3)重要客人:接待高级领导、高级将领、重要企业家时,轿车的上座是驾驶员后面的座位(图5-2-1)。

(二)乘坐旅行车

在接待团体客人时,多采用旅行车接送客人。旅行车以驾驶员座后第一排即前排为尊,后排依次为小;其座位的尊卑,依每排右侧往左侧递减(图5-2-2)。

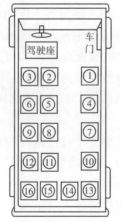

图 5-2-1　乘轿车座位示意图　　图 5-2-2　旅行车位次示意图

(三)以礼待人

在乘坐车辆时以礼待人,不单是一种要求,而且应当落实到乘坐车辆时的许多细节上。特别需要注意下列三个方面的问题。

(1)上下车的先后顺序。在涉外交往中,尤其是在许多正式场合,上下车的先后顺序不仅有一定的讲究,而且必须认真遵守。乘坐轿车时,按照惯例,应当恭请位尊者首先上车,最后下车。位卑者则应当最后登车,最先下车。乘坐公共汽车、火车或地铁时,通常由位卑者先上车,先下车。位尊者则应当后上车,后下车。这样规定的目的,同样是为了便于位卑者寻找座位,照顾位尊者。

(2) 就座时的相互谦让。不论是乘坐何种车辆,就座时均应相互谦让。争座、抢座、不对号入座,都是非常失礼的。在相互谦让座位时,除对位尊者要给予特殊礼遇之外,对待同行人中的地位、身份相同者,也要以礼相让。

(3) 乘车时的律己敬人。在乘坐车辆时,尤其是在乘坐公用交通工具时,必须将其视为一种公共场合。因此,必须自觉地讲究社会公德,遵守公共秩序。对于自己,处处要严格要求,对于他人,时时要友好相待。

(四) 女士登车的姿态

女士登车不要一只脚先踏入车内,也不要爬进车里。须先站在座位边上,把身体降低,让臀部坐到位置上,再将双腿一起收进车里,双膝一定保持合并的姿势。

(五) 情景模拟

情景1:如果你与上司张总及张总夫人一同坐车,由张总驾车,张太太自然应坐前座,你千万不要抢着坐前面。如果中途张太太下了车,你应该怎么办?不动?特别是女性职员,更会这样想:我单独跟张总在一起,还是要避嫌,坐远一点好些。错!你要第一时间打开车门,在副驾驶座坐下。为什么?因为如果张总在前面驾车而你坐在后座,张总变成了你的驾驶员了。总的来说,只要在乘坐名副其实的"驾驶员"驾驶的车子时,才应该驾驶员坐前座,你坐后座。

情景2:如果自己作为宾客拜访,对方公司的秘书和驾驶员接送。那么,对方秘书应在副驾驶位。驾驶位后面的座位为第一尊位,旁边座位为第二尊位,所以自己应该坐驾驶员座后方的位置。

情景3:如果张太太驾私家车,载甲小姐和乙先生,又应该怎样坐呢?因为是女性驾车,所以应该由男士坐在她旁边,即乙先生坐前座,甲小姐坐后座。

情景4:ABC公司的驾驶员小何送本公司经理及另一位主任去机场,应该怎么做呢?你大概已猜到经理会坐后座,但是主任怎么办好呢?坐前座?后座?其实很容易,主要看主任平时有没有权力预订车子自用,如果有的话,那么他平时可能坐后座。现在和经理一起,他也应该理直气壮地跟经理一块儿坐,而让副驾驶座空着。若与经理同行的是他的秘书,而秘书平时是不可预订车子自用的,她便应坐前座了。再清楚一点说,驾驶员是经理的驾驶员,秘书和驾驶员只是同事关系,所以她应该和驾驶员同坐前座。秘书和经理一同乘飞机去新加坡,由酒店的车子接他们去酒店,秘书是否坐前面呢?答案是"不"。这次又不同了,因为现在两人都是酒店的客人,所以两人都应坐后座。很简单,主要看你和驾驶员的关系。

四、宴会位次礼仪

在正式的商务宴请中,位次的排列最为讲究。宴请位次的排列主要涉及两个问题:桌次和座位。

(一) 桌次的安排

主桌的确定:居中为上、以右为上、以远为上。按习惯,桌次的高低以离主桌位置远近而定。以主人的桌为基准,右高左低,近高远低。桌子之间的距离要适中,各个座位之间的距离要相等。

(二) 座次的排列

面门居中为主人:座次以主人的座位为中心,如果女主人参加时,则以主人和女主人为基准,近高远低,右高左低,依次排列。

主人右侧是主宾:把主宾安排在主人的右手位置,主宾夫人安排在女主人右手位置。主左宾右分两侧而坐。译员安排在主宾右侧(图5-2-3)。

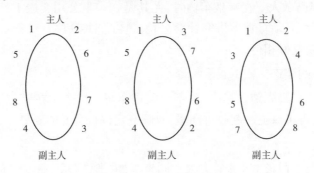

图 5-2-3　宴会位次示意图

(三) 西餐的位次礼仪

西餐的位置排列与中餐有相当大的区别,中餐多使用圆桌,而西餐一般都使用长桌。如果男女两人同去餐厅,男士应请女士坐在自己的右边,还得注意不可让她坐在人来人往的过道边。若只有一个靠墙的位置,应请女士就座,男士坐在她的对面。如果是两对夫妻就餐,夫人们应坐在靠墙的位置上,先生则坐在各自夫人的对面。如果两位男士陪同一位女士进餐,女士应坐在两位男士的中间。如果两位同性进餐,那么靠墙的位置应让给其中的年长者。西餐还有个规矩,即是:每个人入座或离座,均应从座椅的左侧进出。举行正式宴会时,座席排列按国际惯例:桌次的高低依距离主桌位置的远近而右高左低,桌次多时应摆上桌次牌。同一桌上席位的高低也是依距离主人座位的远近而定。西方习俗是男女交叉安排,即使是夫妻也是如此。西餐桌排列可分横向与纵向两种排列。

1. 横向餐桌

分不偕夫人与偕夫人两种情况(图5-2-4和图5-2-5)。

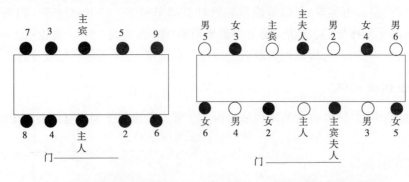

图 5-2-4　不偕夫人宴会位次示意图　　图 5-2-5　偕夫人宴会位次示意图

2. 纵向餐桌

分不偕夫人与偕夫人两种情况(图 5-2-6 和图 5-2-7)。

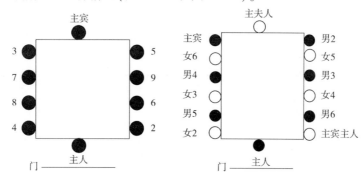

图 5-2-6　不偕夫人宴会位次示意图　　图 5-2-7　偕夫人宴会位次示意图

五、会客、会谈、签字及会议位次安排

(一)会客位次安排

常见的会客位次安排具体有以下四种基本方式。

1. 相对式

具体做法是：宾主双方面对面而坐。这种排列方式显得主次分明，往往显示着双方"公事公办"之意。它多适用于公务性会客。采用相对式安排位次时，通常会碰上以下两种情况。

(1)双方就座时一方面对正门，另一方则背对正门。此时的讲究是："面门为上"，即面对正门之处为上座，宜请客人就座；背对正门之处为下座，宜由主人就座(图 5-2-8)。

(2)双方就座时在室内分为左右两侧，面对面地就座，此时的主要讲究则是进门后"以右为上"，即进门之后，右侧一方为上座，应让与客人；左侧一方为下座，而应留给主人(图 5-2-9)。当宾主双方人员不止一人时，情况亦是如此(图 5-2-10)。

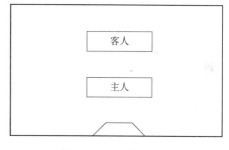

图 5-2-8　相对式之一

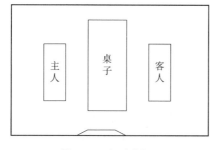

图 5-2-9　相对式之二

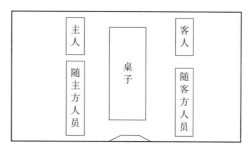

图 5-2-10　相对式之三

2. 并列式

主要做法是：使宾主双方并排就座，以暗示双方之间"平起平坐""地位相仿"。它多适

用于礼节性会客。并列式排位主要又分以下两种。

（1）宾主双方一同"面门为上"而坐。此刻，还须讲究"以右为上"即主人应请客人就座在本人的右侧（图5-2-11）。

（2）若双方人员不止一人时，双方其他人员还可各自分别在主人或主宾一侧就座（图5-2-12）。

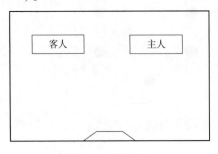

图5-2-11　并列式之一

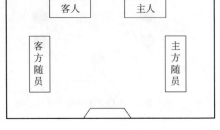

图5-2-12　并列式之二

（3）主宾双方一起并排就座于室内右侧或左侧，此时，通常讲究"以远为上"，即距离门较远为上座，应让给客人；距离房门较近为下座，应留给主人（图5-2-13）。

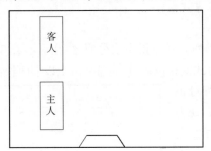

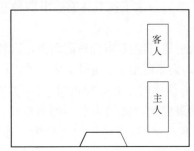

图5-2-13　并列式之三

3. 主席式

它大多适用于主人一方同时会见两方或两方以上的客人，进行这种多方会见时，主人应面对正门而坐，来宾应在其对面而坐（图5-2-14）。

有时，主人亦可坐在长桌或椭圆桌的尽头，请客人分坐于其两侧（图5-2-15）。

图5-2-14　主席式之一

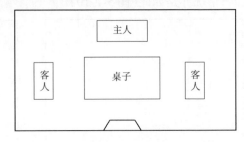

图5-2-15　主席式之二

4. 自由式

它的基本做法是：宾主双方不分主次，不讲位次，大家一律自由择座。进行多方会晤此法常被采用。

(二)会谈的位次礼仪

1. 双边会谈

指由两个方面参加的会谈。它的位次安排分为横桌式与竖桌式。

(1)横桌式:是指将长条桌或椭圆桌横放在会谈室内,客房人员面门而坐,主方人员背门而坐。除主人、主宾对面地居中而坐之外,双方的其他人员,应依身份的高低,各自先右后左、自高而低地分坐于自己一方。在国内会谈中,主人与主宾右侧,大多是其副手。而在涉外会谈中,此处则可由其译员就座(图5-2-16)。

(2)竖桌式:是指将长条桌或椭圆桌竖放在会谈室内。以进门时的方向为准,右侧由客人一方就座,左侧则由主人一方就座。在其他方面,基本上与横桌式排位相仿(图5-2-17)。

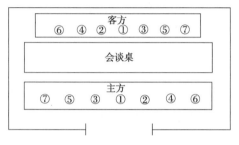

图 5-2-16 横式桌谈判位次座位示意图   图 5-2-17 竖式桌谈判位次座位示意图

2. 多边会谈

通常是指由三方或三方以上的人士参加的会谈,其位次安排主要有两种方式。

(1)主席式。操作上与会客时的主席式相同,但是在某一方发言时,可以走上主席之位。

(2)自由式。具体做法即自由就座。

(三)会议位次礼仪

会议,在此主要是指各种类型的正式聚会,有大型与小型之分。大型会议与小型会议在安排位次时,具体做法各有不同。

1. 大型会议的位次安排

就当前国内性质的会议而言,大型会议的位次需要分为主席台与群众席。在主席台上安排位次时,一是要安排好发言席,二是要安排好主席团成员席。

1)发言席的位置

发言席,又叫讲坛。在正式会议上,发言席的标准位置有两种:方式一,应使之居于主席团正前方(图5-2-18);方式二,应使之居于主席团右前方(图5-2-19)。

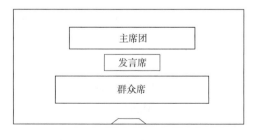 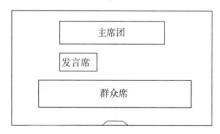

图 5-2-18 发言席位置图之一   图 5-2-19 发言席位置图之二

2)主席团成员的排位

主席团成员的具体排位,在国内的官方活动中主要应当遵守三条规则:一是中央高于两侧,二是左侧高于右侧,三是前排高于后排。主席团成员的排位又有单数(图5-2-20)与双数(图5-2-21)之分。特别需要说明的是:当主席团成员为双数时讲究以右为上。

图5-2-20　主席团位次图之一

图5-2-21　主席团位次图之二

3)群众席的排位

它的具体方式主要有两种。其一,自由式。即与会者自行择座,不作统一安排。其二,按与会单位的汉字笔画的顺序或汉语拼音字母的顺序排位。其具体做法,或由前而后横排(图5-2-22),以进门方向为准,或自左向右竖排(图5-2-23)。选择其中任何一种均可,两种方法亦可交叉使用。

图5-2-22　群众席位次之一

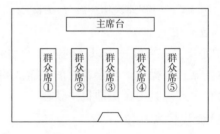

图5-2-23　群众席位次之二

2. 小型会议的位次安排

国内官方的小型会议举行时,排位有两种主要方式。

一是以桌子为准。举行较正式的小型会议时,可请与会者围绕长条桌或椭圆桌就座,在一般情况下,应以距门较远的会议桌的一端为主席之位(图5-2-24)。由此可见,它讲究的也是"以远为上"。其他与会者的位次,则应当自左而右依次排列。

还有一种方式是自由就座。

(四)签字的位次礼仪

签字亦称签字仪式,它是有关各方在正式签署条约、合同或协议时所举行的一项仪式。在举行签字仪式时,主要有以下三种具体的排位方式。

1. 并列式

它是双边签字仪式举行时常见的排位方式。其基本做法是:签字桌面门横放,双方人员并排排列,双方签字人员居中面门而坐,主方居左,客方居右(图5-2-25)。

2. 相对式

它常见于双边签字仪式,其大致做法与并列式相同,只是将双方随员席移至签字人员的对面(图 5-2-26)。

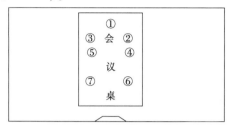

图 5-2-24　小型会议的位次图

图 5-2-25　并列式

3. 主席式

适用于多边签字仪式。此时,签字桌仍然在签字厅内横放,签字席仍然面对正门。但后者只设立一个,而且不固定其就座之人。所有有关各方人员,包括各方签字人在内,均背对正门、面向签字席就座。正式签字时,各方签字人以一定的先后顺序依次走向签字席就座签字。签字之后,即应退回原处就座(图 5-2-27)。

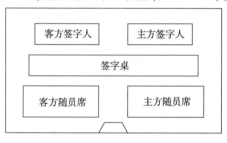

图 5-2-26　相对式

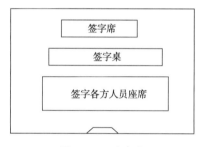

图 5-2-27　主席式

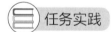

实践 1　会议礼仪策划

(一)实践的目的和要求

通过实践,明确商务会议礼仪的基本规范、基本程序、基本活动,了解商务会议的基本类型,掌握会议组织者、主持人、参加者等相关各方的会议礼仪要点。能够从会议组织者角度策划会议、设计会议通知、设计座次、座位安排,从而了解相关会议的主要流程和组织任务。

(二)场景设计

丰田股份公司召开一年一度的股东大会,参加会议的人数为 50 余人,为了使会议能够顺利召开,丰田股份公司公关策划部门要为此次股东大会草拟一个会议筹备方案。该部门应如何组织好本次股东大会。

(三)实践步骤

1. 实践前准备

(1)实践场地的准备:教室、桌椅。

(2)设备及材料的准备:摄像机。

2.实践的具体步骤

(1)课前教师介绍实训场景并提出实训要求。

(2)实践角色分配。以小组为单位,按学号顺序兼顾男女搭配分组。每个小组选出,或由教师指定1名主持人。

(3)每个小组在主持人引导下交流、修改和整合会议筹备方案、会议通知、股东大会安排表。

(4)各小组主持人引导小组讨论、整合成果,并作交流。

(5)各小组回答评判组提问。

(6)教师总结和点评。

(四)效果评价(表5-2-1)

会议礼仪策划评价评分表　　　　　　　　　　　　　　表5-2-1

考评人		被考评人		
考评地点		考评时间		
考核项目	考核内容	分值(分)	小组评分50%	教师评分50%
电话礼仪	合计			
	1.会议筹备方案	10		
	2.会议通知的整体布局、格式	5		
	3.主席台位次	10		
	4.主持人席位	10		
	5.发言者席位	10		
	6.群众席位安排	10		
	7.课前准备	5		
	8.团队精神面貌、分工协作	20		
	9.小组答辩	20		

实践2　商务洽谈位次礼仪

(一)实践的目的和要求

通过实践,明确商务洽谈会礼仪的基本概念,熟悉洽谈会组织礼仪和洽谈礼仪,掌握商务洽谈位次安排,从而为举办一个圆满的商务会议打好基础。

项目五　国旗悬挂礼仪及位次礼仪

(二)场景设计

汽车行业供需见面会上,金杯公司对米其林公司就轮胎产品有长期合作意向,金杯公司决定与米其林公司做进一步的接触、洽谈,遂邀请米其林公司代表来金杯公司进行轮胎产品的洽谈。金杯公司派出销售总监、销售主管、生产总监、财务总监四位代表。双方在金杯公司第一会议室进行友好洽谈。

(三)实践步骤

1. 实践前准备

(1)实践场地的准备:教室、桌椅。

(2)设备及材料的准备:摄像机、签约用文件夹、茶具、记录本。

2. 实践具体步骤

(1)课前教师介绍实践场景并提出实践要求。

(2)实践角色分配。以小组为单位,按学号顺序兼顾男女搭配分组。

(3)在实践过程中,完成迎接、称呼、介绍、递送名片、洽谈成功后的签约、交换文本、握手、座位安排等。

(4)主方主持人兼记录员做会议记录。

(5)小组成员自评、总结。

(6)教师总结和点评。

(四)效果评价(表5-2-2~表5-2-5)

商务洽谈会议位次评价评分表　　表5-2-2

考评人		被考评人		
考评地点		考评时间		
考核项目	考核内容	分值	小组评分 50%	教师评分 50%
	合计			
电话礼仪	1. 会议筹备方案	10分		
	2. 仪容仪表	10分		
	3. 仪态:走姿、手势	10分		
	4. 介绍礼仪	10分		
	5. 主方位次安排	10分		
	6. 洽谈表现	10分		
	7. 服务人员表现	10分		
	8. 团队精神面貌、分工协作	10分		
	9. 小组答辩	20分		

汽车营销人员位次礼仪实践任务单1

表 5-2-3

任务名称	位次礼仪实践	班级		教师评阅	
		姓名			
背景知识考核	1. 你知道会议位次礼仪的要求吗？ 2. 商务洽谈的位次礼仪有什么要求？				
自我学习评价	□优　　□良　　□中　　□及格　　□不及格				

汽车营销人员位次礼仪实践任务单2

表 5-2-4

任务名称	位次礼仪实践	班级		教师评阅	
		姓名			
任务描述	恒实汽车股份有限公司的领导到4S店参观考察，来宾有考察队长李海、副队长孙明、技术主管赵涛和考察队员王刚、向海，4S店召开了欢迎大会				
组织与实施步骤	第一步：分组，每6人一组，分配角色。 第二步：在布置好的场景中，模拟演练。 第三步：分析出现的问题，提出改善建议。 第四步：挑选出典型小组，示范展示				
学生实践后反思与改善	小组互评 优点： 不足： 改善点：				
自我学习评价	□优　　□良　　□中　　□及格　　□不及格				

项目五 国旗悬挂礼仪及位次礼仪

汽车营销人员位次礼仪实践任务单 3   表 5-2-5

任务名称	位次礼仪实践	班级		教师评阅	
		姓名			
任务描述	在广丰长春翼欣 4S 汽车专卖店,销售顾问李明接待了前一天来看车的客户张先生及单位同行一行 5 人。张先生表示这次来店是打算为单位购买公务用车。事先已了解意向的"汉兰达 2.7L 精英版"车型,但是,就价格和售后服务的具体问题需要进一步沟通协商。接下来,李明请来了销售经理顾城,双方要就购买的具体细节进行谈判和协商。李明把张先生一行引到洽谈区				
组织与实施步骤	第一步:分组,每 6 人一组,分配角色。 第二步:在布置好的场景中,模拟演练。 第三步:挑选出典型小组,示范展示。 第四步:分析出现的问题,提出改善建议				
学生实践后反思与改善	小组互评 优点: 不足: 改善点:				
自我学习评价	□优　　□良　　□中　　□及格　　□不及格				

项目六　接待工作礼仪

 项目要求

1. 知识目标

通过学习,掌握待人接物的基本礼仪,概述生活和社交中的各种礼仪规范,使学生养成良好的礼仪习惯。

2. 技能目标

(1) 运用日常礼貌用语进行人际交往。

(2) 运用问候礼节自觉称呼。

(3) 运用应答礼节自觉迎送。

(4) 运用见面常用礼节(如握手礼、电话礼仪)于日常生活与工作中。

(5) 运用介绍礼节,熟练介绍自己和他人。

(6) 运用名片礼节,按正确使用名片。

(7) 运用接待礼仪,学会看座、奉茶、引导、陪车、馈赠、送客。

3. 素养目标

将学到的待人接物的礼仪知识变为自觉的行动,在未来的工作中掌握各种活动的礼仪要求,从而提高学生的综合素质。

 项目描述

在营销活动中,有"礼"走遍天下,无"礼"寸步难行,这里的"礼"就是指营销人员在商务接待中遵循的礼仪规范。这不仅表达了个人的良好素质与修养,而且直接关系企业的形象和公司业务的发展。通过本项目的学习,汽车营销人员能在销售接待过程中,运用接待工作的礼仪要求,得体地接待不同群体;懂得营销礼仪行为规范,能运用礼仪技巧与客户进行有效地沟通。

建议课时

16 课时。

任务一 见面礼仪

掌握接待过程中用语、称谓、问候、交谈、距离等礼貌礼节。

一、日常礼貌用语

使用礼貌用语是人类文明的标志,也是全世界共同的心声。使用礼貌用语不仅会得到人们的尊重,提高自身的信誉和形象,而且还会对自己的事业起到良好的辅助作用。俗话说,"良言一句三月暖,恶语伤人六月寒"。

在我国,政府有关部门向市民普及文明礼貌用语,基本内容为十个字:"请""谢谢""你好""对不起""再见"。在实际的社会交往中,日常礼貌用语远不止这十个字。归结起来,主要可划分为如下几个大类。

(一)问候语

人们在交际中,根据交际对象、时间等的不同,常采用不同的问候语。比如在中国实行计划经济的年代,由于经济发展水平不高,人们面临的首要问题是温饱问题,因而人们见面的问候语是:"你吃了吗?"今天,人们见面时的问候语通常是"您好""您早"等。在英国、美国等说英语的国家,人们见面的问候语根据见面的时间、场合、次数等不同而有所区别。如双方是第一次见面,可以说"How do you do"(您好),如在早上见面可以说"Good morning"(早上好),中午可以说"Good noon"(中午好、午安),下午可以说:"Good afternoon"(下午好),晚上可以说"Good evening"(晚上好)或"Good night"(晚安)等。在美国非正式场合人们见面时,常用"Hi""Hello"等表示问候。在信仰伊斯兰教的国家,人们见面时常用的问候语是"真主保佑",在信奉佛教的国家,人们见面时常用的问候语是"菩萨保佑"或"阿弥陀佛"。

(二)欢迎语

交际双方一般在问候之后常用欢迎语。世界各国的欢迎语大致相同,如"欢迎您(Welcome to you)!""见到您很高兴(Nice to meet you)!""再次见到您很愉快(It is nice to see you again)!"

(三)回敬语

在社会交往中,人们常常在接受对方的问候、欢迎或鼓励、祝贺之后,使用回敬语以表示感谢。由此回敬语又可称为致谢语。回敬语的使用频率较高,适用范围较广。俗话说礼多人不怪,通常情况下,只要你受到了对方的热情帮助、鼓励、尊重、赏识、关心、服务等都可使用回敬语。在我国使用频率最高的回敬语是"谢谢""多谢""非常感谢""麻烦您了""让您费心了"等。在西方国家回敬语的使用要比中国更为广泛而频繁。在公共交往中,凡是得到别人提供的服务,在中国人认为没有必要或是不值得向人道谢的情况下,也要说声谢谢,否则是失礼行为。

(四)致歉语

在社会交往中,常常会出现由于组织的原因或是个人的失误,给交际对象带来麻烦、损失,或是未能满足对方的要求和需求,此时应使用致歉语。常用的致歉语有:"抱歉"或"对不起"(Sorry),"很抱歉"(Very sorry,so sorry),"请原谅"(Pardon),"打扰您了,先生"(Sorry to have bothered you, sir),"真抱歉,让您久等了"(So sorry to keep you waiting so long)等。真诚的道歉犹如和平的使者,不仅能使交际双方彼此谅解、信任,而且有时还能化干戈为玉帛。

(五)祝贺语

在交际过程中,如果你想与交际对象建立并保持友好的关系,你应该时刻关注着交际对象,并与他们保持经常性联系。比如:当你的交际对象过生日、加薪、晋升或结婚、生子、寿诞,或是你的客户开业大典、周年纪念、有新产品问世或获得大奖等,你可以以各种方式表示祝贺,共同分享快乐。

祝贺用语很多,可根据实际情况精心选择。如节日祝贺语"祝您节日愉快"(Happy the festival),"祝您圣诞快乐"(Merry Christmas to you);生日祝贺语"祝您生日快乐"(Happy birthday);当得知交际对象取得事业成功或晋升、加薪等,可向他表示祝贺"祝贺您"(Congratulation)。常用的祝贺语还有"恭喜恭喜""祝您成功""祝您福如东海,寿比南山""祝您新婚幸福、白头偕老""祝您好运""祝您健康"等。

此外还可通过贺信,在新闻媒介刊登广告等形式祝贺。如:"庆祝大连国际服装界隆重开幕!""××公司恭贺全国人民新春快乐!"等。总之,在当今社会适时使用祝贺用语,对交际来说有百益而无一害。

(六)道别语

交际双方交谈过后,在分手时,人们常常使用道别语,最常用的道别语是"再见"(Good-bye),若是根据事先约好的时间可说"回头见"(See you later)"明天见"(See you tomorrow)。中国人道别时的用语很多,如"走好""慢走""再来""保重"等。英美等国家的道别语有时比较委婉,常常有祝贺的性质,如"祝你做个好梦""晚安"等。

(七)请托语

在日常用语中,人们处于礼貌,常常用请托语,以示对交际对象的尊重。最常用的是"请",其次,人们还常常使用"拜托""劳驾""借光"等。在英美等国家,人们在使用请托语时,大多带有征询的口气。如英语中最常用的"Will you please…?""Can I help you?"(你想买点什么?)"Could I be of service?"(能为您做点什么?)以及在打扰对方时常使用"Excuse me",也有征求意见之意。日本常见的请托语是"请多关照"。

在社交场合,常用的礼貌用语和禁忌语见表6-1-1。

项目六 接待工作礼仪

常用礼貌用语和禁忌语   表 6-1-1

常用礼貌用语		禁 忌 语
分　类	内　　容	
常规礼貌用语	您好； 没关系(不客气)； 请指教(请多关照)； 对不起； 再见(再会)	
欢迎礼貌用语	请； 欢迎您光临(欢迎惠顾)； 见到您(你)很高兴	嘿！ 老头儿。 土老帽儿。 问别人去！ 不知道。 有完没完。 到点了,你快点儿。 我不管,少问我。 叫唤什么,等会儿！ 我就这态度！ 靠边点儿。 交钱,快点。 听见没有,长耳朵干吗使的。 你吃饱了撑的呀！ 有能耐你告去,随便告哪都不怕。 到底要不要,想好了没有。 买得起就快点,买不起别买。 没看见我正忙着吗,着什么急！ 刚才和你说过了,怎么还问。 买的时候,你怎么不挑好啊。 谁卖给你的,你找谁。 有意见,找经理去。 那上边都写着呢,你不会自己看呀 不能换,我们就这规矩。 你问我,我问谁。 瞎叫什么,没看见我在吃饭。 你管不着
问候礼貌用语	您好； 您早(早上好)； 多日不见,您好吗	
祝贺礼貌用语	祝您节日愉快(祝您生日快乐)； 祝您生意兴隆； 恭喜发财	
告别礼貌用语	晚安或明天见(晚上休息前)； 祝您一路平安； 欢迎您再来	
征询礼貌用语	需要我帮您做些什么吗? 您还有别的事情吗? 如果您不介意的话,我可以……； 有劳您了(麻烦您……)； 请您讲慢点好吗? 对不起,请问…… 麻烦您,请您……	
应答礼貌用语	不客气(没关系)； 这是我应该做的； 请多多指教； 我马上就办； 非常感谢	
致歉礼貌用语	打扰了(打扰您了)； 请原谅(抱歉……)； 实在对不起； 让您久等了； 谢谢您的提醒； 是我们的错,对不起； 请不要介意； 不好意思,打扰一下……	

续上表

分　类	常用礼貌用语	禁　忌　语
	内　　容	
推托礼貌用语	很遗憾； 承您的好意，但是……； 对不起，这事不好办	没上班呢，等会儿再说。 不是告诉你了吗，怎么还不明白。 现在才说，早干吗来着。 怎么不提前准备好。 别装糊涂。 我有什么办法，又不是我让它坏的
其他礼貌用语	欢迎您，×先生(女士、经理、教授、主任)； 真对不起，您要的这种货刚好没有了； 这件和您要的差不多，您看可以吗？ 我很乐意为您服务； 真抱歉，请再等几分钟	

二、称谓礼仪

称谓指的是人们在商务交往中所采用的彼此之间的称谓语。选择正确、适当的称呼，反映着自身的教养、对对方尊敬的程度，甚至还体现着双方关系发展所达到的程度，因此不能随便乱用。

(一)称谓的种类

目前运用比较广泛的称谓主要有以下几种。

(1)职务性称谓：这是在商务场合中最常见的称谓方式，目的是通过强调对方的行政职务来表示对对方的敬意与尊重。通常是在职务前加上姓氏，如张总经理、刘董事长等。若彼此关系比较密切或对方在所属部门身份具有单一性也可省去姓氏，直接称呼总经理、董事长等。在英语中，职务性称谓多用于正式场合，而对于地位高的外宾可以在职务后加上"先生"或"女士"，如"董事长先生""总经理女士"等。

(2)职称性称谓：在需要突出对方专业技术地位时，尤其具有高级、中级职称的，通常采取姓氏加职称的称谓方式，如：王教授、赵工程师(或简称赵工)等。

(3)行业性称谓：在汉语中，有时也可以按对方所从事的在大众心目中有地位的职业进行称谓，来体现尊敬之意。如杨老师、刘大夫、周律师、王警官等。

(4)性别性称谓：在国际交往或是在书写信函公文时，对女性的称谓比较复杂，未婚女子可以称呼其小姐(Miss)，已婚女子称呼其夫人(Mrs.)。若未弄清对方婚否，千万不要乱称呼，可以统称为女士(Ms.)，但千万不可称其夫人，否则会引起对方的反感和不愉快。在汉语中，除了可按以上的称谓方式称呼外，还有一些中性称谓语，如同志、师傅等。

(5)姓名性称谓：在工作岗位中，可以直接称呼对方姓名。如今很多外企中更习惯于称呼英文名字。或者也可省略名字而在姓氏前加上"老""大""小"来区别年龄，如小刘、老王等。若是上级称呼下级时，也可直呼其名，省略其姓，这样的称谓显得更加亲切自然，可拉近彼此的距离。

(二)称谓要遵循的原则

在商务场合的称谓礼仪中，主要讲求的原则是"入乡随俗"。交往对象可能来自不同的国家,因此,要照顾被称呼者的习俗,当不能确定如何称呼时,可以直接向对方询问,切勿贸然行事。

(1)在英、美、法等国家,一般名在前,姓在后,妇女在婚后冠夫姓。正式场合中应用其全名,口头称谓一般称姓,关系密切的人才直呼其名。

(2)德国人十分重视礼节、礼貌,做事十分严谨,初次见面一定要称呼其职衔。

(3)日本、朝鲜、韩国等亚洲国家姓名习惯与我国基本相同,姓在前,名在后。一般口头称呼姓,正式场合呼全名。

(4)对阿拉伯人,一般称"先生""女士"即可。但要注意,与该国妇女接触时不宜主动与之打招呼,多数情况下只需微笑或点头示意即可。

各个国家的社会习俗和称谓方式不尽相同,在接触前最好先查看有关资料,以免引起对方不满或闹笑话。

三、问候礼仪

人们见面应互相问候,通常称招呼。

(一)寒暄

寒暄是人际交往的起点,是沟通心灵的钥匙。一般在微笑、握手的同时,礼貌地向对方做出语言的表示:"您好!""近来好!""身体好吗?"人们在走路的时候,特别是在办公楼的走廊、楼梯上,宾馆的厅堂、电梯里"狭路相逢",即使相互并不相识,也要打个招呼,说一声"早上好!"或"晚上好!",至少也点头微笑致意。如果彼此是熟悉的,还要停下脚步来寒暄几句,问候一下"您好吗?"但男子不可强求女士向自己打招呼。

(二)致意

在商务场合遇到相识者,若相距较远,可点头微笑,脱帽致意,或举右手打招呼,以示问候。

(三)握手

握手是一种信息的双向交流,能表达许多复杂的情感,是商务接待活动中不可缺少的礼节和手段。握手的礼仪规范有如下方面。

(1)握手的顺序。遵循"尊者优先"的原则,通常年长者、位尊者、女士先伸手,然后,年轻者、位低者、男士再伸手。宾主之间,客人到访时,主人先伸手,以示欢迎,客人告辞时,客人先伸手,以示请主人留步。商务场合,握手应按职位高低的顺序。但如果对方已先出手,应立即回握,不能忽视对方发自内心的友谊。在平辈之间,谁先出手为敬。

(2)握手的部位。握手时,应面带微笑,双目注视对方。用手指稍稍用力握住对方的手掌,对方用同样的方式回握。但男士只要握一下女士的手指即可。握手时,若掌心向下显得傲慢,掌心向上显得谦恭。若以双手握对方的右手则更显亲切和尊敬,但应区别场合与对象(图6-1-1)。

(3)握手的时间。要根据双方的亲密程度灵活掌握。一般握手应控制在3s之内,切忌长时间握住

图6-1-1 握手方式

异性的手。但时间太短亦会使对方产生纯粹客套应付之感。

(4)握手的力度。以不握疼对方的手为限度。握手过猛,尤其对女性,握手不用力,都是对他人的不尊重。

(5)不当握手的形式有如下方面:

①别人主动与你握手,你却有意躲避。

②用左手握手。

③戴手套握手。

④手不清洁握手。

⑤握手时没有注视对方的眼睛。

⑥握手用力太猛,把对方握痛。

⑦强行握手;长时间握手。

⑧多人交叉握手。

⑨与一人握手的同时转头跟其他人说话。

⑩握手时摆动幅度过大。

⑪握手时用一条胳膊搂抱客户的肩膀或拍打客户后背等。

(四)拱手

拱手礼亦称"揖"。施礼时,左手掌包握在右拳上,目视对方,不分尊卑,拱手齐眉,自上而下。目前主要用于团拜、开会、过节、祝贺等场合(图6-1-2)。

图6-1-2　拱手

(五)鞠躬

鞠躬礼源自中国,是人们在生活中对别人表示恭敬的一种礼节,在东南亚一些国家较为盛行,如日本、韩国、朝鲜等。所以,在接待这些国家的外宾时,可以鞠躬致意。行礼时两脚立正,目视对方,不可戴帽。可根据施礼对象和场合,决定施礼的深度。受礼者一般亦同样回礼。上级和长者还礼时,可以欠身点头或同时伸出右手以答之,不鞠躬亦可。鞠躬的礼仪规范有如下方面。

1. 鞠躬的方式

行鞠躬礼时,须脱帽、呈立正姿势,脸带笑容,目视受礼者。男士双手自然下垂,贴放于身体两侧裤线处,女士的双手下垂叠放在腹前。

2. 鞠躬的幅度

鞠躬的幅度不同,表达的意思也不同。若一般的问候、打招呼弯15°左右,表示致谢;若迎客、送客时弯30°~40°,表示诚恳和歉意;若忏悔、改过和谢罪时弯90°左右,表示诚恳之意(图6-1-3)。

3. 鞠躬时不可采用的方式

(1)边工作边鞠躬。

(2)戴着帽子鞠躬。

(3) 只是点头式的鞠躬。
(4) 看着对方的眼睛鞠躬。
(5) 一边摇晃身体一边鞠躬。
(6) 双腿没有并齐的鞠躬。
(7) 驼背式的鞠躬,或者可以看到后背的鞠躬。
(8) 鞠躬速度太快。
(9) 上身不动,只膝盖处弯曲,歪歪头的丫鬟式鞠躬。
(10) 起身过快的鞠躬,连续地、重复地鞠躬等。

在一般的社交场合,晚辈对长辈、学生对老师、下级对上级、表演者对观众等都可行鞠躬礼。领奖人上台领奖时,向授奖者及全体与会者鞠躬行礼;演员谢幕时,对观众的掌声常以鞠躬致谢;演讲者也用鞠躬来表示对听众的敬意;参加追悼会的人们行鞠躬礼,是表示对死者的尊敬和怀念。

(六) 拥抱礼

拥抱礼是流行于欧美的一种礼节,通常与接吻礼同时进行。拥抱礼行礼方法:两人相对而立,右臂向上,左臂向下;右手挟对方左后肩,左手挟对方右后腰。按各自方位,双方头部及上身均向左相互拥抱,然后再向右拥抱,最后再次向左拥抱,礼毕(图6-1-4)。

图 6-1-3　鞠躬

图 6-1-4　拥抱

(七) 吻礼

接吻礼多见于西方、东欧、阿拉伯国家,是亲人以及亲密的朋友间表示亲昵、慰问、爱抚的一种礼节,通常是在受礼者脸上或额上接一个吻。接吻方式为:父母与子女之间亲脸、亲额头;兄弟姐妹、平辈亲友是贴面颊;亲人、熟人之间是拥抱、亲脸、贴面颊。在公共场合,关系亲近的妇女之间是亲脸,男女之间是贴面颊,长辈对晚辈一般是亲额头,只有情人或夫妻之间才吻嘴。亲吻次数因国家不同而有差异。

(八) 吻手礼

男子同上层社会贵族妇女相见时,如果女方先伸出手作下垂式,男方则可将指尖轻轻提起吻之;但如果女方不伸手表示,则不吻。如果女方地位较高,男士要屈一膝作半跪式,再提手吻之。此礼在欧洲一些国家较流行。

(九)合十礼

合十礼又称合掌礼,流行于南亚和东南亚信奉佛教的国家。其行礼方法是:两个手掌在胸前对合,掌尖和鼻尖基本相对,手掌向外倾斜,头略低,面带微笑。

四、交谈礼仪

(1)与人交谈时,表情要自然,语气要和蔼、亲切(图6-1-5)。为详细表达,可适当做一些手势,但动作不宜过大,更不要用手指着对方讲话。与对方所处位置要适度,离得太远,对方听不清;离得太近,又涉嫌侵入对方私人区域。应注意口腔卫生,对着别人说话时,不能唾沫四溅。

(2)交谈过程中,要始终保持热情。在讲话内容方面,要多谈对方关心、对对方有益的内容;表情要自然亲切,行为要得体大方。

(3)克服言谈中不良的动作、姿态。那些不顾对方讲话,左顾右盼、摸这摸那、看手表、发短信、打哈欠、伸懒腰等漫不经心的谈话中的动作,是极其不礼貌的行为。

(4)不要态度傲慢、趾高气扬地与人交谈。特别是与晚辈或学识、专业水平不如自己的人交谈时,更应注意这一点。如果自视过高、目中无人,势必在交谈中出现不尊重对方的口气和动作。

图6-1-5 交谈的礼节

(5)与人谈话时,不宜高声辩论,更不能出言不逊。对一些问题若有不同看法,即便发生分歧,不得已争执起来,也不要大声斥责,可以避开话锋,先谈其他问题。

(6)自己讲话时,要给别人发表意见的机会。别人说话时,也应适时发表自己的看法。要善于聆听,不轻易打断别人的发言。一般不提与谈话内容无关的问题。若某人谈到一些不便谈论的问题时,不轻易表态,可以灵活地转移话题。

(7)参与别人谈话时,要先打招呼,不要随便打断别人的谈话。有人主动与你交谈,应乐于接受。对于别人的个别谈话,不要凑前旁听。当欲与某人讲话时,应待别人讲完后,再与之交谈。多人交谈时,不应冷落某人,要不时地向其他人打打招呼,以示礼貌。

(8)谈话结束时,应该告别。如果是与多人交谈,结束后应一一告辞。告辞语应简洁,尽可能用高度概括性的语言。不要把说过的话再重复一遍,更不要在临近结束时又提出新的话题,应尽量减少告别时的话语。

五、距离礼仪

人们常常说:距离产生美。也就是说:人与人之间的交往需要保持一定的空间距离。人人都需要一个属于自己的"小天地",不愿意别人进入。哪怕是最亲密的人,有时也不愿意被打扰。所以电影电视中常常出现这样的语言:"请让我一个人待着""我想一个人待一会儿"等。有了空间的距离,人才更能体现尊严。那么,一般情况下,人际交往的空间距离应当怎样确定呢?

根据美国人类学家、心理学家爱德华·霍尔博士的观点,空间距离可分为四类。

1. 亲密距离

45cm以内,多半属于情侣、夫妻之间;父母子女之间;兄弟姐妹或知心朋友之间的交往距离。

此距离属敏感领域,不要轻易地采用。一般关系的人之间,尤其是关系一般的异性是绝对不应该进入这一空间的,否则就是对他人的侵犯。

2. 私人距离

一般在45~120cm之间,伸手可以握到对方的手,但不易接触到对方的身体。

这是较熟悉的人交往的距离。适用于日常工作、生活场所和一般聚会场所与同学、老师、同事、邻居、熟人等交往。

3. 社交距离

大约在120~360cm之间。适合于礼节上较正式的交往关系。

适合办公室交谈、商务洽谈、招聘时的面谈、学生的论文答辩等。

与没有过多交往的人打交道可采用此距离。

4. 公众距离

大于360cm的空间距离。

这是一个几乎能容纳一切人的空间,人际沟通减少,很难直接进行交谈(图6-1-6)。

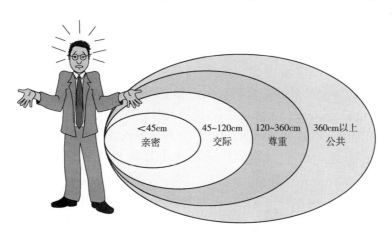

图6-1-6 交谈的最佳距离

当然,人际交往的空间距离不是绝对的。实际上,影响交往空间距离的因素很多,文化背景不一样,生活习俗不一样,年龄、性别不一样,所处地位不一样,对空间距离的理解和需要就会不一样。甚至同一个人,由于情绪状态不同,交往环境不同,与人交往的空间距离也会不同。

因此,我们在与人交往的时候,一定要注意把握好距离的分寸。

任务二　介绍礼仪

学习任务

掌握接待过程中自我、他人、集体介绍的礼仪和递接名片的礼仪。

任务知识

一、介绍礼仪

介绍是指从中沟通，使双方相互认识、建立关系。介绍是交往场合中相互了解的基本方式。具有消除隔阂、扩大社交、避免尴尬的功能。在商务交往中，人们往往需要首先向交往对象具体说明自己的情况，从而使双方交往融洽，彼此接纳。

（一）自我介绍

自我介绍指的是由本人担任介绍人，自己把自己介绍给别人。介绍时奉行的简单礼节有如下方面。

（1）时间。介绍应精炼，不宜太过冗长，时间以半分钟左右为佳。

（2）内容。自我介绍内容应真实，态度要谦虚，并依据不同场合把握分寸，初次见面过分显示自己容易引起对方的反感。

（3）形式。正式的自我介绍应包括单位、部门、职务、姓名等要素，而对泛泛之交只需介绍自己的姓名以应酬对方。

（4）注意事项。

第一，方法应灵活。他人做自我介绍时，应热情作答，一般先向对方点头致意，或说声"您好"，得到回应后再向对方介绍自己的姓名、身份、单位等，同时递上事先准备好的名片。并且注意对方的反应，若对方并无深谈之意，便要及时打住。

第二，举止应庄重、大方，必须充满自信，只有自信的人才能使人另眼相看，才能有魅力并使人产生信赖和好感。介绍时不要慌慌张张，毛手毛脚，不要用手指指着自己。

第三，表情应亲切、自然。眼睛应看着对方或大家，要善于用眼神、微笑和自然亲切的面部表情来表达友谊之情。不要显得不知所措，面红耳赤，更不能一副随随便便、满不在乎的样子（图6-2-1）。

（二）他人介绍

他人介绍是指经第三者为彼此之间互不相识的双方所进行的介绍。介绍时奉行的简单礼节有如下方面。

图6-2-1　介绍礼仪之自我介绍

(1)顺序。遵循"尊者居后"的原则,先向位高者介绍位低者;先向年长者介绍年轻者;先向女士介绍男士;先向主人介绍客人;先向对方介绍自己等。但应视具体情况灵活运用。当被介绍人性别相同、年龄、地位无法辨别时,则可随意介绍。

(2)方法。先用敬语称呼位高者、年长者和女士,再介绍被介绍者。在正式场合,一般用"请允许我向您介绍……"的讲法,在非正式场合,则不必过于拘泥礼节,往往说一句:"我来介绍一下。"介绍别人时,应实事求是、掌握分寸。必要时,还可说明被介绍者与自己的关系,便于新结识的人相互了解与信任。被介绍者在未被介绍时不宜插嘴,应耐心等待。

(3)姿态。介绍时,除女士和年长者外,一般应起立,当介绍人做了介绍后,被介绍的双方应互致问候。在宴会、会议桌上不必起立,被介绍者只要微笑点头致意即可。如果双方距离2m以外,中间又有桌椅等障碍物,可举起右手致意,切忌伸出手指来指去。

(4)为他人介绍时,要注意顺序。应把男子介绍给女子,把年轻的介绍给年长的,把地位低的介绍给地位高的,把未婚的女子介绍给已婚的妇女,把儿童介绍给成人。

作为被介绍者,应当表现出结识对方的热情,目视对方,除女士和年长者外,被介绍时一般应起立。但在宴会桌上和会谈桌上只需微笑点头有所表示即可(图6-2-2)。

图6-2-2 他人介绍

(三)介绍集体

介绍集体一般是指被介绍一方或双方不止一人,它实际上是一种特殊的介绍他人的情况。有鉴于此,介绍他人的基本规则在这里是可以使用的。

(1)如果作为第三者介绍双方时应先卑后尊;而将己方集体成员介绍给对方时,则应当自尊而卑。

(2)如果被介绍的双方,其中一方是个人,一方是集体时,应根据具体情况采取不同的方法。

①先将个人介绍给集体。这种方法主要适用于重大的活动中对于身份高者、年长者和特邀嘉宾的介绍,介绍后,可让所有的来宾自己去结识这位被介绍者。

②先将集体介绍给个人。这种方法一方面适用于非正式场合,使那些想结识更多的、自己所尊敬的人物的年轻者或身份低者满足自己交往的需要,由他将身份高者、年长者介绍给自己;另一方面,这种方法也适用于正式场合,比如,领导者对有突出贡献者进行接见。

(3)如果被介绍的双方皆为一个由多人所组成的集体,双方的全体人员均应被正式进行介绍时,应有两种介绍方法。第一,拜访方与接待方两个团队的相互介绍。一般先由主方负责人向宾方介绍主方在场者,再由客方负责人向主人介绍客方在场者。第二,两个处于平等地位的交往集体的相互介绍。其介绍的基本顺序有两种:一种是按照座次或队次顺序介绍,再一种是以身份的高低顺序进行。

二、名片礼仪

名片是重要的社交工具之一。名片通常包含两方面的意义,一是标明你所在的单位,另一个是表明你的职务、姓名及承担的责任。

1. 名片的准备

名片不要和钱包、笔记本等放在一起,原则上应该使用名片夹;名片可放在上衣口袋,但不可放在裤兜里;要保持名片或名片夹的清洁、平整。

2. 递名片

(1)递名片的次序是由下级或访问方先递名片,若遇介绍,应由先被介绍方递名片。

(2)递名片时,应双手递出,并报出自己的姓名,说些"请多关照""请多指教"之类的寒暄语。

(3)互换名片时,应用右手拿着自己的名片,左手接到对方名片后,用双手托住。互换名片时,也要看一眼对方的职务、姓名等。

(4)遇到难认的字,应事先询问,避免错叫了对方的姓名。

图 6-2-3 交换名片

(5)在会议室,若遇到多人相互交换名片时,可按对方座次的排列顺序交换名片。

3. 接受名片(图 6-2-3)

(1)起身接收名片。

(2)用双手接收名片。

(3)接收名片时,要认真地看一眼。

(4)接收的名片不可来回摆弄。

(5)不要将对方的名片遗忘在座位上,或存放时不注意落在地上。

任务三 接待礼仪

学习任务

掌握迎送客、现场接待、陪同引导、拜访过程中的礼仪。

任务知识

接待宾客是商务接待的重要工作。商务接待应遵守接待工作礼仪。

一、迎客送客

迎来送往,是商务接待活动中最基本的形式和重要环节,是塑造组织第一印象的重要环节。接待工作的"善始善终"往往表现在车站、码头、机场的迎送环节上。迎送工作的有关事项有如下方面。

(一)迎客

(1)确定迎客规格,认真研究客人的基本资料,准确了解来宾的身份、职务、单位及来访目的,安排与之身份基本相等的人前往迎接。

(2)做好迎接准备。核实客人到达的交通工具与时间;安排好迎接车辆;为来宾准备好客房和膳食;对不熟悉的客人,需要准备一块迎客牌;迎接宾客应提前到达。

(3)迎接到达宾客。接到客人后,即表示欢迎或慰问,然后互相介绍。通常先将主人介绍给来宾。除客人自提的随身小包外,应主动帮助客人拎行李,但应尊重宾客的意愿,不要过分热情地强行帮助提携。随后引导客人上事先备好的车辆。上车时,应注意座位的安排。

通常,应将车开到客人跟前,打开右侧车门,以手遮挡着上门框,请客人上车。主人应从车后绕到左侧门上车,避免从客人座前穿过。若有行李,主人应先放好行李再上车。到达目的地后,主人应协助客人下车。

(4)妥善安排、照顾周全。客人抵达住地后,主人应主动介绍日程安排,征求意见,提供交通旅游图等。然后尽早告退,以便让客人休息。分手前应约好下次见面的时间及联系方法等,以便为客人提供及时的帮助。

(二)送客

(1)迎来送往过程中往往需要在适当的时候向对方赠送礼品以传递感情,互赠礼品是内心友好情感以物质形式的自然流露。赠送礼物应遵循馈赠礼仪,才能有效发挥礼品的效用。

第一,选择时机。并非任何时候都适合送礼。初次见面就送上一份重礼,会有行贿之嫌。西方国家除圣诞节、生日、婚礼、旅行、探病等场合,一般不兴送礼。作为接待方一般选择客人即将动身离别前赠送礼品。

第二,注意适度。礼多人不怪的准则并非处处通行。赠送礼品除了物质价值外,还应包含信息价值和情感价值。应根据交往对象的爱好需求和有关规定选择礼品,量力而为。一般选择当地特产礼品为佳,但应谨慎选择,区分对象,以免引起对方误解。赠花时,应了解花语、运用场合及其象征意义。

第三,讲究方式。礼品一般当面赠送,并要用礼品纸包装好。日本人不习惯当面打开礼物,欧美人则当场打开,立即感谢。有些国家收礼时不喜欢有别人在场,有些国家收礼则必须有别人在场,以免有贿赂之嫌。拒绝受礼应当坚决而委婉。若送礼者不知自己何故被拒,则应向他暗示不受礼物的原因。

第四,尊重习俗。不同国家赠礼有所禁忌,应予以尊重。例如,法国人除非关系非常融洽,一般不互相送礼。德国人忌讳用白色,棕色或黑色的包装纸包装礼品。日本人不喜欢在礼品包装上系蝴蝶结,用不同颜色的彩带包扎礼品有不同的含义,如红色象征身体健康等。不要给日本人送有动物形象的礼品,因为各种动物都有不同的象征。对拉丁美洲人,任何时候都不能送刀子和手绢,因为刀子意味着双方关系一刀两断,手绢总与眼泪和悲伤联系在一起。

第五,遵守规范。在接受馈赠时,应遵循礼仪规范。为了维护形象和职业道德,职业人士

图 6-3-1　送客礼仪

一般不宜接受外国人或服务对象赠送的礼品,尤其不能接受现金,有价证券及其他贵重之物,如果实在无法推辞可暂时接受礼品,随后如数上交。不能来者不拒,更不可索取,暗示对方送礼(图6-3-1)。

(2)对远道而来的客人,接待方应协助办好返程手续,协助做好中途安排。客人离开时,最好由原迎接人员驱车送至机场、车站、码头,并应等车船起动后,面带微笑,挥手告别,直到看不见对方时,主人才离开。

二、现场接待

接待工作是重要的礼仪活动,使客人高兴而来,满意而去,对组织留下美好印象,有利于今后进一步合作。做好接待工作,要注意以下几点。

(1)接待人员的素质修养代表和影响着组织的形象,应选派具有较高礼仪素养的人员承担接待工作。

(2)如果事先知道客人来访,要提前"清扫门庭,适当整理",使接待场所布置得整齐、美观,给客人留下一个组织工作井井有条、充满生气、管理有序的首要印象。

(3)准备座位、资料、饮料等,使接待工作富有效率。

(4)若客人不期而至,也应放下手中工作,起身相迎。

(5)若客人要找的人暂时不能接待,或要办的事需要一个等待的时候,接待人员应主动攀谈,或提供报刊杂志为客人消遣,避免冷落客人。

(6)将客人引至接待场所后,应安排其就座。一般讲,离门最远的位置是上席,而靠近门的位置是末座。客人就座后,在未开始谈正事前,应给客人奉茶。敬茶的顺序应从最上座的客人开始,先客后主。茶水要从每人的右后侧递送,每杯斟七分满即可。

(7)接待时,要避免他人干扰,以便能专心致志地与客人交换意见。

(8)客人告辞时,主人要等客人起身告辞后方可站起来相送,并应等客人先伸手之后再与之握手。送客一般应送到门口、电梯口,并应等电梯门关上后方可离去,送到门口,应面带笑容,向客人挥手告别,目送离去。

三、陪同引导(图6-3-2 和图6-3-3)

(1)在陪同引导客人时,一般应走在客人的左侧,以示尊重,如果是主陪陪同客人,就要与客人并行。若属随行人员,应走在客人和主陪人员的后边。

(2)负责引导时,应走在客人左前方一、两步远的位置和客人的步幅一致,忌把背影留给客人。遇到路口或转弯处,应用手示意方向并加以提示。

(3)陪同人员不能只顾闷头走路,可以随机讲一些得体的话。

(4)乘电梯时,若有专人服务,应请客人先走,若无专人服务,接待人员应先去操作,到达时请客人先行。

(5)进房间时,若门朝外开,应请客人先进,若门朝里开,陪同人员应先进去,扶住门,然后再请客人进入。

图6-3-2 引导手势

图6-3-3 引导站位与手势

四、拜访礼仪

当主人去客人下榻的地方拜会或送行时,主人的身份应当是"客人",这时宾客则"反客为主"。应当遵循拜访礼仪:预约;守时;通报;告退。

拜访是双方生活节奏的合拍,要注意时间的和谐。拜访要事先相约,以防扑空或扰乱主人的计划。拜访时间应选择主人最方便的时候。时间一旦约定应准时到访,若遇特殊情况不能如期赴约,应事先打招呼。到达拜访地点应先敲门,主人答应后方可入内。进入屋内要征得主人同意才可坐下。后来的客人到达时,先来的客人应起立,等待介绍。

做客时要彬彬有礼,言行举止均表现出良好教养和礼貌行为。若主人另有朋友来访,应向新客人打招呼,并尽快地告辞,以免妨碍他人。拜访时间一般不宜过长。

临别时要向主人、在座的客人握手或点头致意。主人起身相送,应请其留步,不可不打招呼就离去。

任务实践

1. 实训场景设计

(1)作为一名初次上班的销售顾问,请在售前准备阶段检查自己的仪容、仪表、仪态是否符合礼仪规范。

(2)顾客初次来店,请运用本任务所学礼仪知识,分组设计一个场景,现场展示。

2. 检查评价

方案一:教师以知识问答的形式进行提问检查。

(1)请列举出汽车销售顾问仪容、仪表、仪态的相关标准,每答对一项加5分。

(2)分组请同学上台展示汽车销售顾问的标准仪态,其他小组结合以下评分表给展示同学评分。

(3)分组结合本任务所学礼仪知识,设计实训场景。

方案二:结合实训场景设计(表6-3-1、表6-3-2),各小组推荐代表进行表演展示,其他小组结合以下评分表,就表演者的仪容、仪表、仪态及汽车销售人员的基本礼仪、话术等进行评分(表6-3-3、表6-3-4)。

汽车营销人员接待礼仪实训任务单1

表6-3-1

任务名称	汽车营销人员接待礼仪实训	班级		教师评阅	
背景知识考核	1. 请说明递送名片的要领。 2. 请说明引导礼仪的基本要领。				
自我学习评价	□优　□良　□中　□及格　□不及格				

汽车营销人员接待礼仪实训任务单2

表6-3-2

任务名称	汽车营销人员接待礼仪实训	班级		教师评阅	
		姓名			
任务描述	在IT行业工作了10年的张先生与妻子来到展厅看车。营销顾问小王上前接待他们并做自我介绍。之后,小王带领他们对A款车进行了介绍,在介绍的时候借助手势,为他们讲解				
组织与实施步骤	第一步:分组,每3人一组,分配角色。 第二步:在布置好的场景中模拟练习。 第三步:分析出现的问题,提出改善建议。 第四步:挑选出典型小组,示范展示				
学生实训后反思与改善	小组互评 优点: 不足: 改善点:				
自我学习评价	□优　□良　□中　□及格　□不及格				

握手、鞠躬、名片、奉茶、走廊及楼梯间礼仪项目评分表

表6-3-3

序号	项目	评 分 标 准	分值	得分
1	握手礼	伸手的先后顺序是上级在先、主人在先、长者在先、女性在先	5分	
		握手时间一般为2~3s为宜	5分	
		握手力度不宜过猛或毫无力度	5分	
		注视对方并面带微笑	5分	

项目六　接待工作礼仪

续上表

序号	项目	评分标准	分值	得分
2	鞠躬礼	面向客人,并拢双脚	5分	
		视线由对方脸上落至自己的脚前1.5m处(15°礼)或脚前1m处(30°礼)	5分	
		男:双手放在身体两侧 女:双手合起放在身体前面	5分	
3	名片礼	面带微笑,稍欠身,注视对方	5分	
		将名片正面对着对方	5分	
		用双手的拇指和食指分别持握名片上端的两角送给对方(不能挡住商标或字体)	5分	
		正确运用基本话术	5分	
4	奉茶礼	顾客落座后,询问顾客所需饮料的种类,听到顾客的要求后,重复饮料的名称进行确认	5分	
		递送时,说"打扰一下",按逆时针方向,将饮料放在顾客右手边,若同一桌上有不同的饮料品种,分发前先确认	5分	
		递茶时要以右手捧上,左手随上,递杯子时切忌不能碰到杯口	5分	
		要注意奉茶的顺序,先老后少,先女士后男士	5分	
		正确运用基本话术	5分	
5	走廊及楼梯间礼仪	不站在走廊、楼梯间长时间谈话或者声音过大影响到顾客	5分	
		与顾客或上级擦肩而过时,主动靠向墙壁一侧,让出通道,并行鞠躬礼	5分	
		上下楼梯时,热情主动为顾客进行引导	5分	
		正确运用基本话术	5分	
合计			100分	
综合评语				

引导、自我介绍、介绍他人、递送物品、赠送及接受、电话礼仪项目评分表　　表6-3-4

序号	项目	评分标准	分值	得分
1	引导礼仪	手臂应自然伸出,手心向上,四指并拢。出手的位置根据与顾客所处的位置而定	5分	
		引导顾客进入展厅时,走在顾客的斜前方,与顾客保持一致步调,先将店门打开,请顾客进入店内,如果经销店不是自动门,则用左手向展厅外方向拉开店门,请顾客先进入展厅,并鞠躬示意	5分	
		引导顾客进入展车时,走在顾客的斜前方,与顾客保持一致步调,并为顾客拉开展车车门,请顾客进入内(开、关门时注意礼貌,站在不妨碍顾客上下车的位置为顾客开启车门,如果顾客坐在驾驶室,应该用左手拉门,右手挡在车门框下为顾客护住头部;如果顾客坐在副驾驶室,则应该用右手拉门,左手挡在车门框下为顾客护住头部)	5分	

续上表

序号	项目	评分标准	分值	得分
1	引导礼仪	正确运用基本话术	5分	
2	自我介绍礼仪	介绍时面带微笑,态度谦和,语气亲切	5分	
		介绍本人的姓名、担任的职务,时机把握得当	5分	
		正确运用基本话术	5分	
3	介绍他人礼仪	被介绍者的先后顺序为"尊者优先":男士先介绍给女士、晚辈先介绍给长辈、下级先介绍给上级、客人先介绍给主人、熟悉的人先介绍给不熟悉的人	5分	
		介绍他人的姓名、担任的职务,时机把握得当	5分	
		正确运用基本话术	5分	
4	递送物品礼仪	递送时,资料正面面对接受人,用双手递送,并对资料内容进行简单说明	5分	
		在桌子上方交递,切忌将资料推到顾客面前;如果有必要,帮助顾客找到其关心的页面,并做指引	5分	
		交递锋利和尖锐的物品,锋利和尖锐部位面朝自己,切忌对准顾客	5分	
		正确运用基本话术	5分	
5	赠送及接受礼仪	赠送:双手递送,点头示意;目光亲切、真诚地看着顾客的眼睛,说出致谢的话语,微笑着递送物品	5分	
		接受:双手接过礼物,并对顾客表示感谢,同时妥善放置礼物	5分	
		正确运用基本话术	5分	
6	电话礼仪	电话铃响3次内应接听电话,姿势端正,身体略微前倾,准备好的纸笔,左手握听筒,右手根据需要随时做好记录。声音明快、亲切;面带微笑,态度认真	5分	
		专有名词记录准确;来电人姓名、联系方式、转告内容都要详细记录并确认。通话结束要致谢,话筒要轻拿轻放	5分	
		正确运用基本话术	5分	
		合计	100分	
综合评语				

项目七 沟通与应答技巧

 项目要求

1. 知识目标

通过学习,掌握沟通的基本礼仪,掌握生活和社交中的沟通、聆听礼仪规范,了解交往中的沟通的基本方法和技巧,给对方良好的印象,提高交往效果。

2. 技能目标

(1)运用客户沟通礼仪。

(2)聆听的技巧。

(3)接打电话的礼仪。

3. 素养目标

将学到的沟通应对的礼仪知识变为自觉的行动,在未来的工作中能够处理各种沟通应对出现的问题,从而提高学生的综合素质,为未来的工作打好基础。

 项目描述

在营销活动中,为了接近顾客,必须与客户进行沟通,必须注意依礼行事,这样顾客才有亲切感与温馨感。这不仅表达了个人的良好素质与修养,而且直接关系企业的形象和公司业务的发展。通过本项目的学习,使汽车营销人员在销售接待过程中,运用接待工作的礼仪要求,得体地接待不同群体;懂得营销礼仪行为规范,能运用沟通聆听技巧与客户进行有效地沟通。

 建议课时

6课时。

任务一　沟通技巧

学习任务

了解服务对象的特点,掌握相应沟通技巧。

任务知识

在人际交往中,人们通常有接触才会了解,有了解才容易交流,有交流才会沟通,有沟通才会互动。因此,可将沟通视为人际交往中人与人之间的互动桥梁。

在现代礼仪中,沟通的原则要求人们,在其人际交往中,既要了解交往对象,更要被交往对象所了解。礼仪的主旨在于"尊重"。而要尊重他人,就必须首先了解对方,并令自己为对方所了解。只有这样,才能实现有效的沟通。

一、理解服务对象

双向沟通理论特别强调:人是需要理解的,而服务者是必须要理解服务对象的。在服务岗位上,唯有正确地理解服务对象,服务人员才能够以自己的优质服务去充分地满足对方的实际需要。

(一)服务对象的需要

一般而论,服务人员应当了解,人们的需要是存在一定的规律性的。人们的实际需要大体上可以分为以下两种基本类型。

(1)**人类的正常需要**:它是人人皆有的、相对稳定不变的基本需要。如生存、安全、衣食、工作、社交、尊重、自我实现等,都属于人类正常需要的范畴。

(2)**人类的特殊需要**:强调个人、展现实力、吸引异性等都属于人类的特殊需要,它是人类在某种特殊的情况之下所产生的需要。例如,在选购商品时,有人爱买名牌货,他们需要借此来抬高自己的身价;有人却找便宜货,他们需要的则是节省开支。

(二)不同类型客户的心理分析

根据客户的购车使用目的不同可将客户分为上班族、老板族及单位等。

1. 购买私家车的车主心理分析

我国属于发展中国家,居民的人均收入水平及购买力水平相对较低,仍然处于较低购买力水平阶段,所购的汽车大多以中低档的乘用车为主,但是我国地域广阔,人口众多,各地经济发展水平不尽相同,居民的消费理念也相差甚远,因此购买私家车心理也不同。

家庭经济状况较好者购买的汽车属于中高档,汽车既是代步工具也是其身份的象征。他们希望自己的座车高贵、典雅、气度不凡,主要选择深色轿车,一般以20万~25万元轿车价位为选择档次。他们对售后服务要求很高,并注重汽车品牌。

家庭经济状况一般者购买的汽车属于中低档次,汽车仅仅属于代步工具,很少考虑身份地位的象征。中低收入的家庭喜欢购买低排量省油汽车。

年轻人思想活跃,希望自己的座车样式新颖、独特、奇异,色泽上力求鲜艳、靓丽,喜欢对汽车进行外饰加工,如加装大包围、尾部装饰导流板、彩绘等。

2. 老板族心理分析

他们对汽车并不在意,家里可能有几辆车在用着,但他们对汽车档次所代表的乘车人身份非常关注。这些客户要求汽车有名气、配置全、技术领先,价格上不会讨价还价。我们在推销汽车时把顶级汽车介绍给他们,把社会知名人士、社会名流拥有这类汽车的情况介绍给他们,比如谁就开这种汽车;谁对该车爱不释手,汽车装潢就用了多少钱。要重点介绍汽车豪华高贵之处激发客人攀比好胜心理,使汽车交易成功。

3. 国有企业和政府机关用户心理分析

国有企业和政府机关用户也很庞大,并且经济稳定。我们应该重视这部分客户群,要掌握这些客户的相关资料,比如该单位汽车保有量、年审年检情况、车辆报废更新时间、该单位领导换届情况。推销员应做促销计划,有目的地做好促销工作。这些促销公关活动以单位外出休闲活动最有效。

因为汽车消费属于大宗消费,车辆一旦有什么差错,消费者很容易受到心理和经济上的双重伤害,有部分消费者在汽车消费维权过程中会提出过与苛刻甚至无理的要求。俗话说"过犹不足"。因此,在与顾客沟通时技巧很重要。

二、重视沟通技巧

双向沟通理论认为:就一般而言,交际礼仪实际就是人们在人际交往中确保双向沟通得以实现的、约定俗成的、相对稳定的基本沟通渠道。而就服务行业而言,服务礼仪其实完全可以被理解为一种服务人员与服务对象在服务过程中实现双向沟通的常规渠道。简而言之,服务礼仪就是一种沟通技巧。如果在服务过程中不运用服务礼仪,就可能使服务人员与服务对象彼此之间双向沟通难以实现。

(1)销售人员接待客户要衣冠整洁,忌讳头发凌乱、服装邋遢。销售人员与客户交谈不可戴有色眼镜。做到八个基本要求:发必齐、须必剃、甲必剪、妆必淡、衣比雅、扣必系、帽必正、鞋必洁。

(2)对待客人要热情相迎,一视同仁,销售人员不应当怠慢、冷落、排斥、挑剔、为难客户,而且还应当积极、热情、主动接近客户,淡化彼此之间的戒备、抵触和对立情绪,恰到好处地向对方表示亲近友好之意,将对方当作自己人来看待。

(3)客户讲话时不得中间打断,接待客户要专心致志不得有任何懈怠,忌讳边做别的事情边和客人谈话,谈话时要面带微笑双目平视身体正直并微微前倾。

(4)销售人员与客人保持合适的距离。服务距离以 0.5~1.5m 为宜,展示距离以 1~3m 为宜,引导距离为客户左前方 1.5m 为宜。

(5)对顾客要文明礼貌,做到不卑不亢,接待客户热情而又不失身份,增强客人对自己的信任和尊重。

(6)销售人员不知道应当怎样做,或者他已经做错了,只要能让对方感受到自己不是刻意而为,并且能够表现得对对方不失尊重之意,对方一般不会对他进行非难。

(7)热情服务无干扰。当顾客购车犹豫不决时,切不可软磨硬泡纠缠不休,这样会使客人望而生畏,反而会影响下一次生意。

在日常工作中,服务人员的服务不够热情与热情过度,同样都是有害的。它不仅不合乎人之常情,而且还会产生一定的心理压力,甚至误以为对方是"来者不善",似乎有逼迫、哄骗之意。有时,还会令人担心:热情背后有没有什么企图,商品或服务质量差,还要加收费用,由此怕"挨宰"而不敢消费。因此销售人员要在熟悉现代人强调尊重自我心态的基础上,把握好热情有"度",该"热"则"热",不该"热"则"不热",使顾客在享受服务的过程中心安理得,不受礼遇惊扰。

(8)如果判断客人不会购车时应因势利导,礼貌送别客人,欢迎他下次光临。销售人员要善于与客户沟通,聆听客户意见,揣摩客户心理,找出解决问题的办法。

三、实训任务与检查评价

基于本项目知识的连贯性,本任务实训任务结合任务二、任务三共同完成。具体任务内容见任务三的实训任务与检查评价。

任务二　聆听的技巧

学习任务

掌握聆听的含义和要求。

任务知识

一、什么是聆听

所谓聆听,大都是指在他人阐述见解时,专心致志地认真听取。由此可知,倾听的实质,就是对于被倾听者最大的重视。

当顾客提出某些具体要求时,销售人员最得体的做法是:认真倾听,并尽量予以满足。从某种意义上讲,耐心倾听客户的要求,本身就会使对方在一定程度上感到满足。

俗话说,少说多听。它不但是常人必须知道的处世之道,而且也是销售人员必须掌握的服务技巧。当客户提出要求或意见时,销售人员应耐心倾听,除了可以表示对客户的重视之外,也是服务行业的工作性质对服务人员所提出的一种基本要求。因为唯有耐心地、不厌其烦地倾听了客户的要求或意见,才能充分理解对方所思所想,才能更好地为对方服务。此时任何的三心二意,都会让服务对象不快。

销售人员在倾听客户的要求或意见时,切忌弄虚作假、敷衍了事。一般来讲,当客户阐明己见时,销售人员理当暂停其他工作,目视对方,并以眼神、笑容或点头来表示自己正在洗耳恭听。有必要的话,销售人员还可以主动地与对方进行交流。当与客户谈到有关整车销售或其他重要问题时,适度为其做出补充,鼓励对方深谈,收取关键信息并强调其重要性。

二、聆听是一门艺术

是否在积极聆听,有两种判别办法。

1. 用语言表示时

表现在不干扰对方说话,运用开放式提问以鼓励对方说下去,不妄下结论等。

(1) 我对您的话很感兴趣。

(2) 您说得很有道理。

(3) 是的,确实是这样。

(4) 我非常喜欢您讲的。

(5) 还真是这么回事,是吗?

(6) 这点您能不能说得再详细些?

(7) 我是这样理解您所说的……对吗?

2. 用态度表示时

具体表现在积极地聆听态度。耐心听,适当的眼神接触,身体略向前倾,不停地用点头表示出兴趣,用笔记录对方所说的要点。

在服务礼仪的规范,服务人员欲与服务对象表达自己的敬重之意的一般规律,必须抓住如下三个重点环节,即:接受对方、重视对方和赞美对方。由于他们的三个英文词分别是accept、appreciate、admire,所以它们又被称为"三 A 法则"。

聆听是重视服务对象、接受服务对象的表现。当"短缺经济"一去不返,卖方市场出现之后,消费者可以选择的余地已经越来越大。在此情形之下,从广义上讲,消费者所要购买的往往不只是某一种商品,与此同时,他们也在购买服务,即对于服务质量越来越关注。有时,销售人员的服务质量的好坏,甚至成了消费者购物时的决定因素。若要真正将消费者视为自己的"上帝"和"衣食父母",诚心诚意地意识到消费者至上的话,自然而然地就可以认真聆听对方的讲话。

三、汽车销售人员聆听客户讲话的案例

一位资深汽车销售人员在澳大利亚卖车时碰到一个客户,要买福特汽车。福特汽车全部是自动挡的但是客户却点名要手动挡的。这位销售员询问客户,是不是手动挡比自动挡便宜,他却说钱不是问题,只要把手动挡找来,他愿意按自动挡付款。这位销售员感到很奇怪,不明白这是为什么,难道客户喜欢手动挡的加速性能?如果不能明白客户必须要手动挡汽车的目的,那么肯定要失去这位客户。通常客户的真实购买动机是销售人员主动询问出来的,而顾客是不会主动说出来的。于是该销售员又问道:"您是专业驾驶员?所以要手动挡,要有加速感觉?还是要有动力性?"客户就把自己的真实情况说出来。他为什么会说出真实目的呢?因为销售人员问他是不是专业驾驶员,这是客户向销售人员敞开心怀的一句关键话。如果销售人员只是问客户是否考虑汽车的动力性,还不足打开顾客心扉,只有销售员问他是不是专业驾驶员,并要向他学习时,顾客虚荣心得到满足,才能把自己的心里话说出来。客户对销售员解释说:"我不要这个加速性,那都是年轻小伙子追求的。最近一段时间我的工作变了,每天跑很多路,并且都是盘山路。"销售人员马上问他,在盘山路手动挡怎

样帮助他,是不是上坡有用。"上坡是一方面,但我看重的是在下坡的时候,制动失灵时手动挡可以使车速降下来。"他强调说,"对,强制往下降速,就是采用抢挡的方法降速。"

既然客户的购买重点已经出来了,即安全性,也就是当制动失灵后的安全性。恰恰是一开始,销售人员忽略介绍本款车的自检功能,福特车的自检功能不仅能检查安全气囊,检查ABS,还可以检查制动液渗漏情况。谁会在前期介绍得这么细致!但一旦发现客户有这种需要的时候,作为销售人员就要详细介绍这款车的自检系统是多么完善,好到什么程度,好到只要制动液在较短时间下降1mm,系统就会警示你,告诉你制动液的油压变化。

于是这位销售员给他讲述这项功能的目的是什么,并在维修工程师的协助下,让客户亲自体验了启动时自检功能所包括的所有项目,而且实验了制动系统漏油时的警告。后来这个客户从这位销售员手上买了车,并在以后三年里,给这位销售员介绍了5个客户。所以一个销售员只有认真聆听客户的购买重点,从客户的利益出发来详细地解释并让他亲自试验,顾客才能够满意。

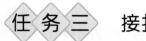

任务三　接打电话的技巧

 学习任务

掌握拨打和接听电话的技巧。

 任务知识

在现代信息社会里,电话的应用早已十分普遍。在销售领域,时常都有可能与服务对象进行交谈。在具体运用电话时,销售人员的所作所为代表公司的服务水平。

一位传播学家指出:"不论在公司还是在家里,只凭一个人在电话里的讲话方式,就可以判断出其教养水准。"他所提到的讲话方式就是由通话者声音、通话者态度及通话者所使用的言辞"电话三要素"构成。销售人员在运用电话时要做到彬彬有礼、表现得体,就必须在通话方式上严格要求自己。

服务人员所使用的电话用语,包括口头用语与书面用语。因此,服务人员在学习、运用电话用语时,应加强两方面的礼仪规范。

一、拨打电话

(1)备好电话号码。

(2)想好通话内容:在联络客户前,最好是准备一份通话提纲。这样在正式通话时即可以节约时间与费用,又可抓住重点、条理分明、不易遗漏。

(3)慎选通话时间:拨打他人电话时,不宜选择过早、过晚或私人休息时间。节日、假日、午休或用餐时间通常均不宜选择。

(4)确认对方是不是要找的人,征求对方是否同意交谈。

(5)寻找共同的话题,强调、穿插客户感兴趣的内容。

(6)为占用客户的时间而道歉。

二、接听电话

(1) 确保畅通:服务单位的电话,尤其是已经对外公布的号码,一定要经常检查。更改号码后,则要及时对外公告,以保障其畅通。

(2) 专人值守:电话铃响三声之内接听。假如电话铃响了三声之后还无人接听,客户的耐心就会减退,甚至会对公司的人员素质或经营状况产生怀疑。

(3) 问候来者:接听电话以问候语开始,可以向客户传达你的友好和坦诚。

(4) 自报家门:这一礼貌行为既可以让来电者知道他是否找对了人,又可以节省双方时间,及时进入通话主题。

(5) 询问是否需要帮助。表明你和你的公司会随时准备帮助客户,满足他们克服困难的需求。

(6) 预备记录。

三、通话者的声音

电话交谈时,通话双方彼此不见面,因此通话时要确保声音清楚,主要有五点注意事项:

(1) 咬字准确:通话时如果咬字不准确、含含糊糊,自然让人难以听清、听懂。

(2) 调控音量:通话时的音量以对方听得清楚而又感觉舒适为宜。

(3) 速度适中:与面对面的交谈相比,通电话的讲话速度宜适当放慢,但不宜过慢,否则就会给人有气无力、勉强应付之感。

(4) 语句短小:通电话时,双方使用的语句力求简练、短小。这样有利于节约双方的时间,也有助于提高声音的清晰度。

(5) 姿势端正:双方在通话时,皆应站好或坐好。不要随意在通话时走动,或是兼做其他事情。持握电话的正确姿势是:双手将其轻轻握好,听筒一方靠近耳部约1cm处,话筒一方距离口部约1cm间隔。

四、态度平和

销售人员在利用电话与他人联络时,必须有意识地保持平和的态度。在通话时,销售人员的态度显得亲近异常或过度冷漠,都会令人难以接受。销售人员要做到态度平和,通常要求注意以下几点。

(1) 不卑不亢:与他人通话时,不论人求我还是我求于人,销售人员都应以尊重友好的态度对待对方,既不允许妄自尊大、盛气凌人,也不允许低三下四、曲意逢迎。

(2) 不骄不躁:在工作岗位上与其他人通话时,销售人员都要保持头脑冷静,约束自己的态度。在任何情况下都不允许在电话上发泄脾气、训斥他人甚至对别人恶语相加。

(3) 拨错电话要及时道歉。

(4) 拨打电话时间要有所限制:3~5min为宜。

(5) 话筒要轻轻挂上。

(6) 接听电话巧于中止:若通话时无意继续下去,一般不宜直言相告。一个巧妙的办法是:告诉对方有客人到访。

五、电话的书面用语

(1) 做好电话记录(表7-3-1)。

接听电话的记录表　　　　　　　　　　表7-3-1

来　话　人：		姓名：
单位部门：		职务：
来话时间：		
通话要点：		
处理要点：		
		记录人：

(2) 管理好电话记录。

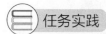 任务实践

接打电话礼仪模拟训练。

（一）实训目的和要求

通过实训,明确接打电话的礼仪规范,以及发生纠纷的处理规范,并能恰当地使用这些礼仪,给对方留下良好的印象,提高商务交往的效果。

（二）场景设计

(1) 你接到一位客户的电话,他抱怨买的某品牌手机品质不好,给他添加了很多麻烦。他非常恼火,情绪激动,言语有些过激,应如何处理?

(2) 一位客户打电话来,询问丰田车的销售情况及优惠情况,应如何应答?

(3) 5月7日A公司经理李先生在沈阳出差,办公室秘书张小姐正在处理一些日常事务,上午8时接到总部办公室程先生打来的电话,电话内容大致如下:5月10日在总部行政楼第二会议室召开A公司经理会议,共商公司第二年发展大计。这涉及接拨电话全部礼仪规范,请模拟通话过程。

（三）实训步骤

1. 实训前的准备

(1) 实训场地的准备:可选择模拟办公室。

(2) 设备及材料准备:电话。

2. 实训的具体步骤

(1) 课前教师介绍实训情境并提出实训要求。

(2) 实训角色分配。以小组为单位,具体角色由学生自由商定,确定一名学生为该小组主持人。

(3)主持人开场,情景剧表演。

3.实训提示

(1)通话时机恰当、时长合适、电话内容、问候语、结束语设计准确。

(2)以小组为单位制作并完善情景剧文案。

(3)制订电话记录表。

4.相关知识

(1)打电话的相关例句。

①请问,您是王经理吗?

②我是 A 公司的汽车销售员。给您打电话,打扰您了。

③请问您现在是否在本地?方便通话吗?

④今天给您打电话是想告诉您,您需要的某款车已经到货……

⑤就这样,明天下午三点,我在店里等您。您还有什么需要我做的吗?

⑥对不起,刚才的电话,耽误您时间了,希望您别介意。

⑦听到您的声音我很高兴,您工作这么忙还能接我的电话,谢谢!

⑧我愿意做您的朋友,下次来店一定找我,我会给您帮忙。

(2)接电话相关例句。

①下午好,我是某公司的前台接待,您需要什么帮助?

②是的,我是负责销售某款车的,您是张经理吧?

③您还有什么需要我做的吗?

④就这样,明天下午三点,我在店里等您,期待您的光临。

⑤不客气,再见!

(四)效果评价(表7-3-2)

电话礼仪评价表   表7-3-2

考评人		被考评人		
考评地点		考评时间		
考核项目	考核内容	分值	小组评分50%	教师评分50%
电话礼仪	合计			
	1.情景文案设计	20分		
	2.电话拨打的语音	5分		
	3.电话拨打的语速	5分		
	4.电话拨打的姿势	5分		
	5.电话拨打的态度	10分		
	6.言辞实际运用	20分		
	7.电话记录的填写	5分		
	8.团队精神面貌、分工协作	10分		
	9.小组答辩	20分		

任务四 纠纷处理

掌握正确对待纠纷的态度与处理纠纷的方式方法。

在工作岗位上,销售人员需要同大批客户直接打交道,有时,因为这样或那样的原因,双方会产生纠纷,甚至由此而导致正面冲突。尽管此类现象是个别的、偶然的,但他却往往给双方当事人带来不快,并且还会有损单位的形象。这类现象一旦出现,销售人员及单位应高度重视、正确处理。

服务纠纷简称纠纷,它是指在服务过程中,发生在服务人员与服务对象两者之间的争执、矛盾或者冲突。

在具体处理纠纷时,要勇于面对顾客提出的意见、批评,有则改之,无则加勉。对于的确属于自己一方的不足或严重缺陷,要敢于承认,敢于纠正,必要时还须及时向顾客或社会公开道歉。对于属于顾客一方的问题,要宽容忍让、礼让三分。在一般情况下,无论如何都不允许服务人员、服务单位在处理纠纷时对顾客蛮横无理、借故刁难、再三苛求,或者拒不承认自己的错误,拒不承担自己应负的责任。

任何服务纠纷,如果不能及时处理,都可能迅速扩大,甚至还会酿成重大事端。所以我们必须认真对待。

一、正确对待纠纷

1. 主动谦让

当矛盾产生后,销售人员若能及时对顾客进行适当谦让,往往便会使即将到来的双方正面冲突的局面得以迅速扭转。此刻,销售人员可以结合具体情况,向顾客直接道歉。这种退一步的做法,通常很有效。

(1)对不起,刚才是我做得不对。

(2)请您原谅,刚才是我态度不好。

(3)不好意思,让您久候了,真的很抱歉。

2. 宽宏大量

有时,顾客难免也会做错事、说错话。销售人员不必予以深究。在必要的时候,甚至还可以在对其失当之处加以包涵的同时,主动为其承担错误。所谓"你敬我一尺,我敬你一丈"。

3. 转移视线

极个别的顾客有时候会得理不让人。面对这类人,较为明智的做法,是在做出适当的解释、说明或道歉后,可转而从事其他正常工作。

二、处理纠纷

(一)指导思想

1. 顾客总是对的

必须牢记在任何情况下"顾客总是对的",这是服务礼仪的基本原则。

顾客总是对的,并非意味着对对方的一切所作所为都要予以肯定,而是意味着,作为顾客有权利对服务人员进行严格要求,有权利对服务者提出批评、建议或投诉。对此不理不睬是绝对不可的。

2. 处处礼让顾客

有关人员在具体处理服务纠纷时,一定要自始至终不分对象、不看对方态度,而对服务对象始终待之以礼。并且在一般情况下,还要尽可能地对对方有所谦让。

3. 尽快妥善处理

不论从哪一个角度来看,服务纠纷一旦出现,对于有关的服务单位绝非好事。因此,应尽早处理。在处理纠纷时,除了及时之外,还必须采用行之有效的妥善方法。离开了后者,仅有及时远远无助于问题的根本解决。

(二)临场处理

1. 友善地对待顾客

当顾客提出批评或进行投诉时,不论其方式、方法是否正确,都应当将其视为对于服务单位、服务人员的监督、关心、激励,因此,应当明确地表示欢迎对方的批评,并对对方的投诉予以认真对待。在倾听顾客为此而进行申诉的过程之中,服务单位的有关人员必须对对方加以体谅,并热情友善、耐心开朗、礼数周到。

2. 进行有效的沟通

在处理纠纷时,服务单位一方的有关人员一定要积极与顾客进行有效的沟通。最为重要的是:既要了解顾客的本意,又要使对方了解本单位对对方意见的重视和纠纷处理的积极态度。

3. 满足合理要求

关于服务人员在处理服务纠纷时,一定要主动了解顾客一方的合理要求,并尽可能地予以满足。满足顾客合理要求这件事情本身,就是对对方正当权益的一种尊重。假定顾客的合理要求一时难以满足,则应当立即向其说明并道歉。

4. 保持自我克制

在极个别的情况下,少数顾客在服务纠纷发生时往往得理不让人,对服务人员恶语相加,或者动辄以投诉和向媒体曝光相要挟,此刻应当要求服务人员尽量保持自我克制,不与对方较劲。面对极个别不讲理的"上帝"时,服务人员应保持良好克制。

(三)处理方法

面对服务纠纷时,在具体的处理方法上,最为常用的主要有以下四种。

(1)当场处理又叫面对面处理。

(2)事后处理又叫背对背处理。

(3) 仲裁。

(4) 法庭处理。

(四) 案例分析

聪明的乘务长

某日,国内一家航空公司的一架客机上来一位外籍客人。他在头等舱里刚一落座,就对空乘小姐的服务挑三拣四。他的表现马上引起乘务长的注意。乘务长走近对方,先是倾听了对方对于配餐、报刊的种种不满后,接着诚心诚意地请教对方:"先生,您见多识广,国外著名航空公司的班机,您肯定坐过不少。请指教一下,您认为我们在服务方面还存在有哪些不足?我们一定会努力改正。"大家都知道在交谈之中向他人认真请教问题,既表示了对于对方谈话的耐心倾听,又往往表示对对方的尊重。在回答完乘务长请教的这个问题之后,那位开始时难以伺候的外籍客人便渐趋平静了。此所谓"你敬我一尺,我敬你一丈"。既然乘务长对他如此尊重,无论如何他都不好再"寻衅滋事"了。

运用您学习的处理纠纷理论,回答我们该如何向乘务长学习?

项目八　商务通信礼仪

　项目要求

1. 知识目标

能熟知汽车营销人员应具备的商务通信礼仪并能够准确描述其包含的内容。

2. 技能目标

熟练掌握汽车营销商务通信礼仪的内容及操作,并能够起草简单的商务信函,规范地收发商务电子邮件和传真文件以及正确地编撰商务短信。

3. 素养目标

培养与人沟通的能力及自动化办公通信设备运用、信息应用的能力。

　项目描述

在现代汽车营销工作中,很多营销工作都需要借助电子通信设备完成。信函、电子邮件、短信和传真已经成为营销人员与顾客进行交流的交际工具,要想获得顾客的好感和信任,就要能够合理、恰当地运用这些交际工具并熟知它们的规范要求。一个汽车营销人员可以在营销过程中通过这些通信设备的运用塑造出专业而具有亲和力的形象,继而赢得成交的机会。

本项目分为三个学习任务:①在营销工作中,正确的使用商务信函进行交流;②正确的使用商务传真进行营销工作交流;③正确的收发商务邮件和信息。

此项目重在培养学生对通信设备的规范化应用和操作,主要考查学生使用通信设备的基本礼仪和规范。

　建议课时

6课时。

　汽车营销商务信函

　学习任务

掌握商务信函的撰写要求。

> 任务知识

在汽车营销工作中,营销人员接触最多的通信手段,主要有信函、传真、电子邮件、短信等。正确、规范地使用通信礼仪,可以提升汽车营销人员与顾客的沟通效果,促进成交。

一、通信及其礼仪

通信是指人们利用一定的电讯设备进行信息的传递。被传递的信息既可以是文字、符号,也可以是表格、图像。

通信礼仪,通常就是指在利用电话、信函、传真文件、短信、电子邮件等各种通信手段的过程中,所应该遵守的礼仪规范和要求。

二、商务通信礼仪

商务通信礼仪,通常就是指在商务活动过程中,商务人员利用通信手段与顾客交流沟通时所应遵守的礼仪规范。

汽车营销人员的商务通信礼仪,是在基于商务通信礼仪的基础上对于特定人员的一种礼仪规范要求。它的遵守对象特定为汽车营销人员,使用的商务通信方式一般为商务信函、商务电子邮件、商务短信和商务传真文件。

三、汽车营销商务信函

函是用于非隶属关系机关之间商洽工作、询问和答复问题、向有关主管部门请求批准某些事项时使用的一种公文。商务信函是指在公司、政府机关、各种团体、或商店等商务、事务性场所,相互之间为进行交往所使用的信函。汽车营销商务活动中也离不开商务信函。

商务信函的作用,一是索取信息或传递信息,二是处理商务交流中有关事宜,三是联络与沟通感情。商务信函的写作应掌握7C原则,即:完整(complete)、正确(correctness)、清楚(clearness)、简洁(conciseness)、具体(concreteness)、礼貌(courtesy)、体谅(consideration)。

完整:商务信函应完整表达所要表达的内容和意思,何人、何时、何地、何事、何种原因、何种方式等。

正确:表达的用词用语及标点符号应正确无误,因为商务信函的内容大多涉及商业交往中双方的权利、义务以及利害关系,如果出错势必会造成不必要的麻烦。

清楚:所有的词句都应能够非常清晰明确地表现真实的意图,避免双重意义的表示或者模棱两可。用最简单普通的词句来直截了当地告诉对方。

简洁:在无损于礼貌的前提下,用尽可能少的文字清楚表达真实的意思。清楚和简洁经常相辅相成,摒弃信函中的陈词滥调和俗套,可以使交流变得更加容易和方便。而一事一段则会使信函清楚易读和富有吸引力。

具体:内容当然要具体而且明确,尤其是要求对方答复或者对之后的交往产生影响的信函。

礼貌:文字表达在语气上应表现出一个人的职业修养,客气而且得体。最重要的礼节是及时回复对方,最感人的礼节是从不怀疑对方的坦诚。商务交往中肯定会发生意见分歧,但礼貌和沟通可能化解分歧而不影响双方的良好关系。

体谅:为对方着想,这也是拟定商务函电时一直强调的原则——站在对方立场。在起草商务信函时,始终应该以对方的观点来看问题,根据对方的思维方式来表达自己的意思,只有这样,与对方的沟通才会有成效。

1. 汽车营销商务信函的组成与写作要求

汽车营销人员使用的商务信函应为质量优良且印有公司抬头的专用纸,信函格式通常包括称呼、启词、正文、酬应过渡、致敬语、署名、日期等七部分(表8-1-1)。

汽车营销商务信函的组成与要求表　　　　表8-1-1

组 成	要 求	形 式
称呼	对收信人的尊称,主要依据相互间的隶属关系、亲疏关系、尊卑关系、长幼关系而定。称呼要准确,使用礼貌用语	称呼语在信函的第一行起首的位置单独成行,并加上冒号。一般都用"敬语＋称谓"的形式组成。 例如:"尊敬的客户:""尊敬的汽车维修服务企业领导:"
启词	信函的起首语。主要是对收信人的一种问候式表达	位于称呼语的下方另起一行,前空两格的位置。一般都为礼貌用语和问候语。 例如:"您好""开张大吉""新春大吉"
正文	信函的主体。为写信人需要表达的中心内容。语言要求要真诚、得体、简洁、准确	位于启词下方,一般另起一行并空两格成段。内容多为一文一事
酬应过渡	正文结束时,可写几句酬应性的话作为全文的过渡	位于正文结束时,一般为酬应性的话。 例如:"我方相信,经过此次合作,双方的友谊将有进一步发展""再次表示衷心的感谢""特此函达""特此说明""特此重申""特此函询""特此致歉"
致敬语	信函即将结束时,表示对对方的一种祝福或者用于写明希望对方答复的要求	位于信函的正文之后或另起一行空两格书写。一般多为表示祝福或者致敬的礼貌用语。 例如:"此致敬礼""敬祝健康""特此函达,即希函复"
署名	以完整为准则。以单位的全称、单位内具体部门、写信人为要,不能只签姓氏或简称及习惯称呼	位于致敬语的下一行末端处,单独成行。 例如:"××公司""××公司营销部营销员刘震"
日期	日期必须要准确,表现出写信人的负责态度	位于署名的下方另起一行。 例如:"2020年7月12日"

2.汽车营销商务信函的一般格式与范文
1)汽车营销商务信函的一般格式

```
                ××××××××信函(标题)

尊敬的××:(称呼语)
    您好!(启词)
        ××××××××××××××××××××××××××××××
    ×××××××××××××××××××××××××××××××××
    ×××××××××××。(正文)
        特此×××××(酬应过渡)
        此致敬礼(致谢/敬语)




                                              ×××(署名)
                                              ×年×月×日(时间)
```

2)汽车营销商务信函范文

```
                一汽—大众公司致广大 DSG 变速器用户信函
尊敬的用户:
    您好!
    首先,感谢您选购一汽—大众品牌轿车,并感谢您长期以来对我们的信任与支持!
    为了提升大众品牌美誉度与用户满意度,也基于我们对自身产品的信心,我们诚挚地通知您,针
对您拥有的装备 DSG 变速器的大众品牌车辆,只要按照维护手册相关规定自新车购买之日起,一直
在一汽—大众品牌特许经销商处进行定期维护,均可享受 DSG 变速器延伸担保政策,即自购车之日
起不超过 48 个月的车辆,且行驶里程不超过 15 万 km 均可享受质量担保。
    注:此政策即日起执行,适用于自 2009 年 3 月上市以来所有装备 DSG 变速器的非营运车辆,营运
车辆的质量担保政策不变。
    针对以上内容如有疑问请垂询当地一汽—大众品牌特许经销商,或一汽—大众客户服务热线:
0431-85990888 或 4008-171-888。
    最后,再次感谢您对一汽—大众产品的支持与厚爱。一汽—大众销售有限责任公司真诚地祝愿
您及您的家人身体健康,全家幸福!




                                              一汽—大众销售有限责任公司
                                                    2013 年 4 月 22 日
```

项目八　商务通信礼仪

广汽本田定期维护温馨提醒信件参考模板

尊敬的××先生/女士:
　　您好!
　　感谢您一直来对广汽本田××店的支持!
　　根据系统的显示:您的爱车近期需要进行定期维护,请您按左下方提示的信息进行确认,并敬请您及时安排时间前来进行汽车维护。来店时请携带《保修手册》。
　　您也可拨打我们的预约热线××提前预约,可以享受优先、快速的专修绿色通道服务。
　　本店将竭诚为您提供满意、周到的服务。
　　祝您用车愉快,万事如意!

广汽本田汽车××特约销售服务店
总经理:_____
20____年____月____日

您爱车信息:
车牌号码:
上次维护日期:
上次维护里程数:
本次维护日期:
本次维护里程数:
※若您的爱车已做过维护,请忽略此信息。
※我们的客服人员会在致信日两周左右后的时间以电话的方式与您确认此次维护信息。

3.汽车营销商务信函的礼仪

1)信函使用正确

商务信函一般要求使用公司专用信纸。这种信纸只能用于公司业务,不书写私人信件,以免收信人在阅读全文之前分不清来函的性质。

2)称谓要得体

信函的称呼语要准确,符合寄信人与收信人的特定关系,要正确表现收信人的身份、性别等。要正确使用对方的姓名与头衔,这是一个重要的礼节问题。

3)内容要丰富、具体、准确

信函中所书写的正文内容应以具体、准确为原则,要字迹工整、言之有物、语句通顺,还要措辞得体,根据收信人的特点和双方的关系来进行措辞。应避免写错字或打字错误,这不仅不礼貌,还会给人粗心的印象。

4)内容应尽量简练,避免重复

重复表述相同的意思容易引起混乱,用词也应尽可能简练。要多用常用语或列出所有要点,给收信人清楚、醒目的感觉。同时,用词要准确,不可使用生僻、晦涩的词语,也尽量要避免使用对方不懂的专业术语。

5）语言要恰当

汽车营销商务信函的语言要开门见山,应该把最重要的内容写在最前面,让对方一开始就进入角色。语言的表示上要正面而有礼貌,给对方亲切感。

6）注重结束

信函的结尾部分一定要有结束语、致敬语、署名和日期,若有需要还应该加盖上所在单位（公司）的公章。认真地对待信函的结束,可以给对方留下受尊重的感觉和深刻的印象。

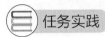任务实践

实践说明1

在营销过程中,参照本任务所学的汽车营销商务信函的要求进行商务信函起草训练。

实践说明2

将学生分为若干小组,进行实训任务（表8-1-2）。各小组学生根据实训任务单的任务要求结合汽车营销商务信函的礼仪使用进行评分（表8-1-3）。

汽车营销人员通信礼仪实训任务单　　　　　　　表8-1-2

任务名称	信函礼仪实训	班级		教师评阅	
		姓名			
任务描述	请根据××汽车销售公司的名义对顾客出示一份售后服务承诺信函				
组织与实施步骤	第一步：分组,每2人一组,熟悉资料内容。 第二步：提出注意事项和解决办法。 第三步：挑选典型范文进行展示				
学生实训后反思与改善	小组互评 优点： 不足： 改善点：				
自我学习评价	□优　　□良　　□中　　□及格　　□不及格				

汽车营销商务信函的礼仪使用评分表　　　　　　　表8-1-3

序号	项目	评分标准	分值	得分
1	称呼	有敬语和尊称,格式为"敬语+称谓"的形式	10分	
2	启词	使用敬语。简短明了	10分	
3	正文	正文内容简洁准确。位于启词下方,一般另起一行并空两格成段。语言使用正确、简洁,语气亲切	30分	
4	酬劳过渡	恭敬但不过分,给人以真诚感	10分	

项目八　商务通信礼仪

续上表

序号	项目	评分标准	分值	得分
5	致敬语	表达恰当,符合对象	10分	
6	署名和日期	署名具体详细,日期准确	20分	
7	语言	语言简洁	10分	
		合计	100分	
综合评语				

任务二　汽车营销商务传真

学习任务

掌握商务传真收发注意事项及其收发要点。

任务知识

一、商务传真

传真,又叫作传真电报。它是利用光电效应,通过安装在普通电话网络上的传真机,对外发送或接收外来的文件、书信、资料、图表、照片真迹的一种现代化的通信联络方式。

利用传真通信的主要优点是,它操作简便,传送速度非常迅速,而且可以将包括一切复杂图案在内的真迹传送出去。它的缺点主要是发送的自动性能较差,需要专人在旁边进行操作。有些时候,它的清晰度难以确保。

1. 商务传真的组成

商务传真一般由标题、正文、发件人、日期等部分组成。其中,传真首页标题通常为"公司名称+文种"。正文的首部写明收件人姓名、收件单位、抄送人姓名、传真号及发件人姓名、发件日期、总页数、传真号、电话、主题及回复要求等。

商务传真的语言要求必须简洁,格式要规范。通常公司的传真信纸为统一印制,在传真信纸的上方或下方印有公司的名称、地址及公司的标志图案。

2. 商务传真的收发要求

1) 规范操作

在发传真前,应先打电话通知对方,若是较为私密的事情,最好不用传真机传达。传真机有自动和手动两种方式,手动方式需接听传真电话的人给传真开始的信号,传送者在听到"滴"的长音后再开始传真文档。自动方式不需要对方人工操作,在拨通传真电话后,发出几声正常电话回音后,就会自动出现"滴"的长音开始传真文档。

2) 明确信息

传真的信息要明确。正式的传真必须有封面,封面页一般较为正式,一般应使用封面专用纸。发急件时应在封面正面页注明,非正式的传真也必须标明传真的页码。发送的传真件上必须清楚地注明传送者与接收者双方的名称、人员、日期、页数等;接收传真件时,如果某一张传真不清楚或未收到,可以请对方将此页重新传一次。

3)行文礼貌

发送的传真文件应注意语气和行文,应该清楚、简洁,并有礼貌。传真件中必须使用信函的礼仪,如称呼、敬语等。传真件的信尾署名不可忽略。

4)及时反馈

在接收到他人的传真时,应当在第一时间内采用适当的方式告知对方已经收到,以免对方担心。需要办理或转交、转送他人发来的传真时,应及时送达。

二、汽车营销商务传真

汽车营销商务传真,是指汽车营销人员在对外营销活动中,利用传真机进行对外发送或是接收外来的文件、书信、资料、图表、照片真迹的一种现代化的通信联络方式。

在汽车营销活动中,汽车营销人员经常需要将某些重要的文件、资料即刻传递给身在异地的营销对象,因此,传真机的使用变得非常普遍。针对这种情况,在传真机的使用过程中,汽车营销人员必须掌握使用的规则和相关礼仪要求。

1. 必须得法收发

汽车营销人员在使用传真设备时,必须在具体的操作上力求标准而规范。

1)传真号码信息准确

本人或本单位所用的传真机号码,应被正确无误地告知自己重要的营销对象。一般而言,汽车营销人员的名片上,传真号码是必不可少的一项重要内容。

2)传真前后进行确认

对于主要营销对象的传真机号码,汽车营销人员必须认真记录。在向对方发送传真前,最好事先通知对方。这样既提醒了对方,又不至于发错传真。

3)传真规范,内容清晰

发送传真时,必须按照规定操作,以提高清晰度为要旨。与此同时,要注意传真的内容简明扼要,文明有礼。

2. 必须依礼收发

汽车营销人员在使用传真文件收发时,必须牢记维护个人和所在单位(企业)的形象,要做到处处不失礼数。

在发送传真文件时,一般不可缺少必要的问候语与致谢语。发送完毕后,要及时地与对方进行联系确认对方是否收到。

在接收传真文件时,要注意用词的礼貌,文明礼貌用语不可少。例如:"您好""请稍候"等。同时,接收传真文件后,要及时按照对方的要求进行转交、通知和回复。

任务实践

实践内容

将学生分为若干小组,布置实训任务。各小组学生根据实训任务单(表8-2-1)和实训任务单(表8-2-2)的要求结合所学内容和检查评分表(表8-2-3)对表演者进行评价,并提出改善意见。

项目八　商务通信礼仪

汽车营销人员通信礼仪实训任务单

表 8-2-1

任务名称	传真礼仪实训	班级		教师评阅	
		姓名			
背景知识考核	1.请列举出传真的组成与要求。 2.请列举出汽车营销商务传真的礼仪要求。				
自我学习评价	□优　　□良　　□中　　□及格　　□不及格				

汽车营销人员商务通信礼仪实训任务单

表 8-2-2

任务名称	商务短信礼仪实训	班级		教师评阅	
		姓名			
任务描述	A汽车销售公司总经理3天后将带领本公司销售技术人员赴B汽车销售公司进行参观考察。你负责将此次考察活动的时间、人数发传真给B汽车销售公司				
组织与实施步骤	第一步:分组,每2人一组。 第二步:挑选出典型小组,示范展示。 第三步:分析出现的问题,提出改善建议				
学生实训后反思与改善	小组互评 优点: 不足: 改善点:				
自我学习评价	□优　　□良　　□中　　□及格　　□不及格				

汽车营销商务传真礼仪使用评分表

表 8-2-3

序号	项目	评分标准	分值	得分
1	传真前	对对方进行电话通知提醒	10分	
2	传真内容	简明扼要、语言使用准确	20分	
3		内容叙述明确,行文有礼	20分	

续上表

序号	项目	评分标准	分值	得分
4	清晰度	文件内容可以清楚辨别	10分	
5	完整度	文件有页码,按照页码排列,没有遗漏	10分	
6	署名和日期	署名具体详细,日期准确	20分	
7	传真后	通知对方并进行确认	10分	
合计			100分	
综合评语				

任务三　汽车营销商务电子邮件和商务信息

 学习任务

掌握电子邮件和商务信息收发要求。

 任务知识

一、汽车营销商务电子邮件的收发

电子邮件,又称电子函件或电子信函,即通常说的 E-mail。它是利用互联网络向交往对象发出的一种电子信件。

使用电子邮件进行对外联络,不仅安全保密,节省时间,不受篇幅的限制,清晰度极高,而且还可以大大地降低通信费用。

1. 常用商务电子邮件系统——Outlook Express 的设置

1)启动 Outlook Express(图 8-3-1)

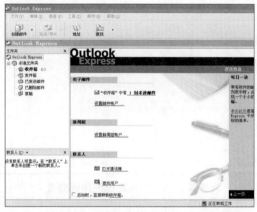

图 8-3-1　Outlook Express 启动后界面

方法一:双击桌面上的"Outlook Express"图标。

方法二:单击"开始"按钮,选择"程序""Outlook Express"命令。

方法三:单击快速启动工具栏上的"Outlook Express"图标 。

方法四:在 Internet Explorer 浏览窗口中单击"邮件"按钮。
方法五:在 Internet Explorer 浏览窗口中选择"转到"菜单"邮件"命令。

2)添加账户

在【工具(T)】菜单中选【账号(A)…】项,进入【Internet 账号】窗口。在这里我们需要添加一个 E-mail 邮件账号(至少有了一个 E-mail 地址后,我们才能使用 Outlook Express 来收发邮件),用鼠标选中【邮件】标签,然后单击【添加(A)】,再选择【邮件(M)…】项(图8-3-2)。

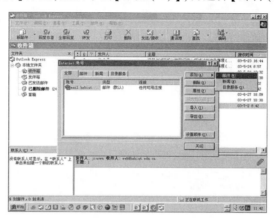

图 8-3-2　添加账户

3)根据系统向导配置 E-mail 账号

在【Internet 连接向导】窗口中(图8-3-3),输入你的姓名(可以是任意形式),如:user,然后单击【下一步(N) >】。

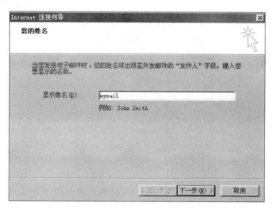

图 8-3-3　创建账号

4)输入 E-mail 地址

如:test@hebeu.edu.cn(图8-3-4)。

5)设置邮件服务器(图8-3-5)

例如:接收邮件服务器(POP3)地址:pop3.hebeu.edu.cn;发送邮件服务器(SMTP)地址:smtp.hebeu.edu.cn。

6)设置密码

单击【下一步】按钮,如果该计算机只有你一个人使用,那么为了方便起见,你可以在此输入密码,并选中"记住密码"项,这样以后每次取邮件就不用再输入密码了(图 8-3-6)。

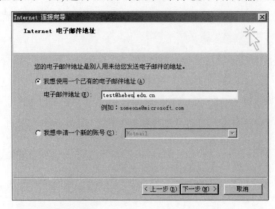

图 8-3-4　输入 E-mail 地址

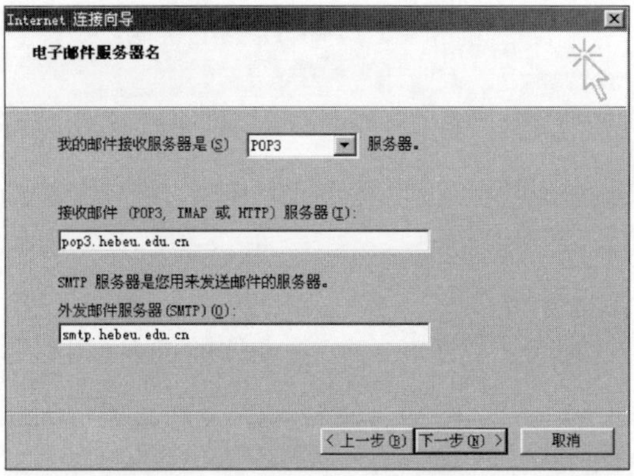

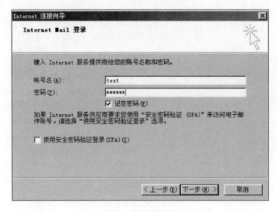

图 8-3-5　邮件服务器设置

图 8-3-6　设置密码操作

7)完成设置

最后,单击【完成(F)】按钮,结束所有的设置工作(图 8-3-7)。

8)设置 SMTP 服务器身份验证,结束设置操作

在【工具(T)】菜单中选【账号(A)…】项,点击属性(P),【属性】对话框中选择【服务器】选项,在最下边的"我的服务器要求身份验证(V)"选项前边打上钩(图 8-3-8)。

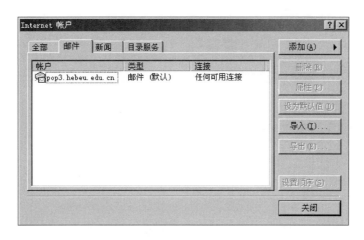

图 8-3-7　完成设置

结束所有操作后,汽车营销人员在日后进行电子邮件收发时,可以直接根据所设置的账号进行登录和收发。除此以外,汽车营销人员还可以进行其他电子信箱的设置和收发(如:网易、雅虎等)。

2. 发送邮件的操作

(1)打开 Outlook Express,单击工具栏中的"新邮件"按钮(图 8-3-9)。

(2)填写收件人。

第一步我们填写"收件人"的电子邮件地址。比如填上我朋友的地址 mrzlg@163.net,在第一次发信时,最好也给自己发一份,这样可以检查我们的邮箱是否可以正确地收信。

下面的"抄送(CC)"和"密件抄送(BCC)"两项是把一封信同时发给多个人时使用的。这两种方式之间也是有区别的,"抄送"人收到信件后可以看到其他收件人的 E-mail 地址,"密件抄送"人收到信后,不知道哪些人也收到了此信(图 8-3-10)。

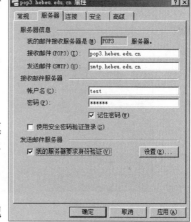

图 8-3-8　服务器身份验证设置

图 8-3-9　打开后的界面

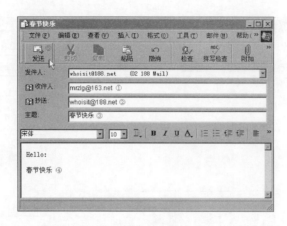

图 8-3-10　填写收件人

我们在"抄送"栏填上自己的地址 whoisit@188.net，看看，我们是不是很快就收到信了。

（3）填写主题（图 8-3-11）。

填写这封信的"主题"，这是让收信人能快速地了解这封信的大意，我们最好是填上。比如就写上"春节快乐"。信的正文就写在下面的空白处。写好信后，再点一下工具栏上的"发送"。

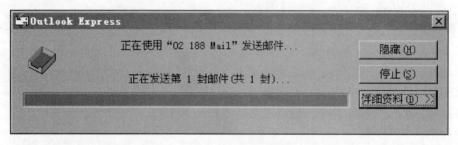

图 8-3-11　填写主题

3. 接收电子邮件

启动 Outlook，点一下工具栏上的"发送和接收"按钮。其实，每次我们启动 Outlook 时，Outlook 都会自动帮我们接收信件（图 8-3-12）。

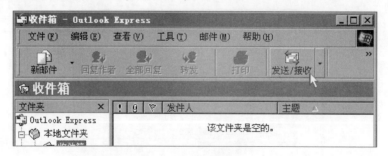

图 8-3-12　接收电子邮件

左边的"Outlook 栏"的"收件箱"旁边标出蓝色的"3"，告诉我们收到三封新邮件（图 8-3-13）。

点一下"收件箱"；在右边就可以看到信箱里的信了，刚收到的信的标题都以粗体显示，标示出这封信还没有阅读。从窗口可以发现，我们刚才发给自己的信已经收到了，还有朋友的一封来信。用鼠标点一下这封信，在下面的信件"预览窗口"中就可以看到这封信的内容了。

4. 回复电子邮件

Outlook 提供了很方便的回复方式。在进行回复过程中，先选定要回复的那封信，再点一下工具栏里的"回复作者"（图 8-3-14）。

图 8-3-13　新邮件的显示状态

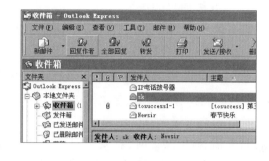

图 8-3-14　选定回复信件

屏幕上出现了回信的窗口，"收件人""主题"都填好了。信纸上也已经引用了原信的内容，最上面写着"－－－－－Original Message－－－－－"（原信内容），并在左边有一条黑色竖线标示出。点击发送按钮，电子邮件就发送出去了（图 8-3-15）。

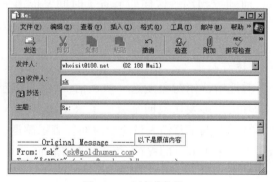

图 8-3-15　回复信件窗口

二、汽车营销商务邮件的收发礼仪

1. 所发邮件书写规范、主题明确、内容简洁

汽车营销人员在进行电子邮件书写时，应当做到主题明确，且需在"主题"一栏中注明，让收件人见到它时便对整个电子邮件心中有数。电子邮件的内容也要有礼貌，称呼、敬语不可缺少。邮件的内容应当简明扼要，语言流畅，便于阅读。

2. 及时查收、尽快回复

作为汽车营销人员，应当养成及时查收电子邮件的习惯，便于及时接收新的顾客信息。收到电子邮件后，汽车营销人员应当即刻及时地回复对方，以示礼貌和尊重。回复信件时还可附带原文，便于收件人能很快知道来信的主旨。

发送电子邮件给对方后，汽车营销人员还应当通过电话等，询问对方是否收到电子邮件,并通知收件人及时阅读。

3. 避免滥发邮件

作为一名汽车营销人员,应当自觉遵守网络邮件的发送要求,不轻易向他人或顾客乱发、滥发电子邮件。

三、商务信息

(一)商务信息的定义

商务信息,是指商务人员利用移动通信设备在移动网络上对对象进行传送简短信息的过程。此类包括商务短信、微信等。

(二)汽车营销人员使用商务信息的礼仪要求

1. 发送信息称呼得当,署名具体

称呼得当和署名具体既是对对方的尊重,也是达到目的的必要手段。汽车营销人员在进行短信、微信发送时,若要对对方进行称呼时,要注意使用恰当,尽量使用敬语,如:"尊敬的客户""亲爱的顾客"等。在信息最后必须要进行具体的署名,以便对方知道信息的出处。

2. 重要事宜或约见可先用信息通知或预约

汽车营销人员在营销过程中,若与营销对象有重要事宜商讨或约见对方,都可以先通过短信、微信等与对方联系、通知或预约。这样即节省了时间又能事先给对方充足的时间准备。但在进行短信、微信等通知和提醒时需要注意短信的语气不能太过正式、生硬,要委婉和恭敬。

3. 信息祝福有来有往,适可而止

汽车营销人员应该适时地给营销对象发送一些短信、微信等以示祝福。但短信的发送次数不宜过多,一来一往即可,过多发送或回复就成了繁文缛节,并对对方产生了打扰。如果接到营销对象的短信、微信等,汽车营销人员应及时回复表示感谢并对对方进行祝福。一般来说,祝福的短信、微信等多用于节日的祝福,与营销对象的感情维系等。

4. 恰当把握信息发送时间

汽车营销人员在对营销对象进行短信、微信等发送时,应当注意短信、微信等的发送时间,不宜太早或太晚,以免打扰对方休息。一般来说,短信的发送时间与正常的上班时间同步为适宜。同时,汽车营销人员在营销接待过程中,也应当尽量不收发信息,以给顾客尊重感。

(三)案例:广汽本田定期维护温馨提醒样稿

广本××店温馨提示:您的爱车本次维护的预计时间是××月××日或××公里。请您确认里程并及时维护,或拨打预约热线××提前预约。谢谢!

实践内容

将学生分为若干小组,布置实训任务。各小组学生根据实训任务单(表8-3-1)的任务要求进行表演展示,并提出改善意见。评分内容见表8-3-2。

汽车营销人员商务通信礼仪实训任务单　　　　　表8-3-1

任务名称	商务邮件礼仪实训	班级		教师评阅	
		姓名			
任务描述	圣诞节就快到了,营销顾问陈彬要给所有的新老顾客们发送圣诞节祝福邮件,同时告知顾客们可以到售车地点免费领取圣诞节礼物一份				
组织与实施步骤	第一步:分组,每2人一组,模拟练习; 第二步:挑选出典型小组,示范展示; 第三步:分析出现的问题,提出改善建议				
学生实训后反思与改善	小组互评 优点: 不足: 改善点:				
自我学习评价	□优　　□良　　□中　　□及格　　□不及格				

汽车营销商务通信电子邮件、商务短信使用评分表　　　　　表8-3-2

序号	项目	评分标准	分值	得分
1	商务电子邮件	书写规范、主题明确、内容简洁:有主题、发送人的具体内容。能使对方一眼就能明白邮件的出处和基本内容	20分	
		查收、回复及时	10分	
		遵守电子邮件发送规范,合理删除:不乱发和滥发电子邮件,自觉删除垃圾邮件	10分	
2	商务短信	称呼得当、署名具体:使用尊称或敬语,署名一般为全称或全名	10分	
		适当进行短信预约和通知:预约、通知的内容应简洁明确,语气要委婉、亲切	20分	
		恰当地使用短信祝福:一般为节日祝福内容,有来有往即可	20分	
		适时把握短信发送的时间:与对方上班时间相适应	10分	
合计			100分	
综合评语				

项目九　汽车4S企业售后服务流程及其礼仪规范

 项目要求

1. 知识目标

了解汽车售后服务的整个流程及各个流程的主要任务、基本行为规范。

2. 技能目标

能熟练地运用之前学习的基础知识和掌握的汽车营销礼仪基本技能,完成岗位(服务顾问)所对应的任务。

3. 素养目标

初步形成汽车4S服务顾问岗位能力,为胜任服务顾问岗位工作奠定扎实的基本功。

 项目描述

本项目全面介绍了汽车4S企业售后服务整个流程,分别介绍了七大流程的客户期望、辅助工具、基本要求,着重描述了七大流程包含的各个子流程的行为规范并运用礼仪知识对这些行为规范作出了相应解释。

 建议课时

40课时。

 汽车售后服务概述

 学习任务

了解汽车售后服务的基本内容。

 任务知识

优秀的产品和出色的服务是决定企业成功的关键因素。在成功地签订了购车协议之后,服务用户的工作主要由服务顾问负责。一流的售后服务是一个全方位的概念,可以确保用户在购车之后能持续地体验到汽车品牌及产品的承诺,并使客户产生因作出了正确的决

定而放心的感受。作为汽车营销商,不仅要执行服务核心流程,还要让用户享受尊贵礼遇,这样才能既满足用户的高度期望,又可以为其带来新的惊喜。一流的售后服务在激发品牌忠诚度和再次购买同一品牌其他车型上扮演着非常重要的作用。

各大品牌汽车多建立了类似《流程及行为指导手册》之类的规章,为售后服务人员提供详细的指导,完善流程并建立以"提供一流服务"为核心的行为规范。如广汽本田建立了《广汽本田标准售后服务流程》,奥迪编制了《流程及行为指导手册》,均用以培训和指导售后服务人员。《广汽本田标准售后服务流程》明确要求其售后服务人员了解执行标准服务流程的重要意义,掌握标准服务流程的实施细则和要领,让顾客体验到用心、专业、高效的服务,透过标准服务流程的执行,提升特约店整体服务能力及水平,创造长期忠诚的顾客。奥迪则将《流程及行为指导手册》分为七章,每一章描述一个服务核心流程,服务核心流程又包含若干子流程。用户有哪些期望?服务站及其员工为了满足用户的期望需要哪些条件?这些问题的答案可以在相关的服务核心流程中相对应的章节中找到。在子流程中,详细地描述并标出了核心信息、负责人、辅助工具、流程以及 Audi Top Service 行为规范。"面对用户,我应该如何做?"这一问题会根据实际的例子和解释得到解答。这些实例将帮助服务人员在服务站里执行 Audi Top Service 行为规范。

汽车营销礼仪的售后服务部分,从应用范围分类应属于服务礼仪,而服务礼仪是服务行业的从业人员应具备的基本素质和应遵守的行为规范。由此可见,这些或称"流程及行为指导手册",或称"标准售后服务流程"的主要功能,就在于规范服务人员的行为,其核心部分就是一种行为规范,是汽车营销服务人员在具备了一些专业、礼仪基本素养基础上岗位必须遵行的行为规范。这种行为规范,虽然会因为企业文化底蕴、文化背景的不同,具体细节上会有差异,但其终极追求是一致的——以让用户享受尊贵礼遇为基础,满足用户的高度期望,激发用户对品牌的忠诚度。

本部分涉及七个任务,每一任务描述一个服务核心流程,服务核心流程又包含若干子流程。对用户有哪些期望做了分析,并在相关核心流程相对应的章节中回答了作为汽车 4S 企业及其员工为了满足用户的期望需要具备哪些条件等问题。在子流程中,详细地描述并标出了核心信息、负责人、辅助工具、流程以及提供服务时必须遵守的行为规范,在回答"面对用户,我应该如何做?"这一问题时结合实际给出了例子,并运用营销礼仪基础知识作了相应的分析,以帮助相关人员做到"知其所以然"。

任务二　预　约

掌握预约的种类及其流程要点和要求。

预约是用户与修车服务流程的第一次接触。用户对车的承诺一般都抱有很高的期望。

用户在最初的接待中对服务质量的体验取决于他的预期期望,这意味着用户对初次接触有很高的期待。这次接待必须出色以超出用户的期望,没有第二次机会来形成良好的第一印象。预约主要分电话预约和当面预约两种,以下分别陈述。

一、电话预约

(一)用户的期望分析

(1)联系畅通。在营业时间及营业时间之外能持续联系到的方式(电子邮件、24小时救援电话、工作信件的晚间传递信箱)。

(2)接待人员专业、热心、耐心,能致以友好的问候和建议,掌握所有重要用户的信息。完全了解(用户)车辆的历史。录入新用户的详细资料和车辆数据。

(3)需求评估和咨询。耐心、仔细记录所有必要信息、用户的愿望及关注点。能根据用户的愿望和要求来调整所提供的建议,最终确定协议的相关报价。主要涉及以下内容。

①维修及服务范围。
②提供专项服务,例如更换轮胎。
③接车时间/类型。
④指定的服务顾问。
⑤替换车。
⑥初步的取车日期。
⑦可接受的价格。
⑧总结各项约定、感谢用户致电并友好地道别。

(二)基本要求

(1)以客户和市场为导向的营业时间(设在明显位置)。

(2)营业时间之外要有电子邮件、带有24小时救援电话留言的应答电话系统和工作信件的晚间传递信箱。

(3)具备替换车服务管理功能的客服中心。

(4)可足够调度的适合于工作岗位并有相关资质的员工。

(5)高性能的电话系统/中心。不用长时间等待,不存在系统过载。

(6)使用客户关系管理系统(以下简称CRM系统)的预约模块。

(三)预约流程的要点及其要求

1. 联系畅通并友好问候

1)核心信息

一定要由专业的、热心的、专注的员工向用户致以友好的问候并提供咨询。企业要充分利用这次机会——机不可失,失不再来。

2)本流程负责人

呼叫中心(如果有的话),服务顾问。

3)完成本流程所需的辅助工具

电话簿、记事本、人员出勤计划表。

4）流程内容

一位用户来电在不多于3次铃响时,负责安排预约的员工(通常是来自呼叫中心)要接听电话,友好地欢迎用户并将注意力集中在用户的名字及来电的原因上。

5）完成本流程必须遵守的行为规范及其案例与原因

（1）明确电话接听的责任。

规范行为:首先表明接听者的职责和职位。只有向用户明确自己的职责和职位,才能确保快速反应时间。当用户知道与自己通话者姓名时可消除匿名感,名字是一个人对话时最重要的个人信息。对名字的重视就是对人的重视,是信任和重视的标志。

禁忌:电话不能出现无人接听或电话在响过好几次之后才接(超过三声)的情况。联系不畅以及长时间的等待会激怒用户。时间就是金钱,人们在电话中的忍耐度要比面对面的接触低。

（2）注意(接听)态度并有意识地放慢问候语速。

规范行为有如下方面。

①坐在椅子上时要双脚着地(与地面接触),一个稳定姿态会使您内心保持平静、自信和稳定(图9-2-1)。

②在自己面前可以放置一面镜子,并记有:"这就是用户看到的我"！在接听电话前,停顿一下并微笑。用户能感觉到您的微笑。第一印象是至关重要的！一个友好的印象会使整个通话过程顺利进行,没人会抵触友善和微笑。无数的研究(包括对婴儿的研究)表明友好的姿态会对交谈的对方产生积极的影响。

③舒缓清晰地说话。这有助于完成一次高质量的通话。

图9-2-1　打电话的姿态

④用某某职务/先生/女士对用户进行问候,并记下这些称呼,确保自己能记住并使用这些称呼,将所有的重要信息记录下来。如果能详细地将称呼重复出来,则表示出服务人员对用户高度重视。

⑤如果使用数字电话系统,要询问用户是否同意记录,把用户的电话号码添加到记录中。询问并确定在必要时能否通过这个号码与他取得联系。这是一个特别重视用户的表现。一旦发生(电话线路)中断,能够给用户回拨电话。不要把麦克风放在服务人员的喉部或放在一旁,要直接对着麦克风讲话,否则背景噪声会很明显。

禁忌:不要把耳麦支架扣在服务人员的耳朵和肩部之间。这会使声音和呼吸声听起来像是"被挤压"了。

（3）留意用户关注的问题。

规范行为:集中全部注意力对待用户,不要仅仅听取内容,要听出"细微的差别"。可以用一些确认词来表明服务人员正在注意倾听,例如"好的、我明白了、是的、我理解"这表明自己对用户关注的问题是感兴趣的,用户会感觉到服务人员对他的尊重。

禁忌有如下方面：

①在通话期间，避免做其他的事情。用户会察觉到服务人员是否在做其他事情，并因此被激怒。

②不在通话中打断对方的谈话。打断对方谈话将会影响谈话对方的思路，以至于对方不能完整地表达自己的想法，这将使对方交谈的兴致受到打击。

（4）总结用户需求并要求客户予以确认。

规范行为：总结要点并定时提及用户的名字（如果合适）。可以用类似"您看我总结的是否正确，这样服务顾问可以更好地为您做预约的准备"的话语告诉用户，现在没什么事比确认需求内容更加重要的了。

（5）对于等待要征得用户的同意。

规范行为：向用户解释转接电话的步骤并征得用户的同意。可以用类似"您是否介意稍等片刻，我正在为您转接到您的服务顾问——某某先生/女士？"的话语让对方明白服务人员的行动，了解正在发生的事情，清楚所有情况及等候的原因。

（6）能接通服务顾问。

规范行为有如下方面。

①将用户的头衔、姓名和来电原因转告给服务顾问。

②服务顾问使用用户的尊称向用户问候，简要地重复用户的情况，以表示对用户高度重视。这样节省了用户重新叙述情况的时间。

（7）联系不到服务顾问。

规范行为：如果不能接通服务顾问，要安排电话回复或者其他用户希望的方式。要始终做出积极的反应："如果您同意，我可以给您安排电话回复，我们可用哪个号码联系到您？"用户不想听解释或借口（消极作用），而是想得到服务人员的解决建议（积极作用）。

禁忌：不要对用户说内部的情况。"抱歉，我不能为您接通电话，因为您的服务顾问正在休假（消极作用）。"用户对内部正在发生的事情不感兴趣，不想听任何借口，只想得到解决问题的方法。

（8）转接电话。

规范行为：告诉用户服务顾问的姓名和分机号码。"我正在为您转接到您的服务顾问，感谢您的等待，如果没接通电话，请您直接拨分机号。""您看这样可以吗？我还能为您做些什么呢？"用户希望随时知道正在发生的事情。一旦出现技术原因导致通话中断，用户能够选择如何进行下一步。

（9）结束询问。

规范行为：同用户道别之前，用下列问题结束通话。"某某女生/先生，请问，我是否满足了您的愿望和要求？"这个问题表明服务人员希望尽全力来满足用户关心的事情。主动询问是否有任何服务人员能做的会表明服务人员发自内心地想实现客户的愿望并做好了准备。

（10）感谢用户的来电并道别。

规范行为：友好地感谢用户的来电并道别。"某某职务、姓名的女士/先生，感谢您的来电和对我们的信任。"当服务人员感谢用户的来电时，尽管这也是用户关注的，但用户也许并没期望服务人员能对此表示感谢,因此服务人员所做的已经超出了用户的期望。

(11)将电话转接给服务顾问。

规范行为:服务顾问能够用用户尊称向用户问候,并复述用户主要关注的问题。"您好,我是服务顾问某某,请问您是某某职位、姓名的女士/先生吗?"这样,用户不必重复他所关注的问题。

(12)如果联系不上服务顾问或是用户有要求,要回复电话。

规范行为:保证在30 min内给用户回复电话。回电话时可说:"您好,我是您在××经销商的服务顾问××,请问是××职位、姓名的女士/先生吗?方便占用您一点时间吗?或者我在其他时间再打来?"这表明对用户的重视。对每个用户的需求及时响应是服务企业服务的一个重要组成部分。

禁忌:"打错了?"不要简单地挂断电话,而要向被打扰者表示抱歉。对方可能会变成一个用户,作为服务企业代表,应该热情、友好地对待每个与自己交谈的人。

2. 录入用户及车辆详细资料

1)核心信息

数据管理系统能完整录入并悉心维护用户及车辆的详细资料。重要用户可以充分相信企业了解用户的个人详细资料。同样也可以使新用户相信,企业全部掌握并会谨慎处理用户的个人信息。

2)负责人

服务顾问。

3)辅助工具

数据录入清单、CRM系统。

4)流程

如果应用CRM系统,服务顾问能够调取用户详细资料并检查用户名字的准确写法。如果系统中已存有该用户的详细资料(核心用户),服务顾问能用来检查信息的有效性(必要时,更新并补充信息)。如果没有用户的详细资料,那么服务顾问需创建新的用户档案。所需的用户资料有姓名,车主和车辆使用者的地址;电话号码(包括移动电话)、电子信箱地址;发票抬头(租赁、保险、大用户);用户特点,例如付款方式、喜欢的服务顾问等;用户简介,例如销售顾问记录的该用户相关信息(爱好、生日、职业等);车辆信息可以通过车牌号在CRM系统检索出来,如果系统中已经存在,检查车辆信息的有效性,必要时进行更新和补充,如果该车辆的信息系统中没有,则输入车辆详细资料。

最重要的车辆详细资料有:底盘号;车牌号;当前的里程数;常规检测信息;维修或服务协议。

5)完成本流程必须遵守的行为规范及其案例与原因

(1)讨论所需时间并提供回复电话服务。

规范行为:由于创建和更新数据需要时间,可以为客户提供免费的电话回复服务。用类似"我将用××分钟左右时间来完成您的预约并更新您的资料,可以吗?感谢您的等待"的话语,告诉用户输入数据需要多长时间,这样将会给服务人员的用户留下良好的印象。用户极少要求回电话,但这样做能被理解。

(2)征询用户同意以更新详细资料或创建一份新档案。

规范行为:

①向用户解释为什么服务人员要核对这个信息。能够让用户知道这对他自己是非常有必要的。如果服务人员输入数据超过××秒钟,要向用户解释服务人员正在做什么。在电话中,用户看不到服务人员正在做什么。这会导致不满,甚至有时感到没有安全感。通过解释让用户看到服务人员为他所做的一切。

②向用户提出以下问题:"我能询问您当前的详细资料,来更新我们的系统吗?""我们能通过电子邮件将相关信息发送给您吗?""如果您能简短地回答我几个关于您的爱车的问题,将有助于我们做好服务准备,节省您接车时的宝贵时间。""我们将尽可能地为您的光顾做好准备并节省您不必要的等待时间。"完全准确地掌握用户和车辆信息是做好接车准备的基础。由于服务人员直接接触用户,应该利用这个机会尽可能地从用户那里收集"实时"信息。

(3)提问技巧:开放式提问。

规范行为:用开放式的问题引导用户。引导性的问题可以让用户有多种选项,允许用户展开并创建新的可能性。用户会变得积极参与到这次通话中,而积极性会引发一个积极的潜在情绪,能从用户那里获得更多的信息。

(4)如果用户手边没有这些数据,则回复电话或传真。

规范行为:

①表现出理解。"什么时间给您打回电话,您手边会有全部的信息?"这个要求是为用户所做的努力,尤其是如果用户手中没有这些数据。表示理解,相互信任,可以博得好感。

②让用户选择回电话或者发传真,因为如果用户不能回答问题或者他手边没有资料,他会感觉没准备好。

(5)对用户的合作表示感谢。

规范行为:可以说"某某职位、姓名的女士/先生,谢谢您的耐心与合作"。在交谈中使用尊称是礼貌沟通的一部分。

3. 详细估价

1)核心信息

努力用心地记录所有必要信息,包括用户希望和关注的事情。使用户获得与其愿望和特点相符的有针对性的建议。

2)负责人

服务顾问。

3)辅助工具

IT系统:CRM系统、ElsaWin——车辆技术解决方案、ERP——召回/维修历史/车辆个性化信息、车辆信息反馈单。

4)流程

服务顾问需要知道用户关注的事情,所需的服务和任何可能存在的问题。仔细倾听,以获得相关的信息。通过询问引导性的问题,会获得用户完整的信息并了解用户的关注点。

例如,CRM 系统中实时记录用户信息。服务顾问也要询问是否需要额外的修理和服务。选择适当的时机向客户提供当前的特别服务(例如更换轮胎)。对于评估用户的要求,所有系统都能够提供有用的重要信息。

5)完成本流程必须遵守的行为规范及其案例与原因

(1)确保记下所有用户的重要信息。

规范行为:保证记下所有用户给服务人员的重要信息,并让用户也知道服务人员在记录。这表明服务人员对此特别重视。

(2)留意用户关注的问题。

规范行为:集中全部注意力对待用户,并且不要仅仅听取内容而要听出"细微的差别"。用一些确认词来表明服务人员正在注意倾听,例如"好的、我明白了、哦、是的、我理解"表明服务人员对用户关注的问题是感兴趣的,用户也会感觉到服务人员对他的尊重。记下用户提到的所有的要点。这将确保服务人员不会丢失任何信息,并能在以后的接触中,通过重提这些详细资料来让用户感到惊讶。能避免出现重复相同问题的错误。

禁忌有如下方面:

①在通话时,避免做其他的事情。

②从不在通话过程中打断对方的谈话。因为这暗示着服务人员对用户所说的不感兴趣,也是很失礼的行为并且会激怒用户。

(3)总结用户的需求并寻求用户确认。

规范行为:总结要点并适时提及用户的尊称(如果合适)。通过这样的反应告诉用户,现在没什么事比确认需求更加重要。

(4)重视用户关注的事情及用户感受。

规范行为:

①与用户商定维修需求,通过确认以获得用户的授权。重视用户关注的事情和用户的感受,并认真对待。可以说:"根据您向我描述的,您的服务顾问将详细检查您的车辆,并且将在必要的时候进行路试,然后做出准确的诊断。"

②对每一步进行示范,告诉用户服务人员想要做什么,边做边讲。在打电话时,用户不能看到服务人员正在做什么。如果这样持续一会,用户会感到不知所措。通过解释可以使用户参与进来。

禁忌:不要忽略用户的感受,也就是说,如果用户认为他能听到车辆异响,不要解释说:"那不可能!"用户的感受是非常个人化的。如果不重视用户的感受,就是不重视用户本人。

(5)所需的服务,额外的维修服务工作。

规范行为:向用户提供功能性和个性化的服务。服务人员的任务就是要满足用户的愿望。所有用户都喜欢个性化的款待。通过服务人员所提供的适合的服务,给用户一种感觉,这是"专门"为他定制的服务。

(6)推荐额外的服务(如特别的促销服务、车辆检查、内部清洁)。

规范行为:

①利用每个与用户交流的机会进行销售服务。可以说:"现在,我们提供一个性价比很高的轮胎促销。您的服务顾问在接车时将检查您的轮胎。我可以把季节价目表附在您的报

价单中吗?可以吗?"用户会为此感谢服务人员。追求用户满意,增加企业在服务市场的保有量,既可以为用户提供优质的服务也可以确保公司的高额利润。

②检查制造年份,检查车辆索赔,如果用户没有,将它们纳入报价单中。这是让用户与公司继续保持联系的机会。对于用户来说,这个项目意味着可以用更简单的方式去处理结算单。

(7)有针对性地对待用户车辆。

规范行为:

①询问用户清洗他的车辆时是否有特殊的要求。因为用户希望他的车得到细心呵护,所以希望服务人员对他的车也同样关爱。

②询问用户当服务顾问接车时,是否有特别需要注意之处。通过这种个性化的关心或关注,表达对用户特别地重视。

4.告知并确认报价协议

1)核心信息

给用户一个合理的报价,这将增强用户透明性和专业化的感受,从而加强用户对汽车经销商的忠诚度。

2)负责人

服务顾问。

3)辅助工具

CRM 系统。

4)流程

服务顾问利用 CRM 系统中可利用的资源来满足用户的愿望和已确定的维修需求。然后为用户安排预约服务的时间,如下面说明的,且在 CRM 系统中与用户确认商议的时间。

(1)接车时间。结合系统中给出的用户特征信息,为用户提供几个预约时间和服务顾问的名字。为做车辆诊断的用户留出足够的时间并告知用户。通常应该为接车预留出至少 1min,为取车预留 30min(可能需要路试)为重复维修的用户提供优先预约(参考跟踪服务部分)。

(2)接车方式。基本信息:邀请用户参与诊断车辆。取送车服务:"在取车之前,我们也会安排单独的预约用于诊断问题"。

(3)替换车。建议、同意并标记替换车选项:取送车服务、免费班车服务(从经销商出发)、其他选择(报销出租车费、自行车、报销公交车票)。

(4)取车日期及时间。与用户对此进行商议并提前确认;在接车并确定实际的维修范围后对约定的取车时间与用户达成协议。

(5)报价。约定的价格由标准工作及固定的价格包所决定;其他维修的报价需在完全的诊断之后才会给出;始终根据维修范围提出合理报价,也就是说,指出最小和最大范围区间并列出价格清单;始终在 CRM 中记录价格;若用户要求,把价格列表和服务范围发给用户。

5)完成本流程必须遵守的行为规范及其案例与原因

(1)给出两个预约时间供用户选择。

规范行为:

①提供两个可选择的预约时间并让用户决定。可说:"您更喜欢哪个时间,星期二 14:15

还是星期五8:15?"能够选择是用户的基本需求,因此,给用户提供两个选择会给他一种自我做主的感觉。

②向用户问候并提出准时的要求:"提前在此感谢您能准时到达,这将使您避免不必要的等候。"准时会节省用户的时间,让用户知道他遵守时间的好处。

禁忌:不管怎样,尽量只给出两个选择供用户挑选。多于两种选择会给用户带来过多的压力。

(2)与用户商议时间范围。

规范行为:与用户商议时间范围,星期五8:15到8:45而不是8点钟。这样用户可以更好地计划他的时间。这会鼓励用户遵守预约的规则,时间区间比整点的时间更好,这可以潜意识地增强用户准时性。

(3)介绍服务顾问。

规范行为:给出服务顾问的姓名。"您的服务顾问,某某女士/先生,将会负责接待您的车。可以吗?"信息能够建立信任。告知用户服务顾问的名字会避免用户无法称呼服务顾问,当用户光临时,可以找到他的服务顾问。

(4)如用户认识服务顾问。

规范行为:询问用户是否对已有的服务顾问满意,是否考虑再次找他接待。用户愿意与已经信任的人联系。注意到这点,将有助于用户忠诚度。

(5)总结用户需求并寻求用户确认。

规范行为:总结要点并适时提及用户的尊称(如果合适)。"为了保证所有的(信息)都已记录下来了,我可以简要地总结一下吗?"通过这样的行为,告诉用户在此时没有什么事比确认需求更加重要。

(6)详细诊断,达成共识。

规范行为:邀请用户去参加诊断——详细诊断,达成共识。工作方法要符合品牌的要求。这是建立在100%专业知识的基础上,所以可以把它展示给用户,不可把用户当成外行,任何人对自己所关注的事情往往都是行家。

(7)接车/取车的快捷途径。

规范行为:

①利用工作信件的晚间传递信箱,提供给用户更多的交付用户车辆方式的选择权。

②如果用户提交了钥匙、文件和车,要通过电话与他联系并确认接收。

③不要用营业时间束缚用户,驾驶者喜欢自己做主的感觉。对用户而言,没有约束的感觉才能被视为个性化服务。用户应该感觉到他能够根据自己的安排来计划参加服务活动的时间,而不应受营业时间的限制。

(8)取送车业务。

规范行为:如果正从用户那里接车,要使用防尘套,必要时要戴手套。而且,对车内物品列一个清单并且让用户签字确认。当着用户的面,在用户的车上使用保护装备表示对用户的重视。同时避免弄脏用户的车,之后必须取下来。

(9)为每个用户提供交通解决方案。

规范行为:

①提供两种选择,免费与收费服务——由用户来决定。可以说:"我能为您提供下列替换车。""您喜好哪个替换车?"让用户确认他是否对所选择的替换车满意。用户喜欢自主选择。

②同时,服务人员要指出哪些是免费服务。这对用户认识性价比有积极的影响。

禁忌:避免对需付费的替换选择使用"花费"这个词,"花费"含有负面的含义。最好的提法是,"我能为您提供××元/天的××车型的车作为替换车"。

(10) 取车时间发生必要变化时,及时通知用户。

规范行为:取车时间发生改变时要确保及时通知用户。就用户想何时、何种联系方式得到通知达成一致:"您是否能告诉我可以联系到您的电话号码? 当有任何变化时,我们可以及时通知您。如果我们不能联系到您,我们能否给您留言?"这表示,如果用户暂时联系不上,会努力去想办法解决。及时通知用户是非常重要的。

(11) 服务项目透明。

规范行为:

①接待者必须能够随时说出标准工时和额外的服务套餐项目的价格。如果不知道确切的价格,应该给用户回复电话告知。只有这样才能保证服务是透明的。

②协议是约定的,告知用户在服务完成之前,用户将收到书面形式的报价。

③告诉用户,在更多的详细诊断之后将接到书面的报价。若需要,问明为用户提供书面报价的联系方式和地址,"您想通过哪种方式得到您的报价单? 信件、电子邮件还是传真?"尽可能地为用户提供足够的信息向用户表明没有隐瞒什么,以及自己对服务的承诺和遵守。在每次解释之后,询问用户是否明白了价格构成并强调它们的功能及情感利益:"那么您能在下次去长途旅行时放心驾驶,因为您知道您的车得到了很好的服务。"在最初没有明确了解目的时,服务活动对于用户来说是一项财务负担,所以应该使用户清楚地认识到,服务活动对车辆安全性及车辆保值的意义。

④要始终感谢用户花时间接受自己的解释和安排。"某某职务、姓名的女士/先生,感谢您的耐心与合作。"用户从服务人员的信息和解释中获益,如果得到致谢,就超过了用户的期望。

5. 总结并与用户告别

1) 核心信息

为用户总结制订的安排,以得到用户的信任。感谢用户的惠顾并期望合作成功。

2) 负责人

服务顾问。

3) 辅助工具

收集数据的标准表格。

4) 流程

服务顾问随后要集中所有为用户制订的安排(接车时间和方式、替换车、价格)以及维修服务的范围。再次介绍服务顾问的名字。重复维修工作要单独标记。通知用户要带哪些物件(驾驶证、行驶证、维护手册、防盗螺栓)。

5) 完成本流程必须遵守的行为规范及其案例与原因

(1) 使每次预约谈话的结束规范化。

规范行为:

①创建一个包含最重要信息的表格(服务顾问的名字、接车时间、接车方式、替换车、初步的取车时间、价格、维修服务范围、必要的文档和停车位/维修接车的位置图)并通过电子邮件、信件或传真发给用户。这将可以收集到最重要的详细资料。

②询问用户是否对每件事都清楚了。询问用户是否完全明白能确保用户的满意:"服务人员是否都清楚了?"

③询问用户是否还有其他没有解决的问题。询问用户是否还有什么事情,表示服务人员的关心:"是否还有其他我能为您做的?"

④如果遗留了一些没解释或不明确的问题,此刻是最后纠正的机会。

⑤如果用户积极地表达自己的想法,交流意见,那么在这种情况下就不容易放弃原来的主张。积极表达满意是一个约定的陈述,用户稍后也会承认。如果高质量的服务得到了用户的认可,将会再一次表现在用户满意度调查中。

⑥向用户解释下面要进行什么:"下面将要做的是……"。正确解释可充分体现专业性。

⑦致谢。致谢表明重视,"谢谢,占用您的时间了""我期待着您的光临"。向用户表达自己的愉快可以展现亲和力以及对用户的重视。

(2)感谢用户预约并道别。

规范行为:感谢用户的预约并友好地道别:"某某职务、姓名的女士/先生,感谢您的预约和对我们的信任。再见。"结束通话时,必须在用户之后挂断电话,很快挂断电话是非常不礼貌的。

6. 为服务核心流程下一环节做准备

1) 核心信息

内部 IT 系统为沟通提供了多种支持,能够为用户提供更完整更专业的服务。

2) 负责人

服务顾问。

3) 辅助工具

任务委托书、预约单。

4) 流程

打开一个或多个任务委托书(若有索赔)。从 CRM 系统中将用户及车辆的详细信息以及所有相关的预约事宜导出到任务委托书上。

5) 完成本流程必须遵守的行为规范及其案例与原因

(1)系统中存储所有收集到的信息。

规范行为:仔细更新重要用户资料,为新用户完整地创建数据并且谨慎地处理相关信息。要有责任心地处理这些信息并持久地坚持。这会通过处理用户及车辆的详细资料时来证明。统计数据表明,至少每 14 个月,用户的 4 项基本信息中(车主、地址、电话、电子邮件)至少一项会发生改变。最新的用户数据库对服务人员的公司来说有不可估量的价值。利用每一次机会来更新用户的详细资料。销售的同事将会感谢服务人员。

(2)创建用户个人档案。

规范行为:

创建针对个人的用户简介(例如性格、职业、年龄、婚姻状况、爱好、购物习惯、喜爱的明星)。每个人都有个性,用户也不例外。接待人员是保证维修质量和公司为用户提供优质服务的一部分,要真心关注用户,善于为用户"画像"。

(3)用户档案职责。

规范行为:拿到了用户档案后要承担起责任。用户档案内容:第一页,用户简介;第二页,车型;第三页,获取的数据;第四页,预约单;第五页,任务委托书上的信息。

(4)如何处理用户档案。

规范行为:在用户档案里的每页上签字。对于服务人员完成的任务要签字确认。只有在每页都签字后,才能将这份档案交给下一个负责的人。

(5)移交用户档案,把职责传递给负责的服务顾问。

规范行为:

①如前所述,准备好用户及车辆数据(用户档案)并将之移交给负责的服务顾问(口头及书面)。这会确保流程顺畅。

②服务人员的工作方法要符合高档品牌的要求。这是建立在100%专业知识的基础上,并结合个人工作中的条理性和自我掌控的能力。

(6)将所有信息可靠地移交给负责的服务顾问。

规范行为:培养团队合作精神。接待人员不是孤军奋战的士兵,要信守承诺,要在各阶段流程的结合点处将职责移交给不同的角色。

禁忌:杜绝工作在结合点上被打断或延迟。因为结合点常常是执行的弱点。

(四)监测工具——用户满意度调查(CSS)

问题1:

就服务人员的经销商而言,您的满意程度如何?经销商对您的电话应答有多快?

问题2:

您的车辆停放在经销商期间,经销商是否为您提供了任何方便您出行的交通服务?

问题3:

您对必要的服务工作开始之前给出的信息满意程度如何?

问题4:

服务人员是否与您一起在车旁就所需进行的维护工作进行了交谈?

问题5:

您对您的经销商有关下面的问题满意度如何:经销商正确地完成了维护工作?

问题6:

您对您的经销商有关下面的问题满意度如何:从送车到取车的时间长短?

问题7:

在开始维护前,是否告知您预计的维护费用?

问题8:

您最近这次去经销商的原因是不是由于前一次这家经销商("带入所确认经销商名称")没有正确执行或全部完成您委托的维修工作而造成的呢?

问题9:

关于以下方面,您对您的经销商满意程度如何?

①服务人员的友好程度。
②送车时的等待时间和取车时的等待时间。
③服务人员积极倾听您的要求和期望并给予响应。
④预约时能考虑您的要求。

二、当面预约

(一) 用户的期望分析

(1) 联系畅通。在营业时间及营业时间之外能持续联系到的方式(电子邮件、24 小时救援电话、工作信件的晚间传递信箱)。

(2) 接待人员专业、热心、耐心,能致以友好的问候和建议,掌握所有重要用户的信息。完全了解(用户)车辆的历史。录入新用户的详细资料和车辆数据。

(3) 需求评估和咨询。耐心、仔细地记录所有必要的信息、用户的愿望及关注点。能根据用户的愿望和要求来调整所提供的建议,最终确定协议的相关报价。主要涉及以下内容:
①维修及服务范围。
②提供专项服务,例如更换轮胎。
③接车时间/类型。
④指定的服务顾问。
⑤替换车。
⑥初步的取车日期。
⑦可接受的价格。
⑧总结各项约定、感谢用户致电并友好地道别。

(二) 基本要求

(1) 合适的营业时间(设在显著位置)。

(2) 营业时间之外:电子邮件,24 小时救援电话留言应答电话系统和工作信件的晚间传递信箱。

(3) 具备替换车服务管理功能的客服中心有可足够调度的适合于工作岗位并有资质的员工。

(4) 使用 CRM 系统。

(三) 预约流程的要点及其要求

1. 联系畅通并亲自迎接

1) 核心信息

一定要由专业的,热心的,专注的员工向用户致以友好的问候并提供咨询。要充分利用这一宝贵机会——机不可失,失不再来。

2) 负责人

服务顾问。

3) 辅助工具

记事本、人员出勤情况表。

4)流程

用户到达 4S 企业。

5)完成本流程必须遵守的行为规范及其案例与原因

(1)注意到用户走进展厅大门。

规范行为:用眼神交流、友好的微笑或点头表示已注意到用户的到来。接待人员要重视自己的外表、声音、眼神、表情——一个微笑会起到意想不到的效果。

禁忌:如果对用户视而不见,也不理睬他,对方将感受到侮辱,产生"服务人员对我并不意味着什么"的误解。装出来的微笑或对立的表情很容易被用户识别出来。

(2)欢迎用户光临经销商。

规范行为:

①走到柜台前面,这样服务人员会更加接近用户。

②接近用户但要保持必要的距离。为了能够代表企业向用户问候,必须排除与用户之间的任何障碍,例如接待台。

③主动配合用户的视线高度。如果正坐着,此时必须站起来并与用户保持同一高度。

④根据情况,与用户一起坐下,或在(用户)下一步的位置站立或蹲下。相同的水平位置、相同的视线高度。避免出现一方仰望另一方的情况。

⑤主动伸出右手与用户握手示意。同时注视用户,表示服务人员对用户的重视和尊重。

⑥如果用户有女士相伴,先向女士问候:"您好,我是某某,您的服务顾问。欢迎光临!我能为您做些什么?"作为企业服务的代表,应该友好、热情地对待每个人。因为每个人都有可能就是下一个用户。

禁忌:不要离用户太近。如果侵占他的个人空间,是不受欢迎的,用户会失去兴致,并变得带有侵略性而且很焦虑,这将在用户脸上表现出一种拒绝的表情。不要拒绝去握一只已伸出的手,这是非常不礼貌的并会激怒用户。

2. 录入所有用户及车辆详细资料

1)核心信息

数据管理系统能完整录入并悉心维护用户及车辆的详细资料。可以让重要用户充分相信服务企业了解用户的个人详细资料。同样也可以使新用户相信,服务企业全部掌握并会谨慎处理用户的个人信息。

2)负责人

服务顾问。

3)辅助工具

数据录入清单、CRM 系统、服务钥匙。

4)流程

如果应用 CRM 系统,服务顾问能够调取用户详细资料并检查用户名字的准确写法。如果系统中已存有该用户的详细资料(核心用户),服务顾问能用来检查信息的有效性(必要时,更新并补充信息)。如果没有用户的详细资料,那么服务顾问需创建新的用户档案。所需的用户资料:姓名、车主和车辆使用者的地址;电话号码(包括移动电话)、电子信箱地址;发票抬头(租赁、保险、大用户);用户特点,例如付款方式、喜欢的服务顾问等;用户简介,例如销售顾问记录的该用户相关信息,爱好、生日、职业等;车辆可以通过车牌号在 CRM 系统检索出来。如果系统中已经存在,检查车辆信息的有效性,必要时进行更新和补充。如果该车辆的信息系统中没有,则输入车辆详细资料。

最重要的车辆详细资料是:底盘号、车牌号、当前的里程数。

5)完成本流程必须遵守的行为规范及其案例与原因

(1)讨论所需时间。

规范行为:

①与用户商定所需的时间。可表述为:"我将用××分钟左右的时间来完成您的预约并更新您的资料,可以吗?感谢您的等待。"

②让用户来决定他是否有时间让服务人员更新他的详细资料。这样做,在更新数据时,会给用户留下良好的印象。如果用户有足够的时间,他便能为等待做好准备而且在服务人员询问他详细资料时不会感到厌倦和不舒服。

(2)提供饮料。

规范行为:提供适合季节的饮料(冬天提供热饮,夏天提供冷饮)。当服务人员提供一杯饮料时,把饮料放在手为右撇子用户的右侧,把饮料放在手为左撇子用户的左侧。可表述:"今天很热。一杯凉爽的饮料可以吗?""今天很冷。一杯热茶或者热咖啡可以吗?"水是生命之源,始终为来宾提供饮料,是社会行为学中最古老的法则之一。

禁忌:不要不提供饮料或限定选择。如果服务人员仅提供咖啡,会表明服务人员并不愿意提供用户想要的饮料。

(3)留意用户关注的问题。

规范行为:集中全部注意力对待用户,并且不要仅仅听取内容而是要听出"细微的差别"。用一些确认词来表明服务人员正在注意倾听,例如"好的、我明白了、是的、我理解"。表明对用户关注的问题是感兴趣的。他会感觉到服务人员对他的尊重。

禁忌有如下方面:

①避免在交谈过程中接听电话或表现的不够积极,否则,用户将会注意到并被激怒。用户希望服务人员全神贯注倾听。

②从不在交谈中打断对方的谈话。

(4)征询用户同意来更新详细资料或创建一份新资料。

规范行为:向用户解释为什么服务人员要核对这些信息,以此让用户知道这对他自己是有很有必要的。可以说:"我能询问您当前的详细资料,来更新我们的系统吗?""我们能通过电子邮件将相关信息发送给您吗?""如果您能简短地回答我几个关于您的车的问题,将有助于我们做好服务准备,节省您接车时的宝贵时间。""我们将尽可能地为您的光顾做好准备并节省您的等待时间。"完全准确地掌握用户和车辆信息是做好接车准备的基础。由于接待人员直接接触用户,应该利用这个机会尽量从用户那里收集"实时"信息。

(5)提问技巧:开放式的问题。

规范行为:问用户引导性的问题。引导性的问题可以让用户有多种选项,允许用户展开并创建新的可能性。用户会变得积极参与到这次通话中,积极性会引发一个积极的潜在情绪。

(6)提取需维修车辆的服务信息(服务钥匙)。

规范行为:

①陪伴用户到出口,并确保自己走在用户的左边。这是尊重和重视的特殊标志。

②陪同用户到车上获取详细的车辆资料。要为用户打开车门,在车旁时保持处于用户视线范围内。如果门是向里开的,扶住门,保持开启,让用户先行;如果门是向外开的,服务人员先出去并为用户扶住门,保持开启状态。在企业内部要确保永远是用户至上的观念得到执行。

③清除路上的障碍物,尽可能使通向用户车辆的路干净、整洁。

④如果用户有服务钥匙要让用户提供服务钥匙。服务钥匙可以提供重要信息,通过使用服务钥匙可以很容易了解车辆状况。

3. 详细估价

1)核心信息

努力用心地记录所有必要信息,包括用户希望和关注的事情。使用户获得与其愿望和特点相符的有针对性的建议。

2)责任人

服务顾问。

3)辅助工具

IT 系统:ElsaWin——技术解决方案、CRM 系统、ERP——召回/维修历史/个性化信息查询;车辆信息反馈单。

4)流程

服务顾问需要知道用户关注的事情,所需的服务和任何可能存在的问题。仔细倾听,以获得相关的信息。通过询问引导性的问题,获得用户完整的信息并了解用户的关注点。例如,在 CRM 系统中实时记录用户信息。服务顾问也要询问是否需要额外的维修服务,选择适当的时机向客户提供当前的特别服务(例如,更换轮胎)。对于评估用户的要求,所有系统都能够提供有用的重要信息。

5)完成本流程必须遵守的行为规范及其案例与原因

(1)确保记下所有用户给服务人员的重要信息。

规范行为:书面记下用户提供的所有重要信息,并告诉用户自己正在做记录。这是特别重视的标志。

(2)留意用户所关注的问题。

规范行为:集中全部注意力对待用户,并且不要仅仅听取内容而是要听出"细微的差别"。

禁忌:避免通话期间做其他事。从不在交谈中打断对方的谈话。

(3)总结用户需求并要求确认。

规范行为:总结要点并定时提及用户的名字(如果合适)。

(4)重视用户关注的事情和用户的感受。

规范行为:

①与用户商定维修需求,通过这个确认以获得授权。

②重视用户关注的事情和用户的感受并认真对待。"根据您向我描述的,我们将详细检查您的车辆并且在必要的时候将进行路试,然后做出准确的诊断"。对每一步进行示范,告

诉用户服务人员想要做什么,边做边讲。用户可能会看到服务人员很忙,但是可能不知道服务人员正在忙些什么。如果这种情况持续一段时间,会使他不知所措。通过主动向用户解释,可以让用户积极参与进来。

禁忌:不要忽略用户的感受。

(5)所需的服务和额外的维修服务工作。

规范行为:向用户提供功能性和个性化的服务。满足用户的愿望就是任务。所有用户喜欢个性化的款待,通过所提供的适合的服务,给用户一种感觉,这是"专门"为他定制的服务。

(6)推荐额外的服务:如特殊的促销活动、车辆检查、内部清理。

规范行为:

①利用每个与用户交流的机会来推销服务,用户将为之感谢服务人员。可以说:"现在,我们提供一个性价比很高的轮胎促销。我们在接车时将检查您的轮胎。我可以把季节价目表放到您的报价单中吗?可以吗?"使用户满意就是工作的目标,增加企业在服务市场的保有量,既可以为用户提供优质的服务也可以确保公司的高额利润。

②检查制造年份,检查车辆索赔,如果用户没有,将它们纳入报价单中。这是让用户与企业继续保持联系的机会,对用户来说这样的项目可以节省支出。

(7)给用户个性化的服务。

规范行为:询问客户选择何种洗车方式(机洗或人工洗)以及洗车的个性化需求。因为用户对他的车细心呵护,所以希望别人对他的车也同样关爱。询问用户,当处理他的车时,是否有什么禁忌。通过这种个性化的关心或关注,表达对用户特别地重视。

4.告知并确认商议的报价

1)核心信息

给用户一个合理的报价,这将增强用户在透明性和专业化的感受,从而加强用户对经销商的忠诚度。

2)负责人

服务顾问。

3)辅助工具

CRM系统。

4)流程

服务顾问利用CRM系统中可利用的资源来满足用户的愿望和已确定的维修需求。然后为用户安排预约服务的时间,如下面说明的,并且在CRM系统中与用户确认商议的时间。

(1)接车时间:结合系统中给出的用户特征信息,为用户提供几个预约时间和服务顾问的名字。

(2)接车方式:替换车,建议、同意并标记替换车选项;取送车服务;免费班车服务(从经销商出发)。

(3)基本信息:邀请用户参与诊断车辆。

(4)营业时间以外:工作信件的晚间传递信箱。

(5)取送车服务:这里也一样,在取车之前,能够安排一次单独的预约来安排诊断问题。

(6)为用户做车辆诊断并告诉用户应该留出足够的时间。通常应该为接车预留出至少

15min,为取车预留 30min(可能需要路试)为重复维修的用户提供优先预约(参考跟踪服务部分)。

(7)其他选择(报销出租车费、自行车,报销公交车票)。

(8)取车时间及报价:约定的价格由标准工作及固定的价格包所决定。其他维修的报价需在完全的诊断之后才会给出。始终根据维修范围提出合理报价,也就是说,指出最小和最大范围区间并列出价格清单。始终在 CRM 系统中记录价格。若用户要求,把价格列表和服务范围发给用户。与用户对此进行商议并提前确认在接车并确定实际的维修范围后对约定的取车时间达成协议。

5)完成本流程必须遵守的行为规范及其案例与原因

(1)给出两个预约时间供用户选择。

规范行为:给出两个预约时间供用户选择并让用户来决定。"您想什么时候取车,星期二的 14:15 或者星期五的 8:15?"能够选择是用户的基本需求。因此,给用户提供两种选择会给他一种自我做主的感觉。"您的准时到达将节省您的宝贵时间,所以提前为此表示感谢。"准时会节省用户时间,需要让用户知道如果他遵守时间会给他带来哪些好处——接待人员有时间直接接待,这可避免用户二次到店。当进行车辆登记时,可以与用户讨论并商议车辆所需的维修服务工作。

禁忌:无论什么情况,仅提供两种选择。多于两种选择会给用户带来过多的压力。

(2)与用户商议时间表。

规范行为:与用户商议时间表,星期五 8:15 到 8:45 而不是 8:00。这样用户可以更好地计划他的时间。这会鼓励用户遵守预约的规则,时间区间比整点的时间更好,这可以潜意识地增强用户准时性。

(3)介绍服务顾问。

规范行为:给出服务顾问的姓名。"您的服务顾问,某某女士/先生想要与您一起去看一下车,可以吗?我将准确地向他介绍现在的情况。您想让我传达其他更多的信息吗?"信息能够建立信任,告知用户他的服务顾问的名字会避免用户无法称呼服务顾问,当他到达时,用户可以找到他的服务顾问。

(4)如用户认识服务顾问。

规范行为:要询问用户是否对已有的服务顾问满意,是否考虑再次找他接待。用户愿意与已经跟他建立了信任的人联系,这可以增强用户忠诚度。

(5)总结用户需求并要求确认。

规范行为:总结要点并定时提及用户的名字(如果合适)。

(6)详细诊断,达成共识。

规范行为:邀请用户一起参与诊断。详细诊断,达成共识。工作方法要符合品牌的要求。

禁忌:不要忽略用户的感受。

(7)接车/取车的快捷途径。

规范行为:利用工作信件的晚间传递信箱,提供给用户检查用户车辆的选择权。如果用户把钥匙、文件和车交给了接待人员,要通过电话与他联系并确认接收。

禁忌:不要用营业时间束缚用户。驾驶者喜欢自己做主的感觉。没有约束的感觉才能被视为个性化服务,用户应该感觉到他能够根据自己的安排来计划参加服务活动的时间,而

项目九　汽车4S企业售后服务流程及其礼仪规范

不受营业时间的限制。

（8）取送车服务。

规范行为：从用户那里接车，要使用防尘套，必要时要用手套。而且，对车内物品列一个清单并且让用户签字确认。"我们很高兴能通过我们的工作使您的车辆达到最佳状态。"当着用户的面，在用户的车上加保护装备表示对用户的重视，同时避免弄脏用户的车，之后必须取下来。

（9）为每个用户提供交通解决方案。

规范行为：提供两种选择，免费与收费服务——由用户来决定。可以说，"我能为您提供下列替换车""备选车型""您喜欢哪个替换车"。让用户确认他是否对所选择的替换车满意。用户喜欢自主选择。同时，要指出免费服务。这对用户如何认识性价比有积极的影响。

禁忌：避免对付费替换选择使用"花费"这个词。最好的提法是：我能为您提供××元/天的××型号的车作为替换车。"花费"含有负面的含义。

（10）提出两个初步可供选择的预约时间。

规范行为：提供两种可选择的预约时间并让用户自己决定。

禁忌：不管怎样，尽量只给出两个选择供用户挑选。

（11）取车时间发生必要变化时，提前告知用户。

规范行为：取车时间改变时要确保提前通知用户。要同用户达成一致：他想要何时、如何和用什么联系号码进行通知。可以说，"您能否告诉我，我们可以联系到您的电话号码？当有任何变化时，我们可以通知您""如果不能联系到，能否给您留言"。以表明服务人员努力寻找解决方法。尽管是临时联系不到，但这对于用户能够及时得到消息是很重要的。

（12）保持服务是透明的。

规范行为：必须能够随时说出标准工时和额外的服务项目的价格。如果不知道确切的价格，应该给用户回复电话告知。这将保证服务人员的服务是透明的，协议是约定的，告知用户在服务完成之前，用户将收到书面形式的报价。在更多的详细诊断之后告诉用户他将接到书面的报价。问明为用户提供书面报价的联系方式和地址，"您想通过哪种方式得到您的文档记录，信件、电子邮件还是传真？"努力提供给用户足够的信息表明服务人员没有隐瞒什么并且服务人员认同并遵守服务的价值。在每次解释之后，询问用户是否明白了价格构成并强调它们的功能及情感利益："那么您能在下次去长途旅行时放心驾驶，因为您知道您的车得到了很好的服务。"在最初没有明确了解目的时，服务活动对于用户来说是一项财务负担，所以服务人员应该使用户清楚地认识到，服务活动对车辆安全性及车辆保值的意义。始终感谢用户花时间听服务人员的解释和安排，"某某职务、姓名的女士/先生，感谢您的耐心与合作。"用户从服务人员的信息和解释中获益。如果服务人员感谢了他，服务人员就超过了用户的期望。

5．总结并告别用户

1）核心信息

为用户总结制订的安排以得到用户的信任，感谢用户的惠顾并期望合作成功。

2）负责人

服务顾问。

3）辅助工具

收集数据的标准表格。

4）流程

服务顾问集中所有为用户制订的安排（接车时间和方式、替换车、价格）以及维修服务的范围。再次介绍服务顾问的名字。重复维修工作要单独标记。通知用户要带哪些物件（驾驶证、行驶证、维护手册、防盗螺栓）。

5）完成本流程必须遵守的行为规范及其案例与原因

（1）使每次谈话的结束规范化。

规范行为：

①创建一个包含最重要信息的表格（服务顾问的名字、接车时间、接车方式、替换车、初步的取车时间、价格、维修服务范围、必要的文档和停车选择/维修登记的位置图）并把这个通过电子邮件、信件或传真发给用户。这将收集到最重要的详细资料。

②询问用户是否对每件事都清楚了，询问用户是否完全明白能确保用户的满意度。询问用户是否还有其他没有解决的问题："是否还有其他我能为您做的？"询问用户是否还有什么事情，表示关心。

③如果遗留了一些没解释或不明确的问题，此刻是最后纠正的机会。如果用户积极地表达自己的想法，交流意见，那么在这种情况下就不容易放弃原来的主张。积极表达满意是一个具有约束力用户稍后也会承认的陈述。如果高质量的用户服务得到了用户的认可，这将会再一次表现在用户满意度调查中。

④向用户解释下面要进行什么："下面将要做的是……"解释要体现专业性。

⑤致谢。"谢谢，占用您的时间了。"致谢表明对用户的重视。

⑥表达愉快。"我期待着您的光临。"向用户表达服务人员的愉快可以展现亲和力以及对用户的重视。

（2）感谢用户惠顾并道别。

规范行为：

①陪伴用户到他的车旁，为用户打开展厅大门和车门。如果门是向里开的，扶住门，保持开启，让用户先行。如果门是向外开的，服务人员先行并为用户扶住门，保持开启状态。在企业里永远是用户至上。清理路上的障碍物，尽可能使通向用户车辆的路干净、整洁。

②主动伸出右手，用坚定的握手向用户道别。

③注视着用户，并表示："某某职务、姓名的女士/先生，感谢您的光临和信任。再会。"这表示服务人员很期待他的再次到来。

6. 为服务核心流程下一环节做准备

1）核心信息

利用内部 IT 系统提供的沟通支持，为用户提供更完整更专业的服务。

2）责任人

服务顾问。

3）辅助工具

任务委托书、预约单、用户档案、ERP、CRM 系统。

4）流程

打开一个或多个任务委托书（如有索赔）。从 CRM 系统中将用户、车辆的详细信息以及所有相关的预约事宜导出到任务委托书上。

5)完成本流程必须遵守的行为规范及其案例与原因

(1)在IT系统中存储所有收集到的信息。

规范行为：

①仔细更新主要用户资料,为新用户完整地创建数据并且谨慎地处理相关信息。

②要有责任心地处理这些信息并持久地坚持。这会通过服务人员处理用户及车辆的详细资料时来证明。统计数据表明,至少每14个月,用户的4项基本信息中(车主、地址、电话、电子邮件)至少一项会发生改变。最新的用户数据库对服务人员的公司来说有不可估量的价值。利用每一次机会来更新用户的详细资料。销售的同事将会为此感谢服务人员。

(2)创建针对个人的用户档案。

规范行为：创建针对个人的用户简介(例如、性格、职业、年龄、婚姻状况、爱好、购物习惯、喜爱的明星)。要真心关注用户,为用户"画像"。

(3)用户档案职责。

规范行为：拥有了用户档案就要承担着责任。档案内容：第一页,用户简介；第二页,车型；第三页,获取的数据；第四页,预约单；第五页,任务委托书上的信息。

(4)怎样处理用户档案。

规范行为：在用户档案里的每页上签字。对于服务人员完成的任务要签字确认。只有当服务人员在每页都签字后,服务人员才能将这份档案交给下一个负责的人。

(5)移交用户档案,把职责传递给负责的服务顾问。

规范行为：像上面那样,准备用户及车辆数据(用户档案)并将之移交给负责的服务顾问(口头及书面)。这将确保流程顺畅。

(6)用可靠的方式将所有信息移交给负责的服务顾问。

规范行为：培养团队合作精神。信守承诺。关注流程的各阶段的结合点处,将职责移交给不同的角色。

(四)监测工具——用户满意度调查(CSS)

问题1：

您的车辆停放在经销商期间,经销商是否为您提供了任何方便您出行的交通服务？

问题2：

请回想一下,您最近一次接受经销商服务时：在维修工作开始之前,经销商工作人员应对即将开展的工作进行解释,您对用户解释工作的满意程度如何？

问题3：

服务人员是否与您一起在车旁就所需进行的维护工作进行了交谈？

问题4：

您对您的经销商有关下面的问题满意度如何？经销商正确地完成了维护工作。

问题5：

您对您的经销商有关下面的问题满意度如何？从送车到取车的时间长短。

问题6：

在开始维修前,是否告知您预计的维修费用？

问题7：

您最近这次去经销商那儿是不是由于前一次这家经销商没有正确执行或全部完成您委托的维修工作而造成的呢？

问题8：

关于以下方面，您对您的经销商满意程度如何？

①服务员工的友好程度。

②服务人员积极倾听您的要求和期望并给予响应。

③预约时能考虑您的要求。

④送车时的等待时间和取车时的等待时间。

任务三　准备工作

 学习任务

掌握准备工作流程的要点及其要求。

 任务知识

准备工作是查阅车间流程的实际预备工作。认真细致地做好预约准备工作可以展现自己的能力，节省宝贵的时间——特别是对经销商来说，并能提高整个服务核心流程的效率和公司的效率。多数情况下，维修项目已在准备工作时确定。这将为接车登记和咨询时详细的谈话留下更多的时间。车间及备件的同事提前获得这些信息，可以更好地进行相关准备。

一、用户的期望分析

为确定的任务委托书及商议的安排制订流畅及完整的接车流程。为此，前一流程的责任人必须利用所有可用的制造信息和纲要整理出关于车辆、维修、用户愿望、用户简介等情况。如果不能履行最初的预约安排，要提前通告用户。

二、基本要求

为了使预约准备工作达到所希望的高质量，必须实现下面的基本条件和组织框架条件。

(1) 使用 CRM 系统。

(2) 安装并使用最新的 IT 系统以支持公司内部沟通以及与制造商的联系。

(3) 足够数量的具备资质的服务顾问。

三、准备工作流程的要点及其要求

(一) 商议的预约信息

1. 核心信息

认真的预约准备工作可展示出服务人员的能力，节省宝贵的时间，并且有助于提高服务活动的效率。用户能够100%的对服务人员信任。

2. 负责人

服务顾问。

3. 辅助工具

带有完整检查表的直接接车预约单,用户档案。

4. 流程

服务顾问至少在预约的服务活动执行1天之前进行预约准备工作。为了有利于准备,服务顾问使用完整的预约单,并将预约单打印出来,预约单包含所有安排预约时所掌握的信息。服务顾问能够在预约系统的日志里查找任务委托书的详细说明。

5. 完成本流程必须遵守的行为规范及其案例与原因

(1)核对信息。

规范行为:首先得到所有用户要求的概要。当用户来时,能够亲自提出用户的需求。

(2)选择并组合信息。

规范行为:对重要的信息和非重要信息进行区分,将重要的信息汇总(采用一页纸管理模式)。对于服务的高质量标准来说,服务内容的组织是作为高效的工作流程的保证。

(3)针对预计时间规划资源。

规范行为:提前计划好必要的时间。计划预期的服务活动,确定工作的目标,协调工作流程,检查执行情况。这可以向用户表明服务人员能够可靠地管理用户的预约工作。

(二)车辆制造信息

1. 核心信息

用专业知识来保障用户车辆处于良好状态。借助于内部IT系统,可以专业地准备各项服务活动。

2. 负责人

服务顾问

3. 辅助工具

ERP/PORTAL(车辆个性化说明),用户档案。

4. 流程

借助ERP/PORTAL系统,服务顾问检查车辆个性化制造信息,例如,任何现有的区域服务活动。利用相关信息制作一个方案,添加制造商指定的服务指南并且把指令导出到任务委托书中。

5. 完成本流程必须遵守的行为规范及其案例与原因

(1)提交车辆基本特征信息。

规范行为:打印出所有车辆可用的信息并将它添加到用户档案中。这样可以保证所有与服务核心流程相关的员工都能同等地识别确定车辆的专属信息。这些信息也会传递给用户。

(2)提交区域服务活动的信息。

规范行为:检查用户车辆任何可应用的区域服务活动。并且如果需要,执行必要的步骤(容量计划、预定备件等)通过询问车辆的制造信息,可以避免用户重复到店。

(三)核对车辆历史

1. 核心信息

用我们的专业知识来保障用户车辆处于良好状态。借助于内部 IT 系统,我们可以专业地准备各项服务活动。

2. 负责人

服务顾问。

3. 辅助工具

ERP/PORTAL(车辆个性化说明)、上一次的维修发票/结算单。

4. 流程

同样,服务顾问应该使用 ERP/PORTAL 系统来核对车辆历史(上一次的维修发票/结算单),并且决定是否需要重复维修。如果需要,采取适当的重复维修的措施。借助于上一次的维修发票/结算单,服务顾问能够确定是否有已知的但仍存在的故障,以及用户是否有特殊的要求。信息掌握良好的服务顾问将在与用户接车谈话中合理使用这些信息。

5. 完成本流程必须遵守的行为规范及其案例与原因

(1)查询车辆历史信息。

(2)提交车辆历史的信息。

规范行为:从过去的维修服务和使用的备件中收集相应信息。用作以后服务活动的参考。打印已有的信息并且将其添加到用户档案中。这样可以保证所有与服务核心流程相关的员工都能同等地识别并获取这些有用的信息。

(四) 为服务活动分类

1. 核心信息

借助于内部 IT 系统,我们可以专业地准备服务活动。

2. 负责人

服务顾问。

3. 辅助工具

维护表、ElsaWin——技术解决方案,任务委托书,车辆信息反馈单。

4. 流程

利用已有的信息,服务顾问能够确定维修类型并制订进一步的行动安排。

5. 完成本流程必须遵守的行为规范及其案例与原因

(1)整理服务活动的数据。

规范行为:在 ElsaWin 中创建并保存维护表,所有与服务核心流程有关的员工共享这些信息。当维修或服务完成时,在 IT 系统中保存所有任务委托书上的信息。任何与服务核心流程相关的员工都能在 IT 系统上进行相关数据的维护。通过不断维护当前用户及车辆数据,包括维修说明,可以确保持续保持高标准的服务质量。

(2)有解决方法的问题。

规范行为:在车辆信息反馈单中输入用户故障;在车辆信息反馈单中,编辑用户实时状态;在技术产品信息中寻找对应的条目;在车辆信息反馈单问题数据库中输入 TPI(技术产品信息)号;当维修或服务完成时,在IT系统中保存所有任务委托书上的信息。任何与服务核心流程相关的员工都能在IT系统上进行数据维护。通过不断维护当前用户及车辆数据,包括维修说明,从而确保持续保持高标准的服务质量。

(3)没有解决方法的问题。

规范行为:在车辆信息反馈单中输入用户问题;在车辆信息反馈单中编辑用户实时状态;在服务委托单上标记"同意维修"并且在服务委托单上进行标记。当维修或服务完成时,在IT系统中保存所有任务委托书上的信息。任何与服务核心流程相关的员工都能在IT系统上维护数据。通过不断维护当前用户及车辆数据,包括维修说明,从而确保持续保持高标准的服务质量。

(五)准备备件和工位

1. 核心信息

用我们的专业知识来保障用户车辆处于良好状态。借助于内部IT系统,我们可以专业地准备各项服务活动。

2. 负责人

服务顾问。

3. 辅助工具

ElsaWin,ETKA,任务委托书,工时工位目录。

4. 流程

在下一步中,服务顾问对于用户车辆维修/服务范围决定维修服务条目及所需备件并将这些添加到任务委托书中。

(六)获取相关员工信息预订安排所需要的资源

1. 核心信息

在汽车制造行业中我们的产品处于高端产品的地位。我们品牌的卓越形象源于车型和生产范围的所有领域和每一个零件。我们的用户欣赏卓越的产品质量。

2. 负责人

服务顾问。

3. 辅助工具

外委的分订单,带有完整检查表的直接接车预约单。

4. 流程

通过透明车间管理系统,服务顾问能够确保与所有的接口及时沟通。

(1)更换备件:是否有所需要的替换备件?如果需要,进行定购并按用户委托书预订/准备。

(2)维修专家:是否安排好有相应资质的车间技术员工?

(3)车间维修能力:是否需要预定专用维修工位?是否已经准备好并预定了所需的专用工具?

(4)外委服务:是否对所有的外委维修服务进行了预约并书面确定?

(5)替换车:预先确定的替换交通工具是否得到了确认?

除此之外,准备适合用户需求的服务项目。

5. 完成本流程必须遵守的行为规范及其案例与原因

1)备件

规范行为:检查是否有所需要的更换备件。如果必要,则订购备件并按用户的委托书准备好。如果服务人员不能及时得到所需的更换备件而且也没有检查用户是否可用,那么服务人员正在冒着让用户返修的风险。

2)维修专家

规范行为:提前安排所需的汽车维修技工,所以维修技工应该在正确的时间来到用户车辆旁。将所有有用信息打印出来并将它添加到用户档案中。这样可以保证所有与服务核心流程相关的员工都能同等地识别获取这些信息。

3)车间维修能力

规范行为:检查是否需要预定特殊的工位,是否准备好并预约了所需的专用工具?这将避免发生维修延时和不得不推迟取车时间的情况。

4)外委服务

规范行为:提前预订外委维修服务工作。为外委服务准备分订单。对于用户特别关注的事情,寻找一个同样高水准的合作伙伴。通过"外委车间的概要,分订单和外委服务评价",确保流程顺利进行。

5)替换车

规范行为:检查替换车是否可用并处于良好状态。安排并预约替换车。使用新的或更新的车型。替换车是服务人员最佳的营销服务项目。替换车也能起到试乘试驾的作用。这对服务人员来说是个很好的机会,没有任何销售的压力,同时还可以展示新车型的优势。

6)准备的最后阶段

规范行为:准备适合的服务项目。

(七)如果原始协议改变,通知用户

1. 核心信息

诚实对待用户是我们的核心价值之一。因此,制订的安排有任何改变时,我们要及时通知用户。我们为用户提供相应解决方案供用户选择。

2. 负责人

服务顾问。

3. 辅助工具

DS-CRM。

4. 流程

一旦明确地知道预约不能按照安排进行时,服务顾问必须提前通知用户。为用户提供变通的方案或寻求用户的理解:安排新的优先预约;可供选择的替换车;调整预算;车辆在车间还要停留的时间。

5. 完成本流程必须遵守的行为规范及其案例与原因

1)当预约时商定的约定发生变化时,服务顾问要电话通知(用户)

规范行为:可以告诉用户:"您好,我是您在××经销商的服务顾问××,请问是××职位、姓名的女士/先生吗？方便占用您一点时间吗？或者我在其他时间再打来？"承担相应责任并制定新的协议及决定。为用户充分考虑后续的花费及客户利益。

禁忌：打错了？不要简单地挂断电话，而要为服务人员的打扰表示抱歉。

2）表达歉意

规范行为：向用户说明理由，让用户能够看到这能给他带来的好处。可以说："很抱歉，我们需要一天多的时间来修理您的车。因为我们很关心您的安全，所以我们想确保问题已被解决。"严格要求自己。为更好地完成服务任务，必须对变化有快速反应的能力。

禁忌：不要因为延时及变化而责怪他人。

3）新的优先预约

规范行为：

（1）提供两种可选择的预约时间并让服务人员的用户决定。"您想什么时候取车，星期二的14：15还是星期五的8：15？"能够选择是用户的基本需求。因此，给用户提供两种选择会给他一种自我做主的感觉。

（2）与用户商议一份时间表：8：15至8：45而不是8：00。这样用户可以更好地计划他的时间。这会鼓励用户遵守预约的规则，时间区间比整点的时间更好，这可以潜意识地增强用户准时性。"提前在此感谢您能准时到达，这将使您避免不必要的等待。"准时会节省用户的时间。需要让用户知道如果他遵守时间会给他带来哪些好处。

禁忌：太多的选择会要求用户太多。

4）确认接车方式

规范行为：

（1）邀请用户参与诊断。详细诊断，达成共识，工作方法要符合相应品牌的要求。这是建立在100%专业知识的基础上，所以可以把它展示给服务人员的用户。用户对自己所关注的事情是行家。

（2）利用工作信件的晚间传递信箱，为用户提供接车选择。如果用户将钥匙、文件和车交给了服务人员，通过电话与他联系并确认收到。不管是否在营业时间内，提供接车/取车的快捷途径，无须让用户等待。不要用营业时间束缚用户，驾驶者喜欢自己做主的感觉。

（3）如果服务人员正从用户那里接车，要使用防尘套，必要时要用手套。取送车服务会节省用户的时间、费用并避免麻烦。

5）在经销商处停留时间——取车时间

规范行为：

（1）提供两种可选择的预约时间并让服务人员的用户决定。可以说："进行的这项维修预计将需要两天时间。您想选择哪个取车时间，14：15或者16：15？"能够选择是用户的基本需求。因此，给用户提供两种选择会给他一种自我做主的感觉。可以说："提前在此感谢您能准时到达，这将使您避免不必要的等候。"准时会节省用户的时间。需要让用户知道如果他遵守时间会给他带来哪些好处。

（2）核对初步的安排是否适合用户。这能确保用户同意初步的取车时间。

（3）与用户商议一份时间表：8：15至8：45而不是8点钟。这样用户可以更好地计划他的时间。这会鼓励用户遵守预约的规则，时间区间比整点的时间更好，这可以潜意识地增强用户准时性。

禁忌:太多的选择会要求用户太多。

6)调整预算

规范行为:

(1)服务人员必须能够随时说出标准工时和额外的服务项目的价格。

(2)如果费用发生了变化,询问用户是否能理解价格构成并强调它们的功能及情感目的。这将保证服务是透明的。协议是约定的,告知用户在服务完成之前,用户将收到书面形式的报价。必须能够随时说出标准工时和额外的服务项目的价格。如果不知道确切的价格,给用户打回电话。告诉用户他将接到新的书面报价。问明为用户提供书面报价的联系方式和地址。可以说:"您想通过哪种方式得到您的文档记录,信件、电子邮件还是传真?"努力提供给用户足够的信息表明服务人员没有隐瞒什么并且服务人员认同并遵守服务的价值。

(3)感谢用户利用时间来倾听服务人员的解释和安排:"某某职务、姓名的女士/先生,感谢您的耐心及合作。"

7)使每次谈话的结束规范化

规范行为:

(1)创建一个包含最重要信息的表格(服务顾问的名字、接车时间、接车方式、替换车、初步的取车时间、价格、维修服务范围、必要的文档和停车选择/维修登记的位置图)并把这个表格通过电子邮件、信件或传真发给用户。尽可能收集到最重要的详细资料。

(2)询问用户是否每件事都清楚了,询问用户是否完全明白,能确保用户的满意。

(3)询问用户是否还有其他没有解决的问题。"是否还有其他我能为您做的?"询问用户是否还有什么事情,表示服务人员的关心。如果遗留了一些没解释或不明确的问题,此刻是最后纠正的机会。如果用户积极地表达自己的想法,交流意见,那么在这种情况下就不容易放弃原来的主张。积极表达满意是一个约定的陈述,用户稍后也会承认。如果服务人员的高质量的用户服务得到了用户的认可,这将会再一次表现在用户满意度调查中。

(4)向用户解释下面要进行什么。"下面将要做的是……"服务人员的解释体现服务人员的专业性。

(5)致谢。"谢谢,占用您的时间了。"致谢表明服务人员的重视。

(6)表达心情。"我期待着您的光临。"向用户表达服务人员的愉快可以展现亲和力以及对用户的重视。

8)感谢用户进行了交谈并道别

规范行为:感谢用户的交流并友好地道别。结束通话时,必须在用户挂掉电话后才能挂掉电话,"某某职位、姓名的女士/先生,感谢您的理解,再见。"很快挂断电话是很不礼貌的。

(八)最后的准备

1.核心信息

可靠并信守约定,以此与用户建立起100%的相互信任。

2.负责人

服务顾问。

3. 辅助工具

CRM 系统、租车合同。

4. 流程

服务活动当天,服务顾问做最后的准备,通过电话、电子邮件或短信提醒用户服务预约时间。确保商定的替换车就绪,并做好必要的准备(租车合同、清洁、加满油、停车位)准备欢迎看板。

(九)监测工具——用户满意度调查(CSS)

问题1:

您的车辆停放在经销商期间,经销商是否为您提供了任何方便您出行的交通服务?

问题2:

您对必要的服务工作开始之前给出的信息满意程度如何?

问题3:

您对您的经销商有关下面的问题满意度如何:经销商正确地完成了维修工作?

问题4:

您对您的经销商有关下面的问题满意度如何:从送车到取车的时间长短?

问题5:

在开始维修前,是否告知您预计的维修费用?

问题6:

您最近这次去经销商那儿,是不是由于前一次这家经销商没有正确执行或全部完成您委托的维修工作而造成的呢?

问题7:

关于以下方面,您对您的经销商满意程度如何?

①服务人员积极倾听您的要求和期望并给予响应。

②送车时的等待时间和取车时的等待时间。

③服务员工的友好程度。

任 务 四　接车/制单

掌握接车/制单流程要点及其要求。

通过为预约所做的完全的准备,能够展示经销商在接待用户方面具有高水准的服务能力,同时可以增强与用户的关系。这种情况下,核心内容从接待车辆转变为对用户的接待。当制订了预约时,会提前明确部分信息,以便在预约之前做好相应的准备。接车的结果是为车间制订清楚、明确的任务委托书,这能确保经销商高效的工作流程。

一、用户的期望分析

(1)专注。

对于提前预约的用户,服务人员应该给予用户特别的专注。与用户的谈话是优先的并且不应该被打断。

(2)服务伙伴的所有员工应具有友好的个人形象。服务伙伴期待用户的光临并做好适当准备(用户停车位、清洁程度、欢迎、方向指引)。

(3)实施所有的安排。

实施所有关于接车时间、替代交通工具、取车时间和报价的安排。

(4)准确及完整的车辆登记专家(服务顾问)准确完整地检查整个车辆(必要时进行路试),并记录用户的要求、问题和故障。服务顾问对于他发现的任何问题提出清晰、易于用户理解的解决方案。

(5)完全及绑定协议。

在任务单上书面总结并登记接待的所有结果并与用户签字确认:服务/维修范围;取车类型及时间;商议的价格或价格区间;用户如果需要,提供替换车。

二、基本要求

下面的基本要求和组织的总体条件应该满足完成在任意给定的时间内,按要求的标准进行接车登记的工作:规划停车位置(清楚地标明用户位置);清晰的一级及二级标志(停车及步行方向指示);执行诊断;如果可能,在直接接车处放置IT终端并能连接到所有相关的系统;任何必要的提示都要及时更新并且让用户都能清楚地看到。

三、接车/制单流程要点及其要求

(一)友好的接车

1. 核心信息

友善的个人形象会给用户一个良好印象,期待着用户的来访并将为此做好准备。

2. 负责人

服务顾问。

3. 辅助工具

停车/服务登记的图示、欢迎板。

4. 流程

好的指示牌(例如清楚的标记,充足可用的用户停车位,并靠近主入口)可确保用户在"到达"时感觉到很舒适。经销商的周边环境及服务中心要保持干净,组织良好、有序的印象。在用户去信息中心/服务登记的路上,(电子)欢迎板上应显示用户的名字来迎接用户。在用户名字旁边,欢迎板完美地显示已安排好的预约时间及服务顾问的名字。

5. 完成本流程必须遵守的行为规范及其案例与原因

1)准时是用户表示礼貌的最好表现

规范行为:必要时,让准时成为服务人员的商标。从来不迟到,对于安排的预约始终保持准时,在正确的时间出现在服务人员应在的位置上。准时表明服务人员非常尊重用户的时间。应表现出体谅、重视和可靠。服务人员应在安排的时间出现在正确的地方。

2)用户一进门我们就对他保持关注

规范行为:用眼神交流、友好的微笑或点头表示服务人员已注意到用户的到来。利用服务人员的外表、声音、眼神。服务人员的表情——一个微笑会产生奇迹。

禁忌:如果对用户视而不见,也不理睬他,这是极大的侮辱。这将告诉用户,"服务人员对我并不意味着什么"。装出来的微笑或对立的表情很容易被用户识别出。

(二)亲自欢迎

1. 核心信息

我们自豪地代表我们的公司。我们开诚布公地对待用户。

2. 负责人

服务顾问。

3. 辅助工具

CRM 系统。

4. 流程

在信息/服务登记处,做好准备的服务顾问用用户尊称及友好的接待方式对用户表示欢迎;陪同用户去服务顾问的办公桌;与用户沟通之前商定好的预约事项。

5. 完成本流程必须遵守的行为规范及其案例与原因

1)欢迎用户光临经销商

规范行为:

(1)走到柜台前面,这样可以更加接近用户。接近用户但要保持必要的距离。接受每项挑战并多向前考虑几步。

(2)为了能够代表品牌向用户问候,服务人员必须排除与用户之间的任何障碍,例如接待台。主动配合用户的视线高度,如果服务人员正坐着,此时必须站起来与用户保持同一高度。

(3)根据情况,与用户一起坐下,或在(用户)下一步的位置站立或蹲下。相同的水平位置——相同的视线高度,避免了一方仰望另一方的情况。

(4)主动伸出服务人员的右手与用户握手示意。注视用户,表示对用户的重视。

(5)如果服务人员的用户有女士相伴,先向女士问候:"您好,我是某某,您的服务顾问。欢迎光临!我能为您做些什么?"由此展开谈话,使用户感觉更放心地去接近服务人员。

禁忌:不要离用户太近。如果侵占个人空间,是不受欢迎的,用户会失去兴致,并变得带有侵略性而且很焦虑,这将在用户脸上表现出一种拒绝的表情。不要拒绝去握一只伸出的手。这是不礼貌的并且这是对用户缺乏尊重的表现。

2)陪同用户到服务顾问的办公桌

规范行为:

(1)陪伴用户到服务顾问的办公桌处。

(2)在途中,以友好的方式向每个遇到的人问候。向用户展示出服务人员为公司感到自豪,并且与用户的个人接触对服务人员来说是很重要的。确保自己走在用户的左侧。这是一个对用户表示尊重和重视的特殊信号。

3)服务顾问欢迎他的用户

规范行为:

(1)走到办公桌的前面以让自己更接近用户。靠近用户但要保持必要的距离。接受每次挑战,而且要向前多想一步。

(2)为了能够代表品牌向用户问候,服务顾问必须清除与用户之间的障碍,例如办公桌。

(3)为用户提供座位。如果服务人员是在有棱角的桌子旁边,坐在与用户成90°的位置。这是礼貌对待用户的方法。这个位置会让用户感受到尊贵感并且会产生符合人体工程学的音效。

(4)主动配合用户的视线高度。如果正坐着,此时必须站起来与用户保持同一高度。

(5)根据情况,与用户一起坐下,或在(用户)下一步的位置站立或蹲下。相同的水平位置——相同的视线高度,避免了一方仰视或俯视另一方的情况。

(6)主动伸出右手与用户握手示意。注视用户,表示对用户的重视。

(7)如果用户有女士相伴,先向女士问候。"您好,我是某某,您的服务顾问。欢迎光临!"展开谈话,使用户感觉更放心地去接近服务人员。而且这也会创造一个愉快的氛围。

禁忌有如下方面:

(1)不要离用户太近。如果侵占个人空间,是不受欢迎的,用户会失去兴致,并变得带有侵略性而且很焦虑,这将在用户脸上表现出一种拒绝的表情。

(2)避免并排坐着。这将使眼神交流变得很困难并且会造成用户有一种被包围的感觉。不要拒绝去握一只伸出的手。这是不礼貌的并且这是对用户缺乏尊重的表现。

4)讨论所需时间

规范行为:与用户商定车辆登记所需的时间:"我们将用 5～10min 的时间进行车辆登记,可以吗?"服务人员应让用户来决定他是否能够接受更新他的详细资料所用的时间。如果用户有足够的时间,他就能为等待做好准备。

5)提供饮料

规范行为:提供适合季节的饮料(冬天提供热饮,夏天提供冷饮)。当服务人员提供饮料的杯子带把时,为右撇子用户将把手放置在右侧,为左撇子用户将把手放置在左侧。可以说:"今天很热。一杯凉爽的饮料可以吗?"或"今天很冷。一杯热茶或者热咖啡可以吗?"水是生命之源,始终为来宾提供饮料,这是社会行为学中最古老的法则之一。

禁忌:不要不提供饮料或限定选择。如果仅提供了咖啡,会显得并不愿意找出用户想要的饮料。

(三)预先谈论维修工作

1.核心信息

我们要对用户表示出专注。与用户的谈话是优先保证的,一定不要被打断。

2.负责人

服务顾问。

3. 辅助工具

预约单、任务委托书、服务钥匙、路试清单、保护罩、手套(白色棉手套)。

4. 流程

借助于预约单和准备的任务委托书,检查用户的情况及他的要求和希望,并确认通常的维修范围。在服务钥匙上保存的数据在这里能够起到作用。确保服务人员用的钥匙是用户上次开车的钥匙。如果用户有技术问题,服务顾问要与用户详细讨论。在这里,他决定是否需要与用户进行一次必要的路试。参考 ElsaWin 系统进行路试。当着用户面使用保护罩。

5. 完成本流程必须遵守的行为规范及其案例与原因

1) 留意用户关注的问题

规范行为:用一些确认词来表明自己正在注意倾听,例如"好的、我明白了、是的、我理解"。这表明自己对用户关注的问题是感兴趣的。他会感觉到服务人员对他的尊重。

禁忌:避免在交谈过程中接电话或表现的不够积极。用户将变得局促不安并因此被激怒。从不在交谈中打断对方的谈话。由于打断而影响用户谈话的思路,以至于他不能完整地表达他的想法,这将会使用户的兴致受到打击。

2) 认真对待用户的情况及期望

规范行为:

(1) 与用户商定维修需求,通过确认以获得用户的授权。

(2) 重视用户关注的事情和用户的感受并认真对待:"根据您向我描述的情况,我将详细检查您的车辆并且在必要的时候进行路试,然后做出准确的诊断。"

(3) 对每一步进行示范,告诉用户服务人员想要做什么,边做边讲。服务人员正向用户表明服务人员已经在倾听并认真对待他的情况并关注他的直觉感受。这会使服务人员的用户感到受到了重视。

3) 反复核对所有信息

规范行为:确认从用户那里收集来的信息,对任何修正做好书面标记,如果必要时更新信息并将之传送到相应环节。通过反复核对信息,可以避免误解。告诉用户服务人员正在做什么,让他知道服务人员对他非常关注。

4) 总结用户需求并要求用户确认

规范行为:总结要点并定时提及用户的名字(如果合适)。通过这样的行为,表明您正告诉用户在此时没有什么事是更加重要的了。

5) 提供路试服务(如果必要)

规范行为:邀请用户参与路试(必要时)。这向用户表明服务人员明白他的需求。用户对于自己的情况是最了解的,并且比任何人更了解自己的车及存在的问题。

6) 确定试车时的驾驶员

规范行为:让用户选择由谁在试车时驾驶车辆。始终将用户和用户的需求放在第一位。

7) 处理个人物品

规范行为:始终亲手移交个人物品及文档。确保当服务人员做这件事时,服务人员的手是空着的。如果用户给了服务人员个人物品及文档或者如果服务人员正给用户个人物品及文档,确保服务人员的手是干净和整洁的。服务人员张开的手掌是对用户信赖的标志。

禁忌:从不在用户面前把经销商钥匙环(包含车牌号及用户名字)拴到用户的钥匙上。这会破坏用户对服务人员的个人信任。不要折叠或弄脏服务人员从用户接过来的文档或者服务人员交给用户的那些文档。仔细整理、清洁属于用户的文档及项目表明服务人员尽责的职业道德和对用户的重视。

8) 陪伴用户时候的适当行为

规范行为:

(1) 陪伴用户到展厅出口,并确保服务人员走在用户的左边。这向用户表明了服务人员对他的尊敬和重视。

(2) 适当地介绍自己并陪同用户走到他的车旁。沿途向每个碰到的人打招呼。如果展厅门是向里开的,扶住门,保持开启,让用户先行。如果展厅门是向外开的,服务人员先行并为用户扶住门,保持开启状态。这向用户表明了服务人员对他的尊重及重视。

9) 帮助用户进入车辆

规范行为:

(1) 由于身材不同,所以要始终努力确保不会仰视或俯视对方,主动配合用户的视线高度。

(2) 根据情况,与用户一起坐下或站在下一步的位置上或者蹲下。相同的水平位置——相同的视线高度,避免了一方仰望另一方的情况。

(3) 必要时,为用户打开车车门并帮助他进入。

10) 服务顾问驾驶车辆

规范行为:

(1) 套上保护罩并戴手套。

(2) 在操作和驾驶用户车辆时,重视用户的车并悉心对待。

(3) 尽量保持用户车辆的原始设置。如果不可能,则在路试之后把它们恢复原状。用户没有必要把精力放在重新设置个人车辆上。要尽可能向用户展示自己对他的重视以及尊重他的个人偏好(例如由他的身材决定的一些设置)。

(4) 在打开行李舱、仪表板下的手套厢等之前,要征求用户的同意。不要太靠近用户,应让用户决定你是否可以进入他的个人空间。

11) 执行路试

规范行为:

(1) 始终表现得愿意去帮助用户并谨慎地驾驶。

(2) 给予用户及他的车全面的关注。

(3) 服务人员的驾驶的方式会反映出服务人员的沉稳。要根据掌握的故障情况调整路试。

(4) 服务人员悉心地处理用户车辆以及在路上的风度和体谅不仅表明了对用户的关心,也体现对其他道路使用者的关心。

禁忌:即使是在对待其他道路使用者而不是针对用户,也不能用失礼的姿势或诅咒性的词语,不能表现出任何侵略性的行为。这表明服务人员是尊重他人的,用户会将服务人员对他人的行为联系到服务人员的个人行为上。

12）路试后进行直接接车

（四）在车旁全面商议

1. 核心信息

服务是100%透明的,透明性对建立信任是至关重要并能增强用户的忠诚度。

2. 负责人

服务顾问、直接接车助理。

3. 辅助工具

汽车钥匙、钥匙标签、保护罩、服务工作、直接接车检查表。

4. 流程

（1）服务顾问从用户手中拿到钥匙并挂上钥匙环(包含车牌号,用户姓名)；推荐安排一名"直接接车助理"(服务员工中的一员)来协助服务顾问并确保流程运行流畅；直接接车助理从服务顾问那里拿来车钥匙,套上三件套,进行路试诊断,开展车辆初始检查(检查前后灯,标记车辆的任何损坏等)。服务顾问有了这项支持的优势如下,在照顾用户时,服务顾问不会被打断；其他员工已做好初始工作；两个人同时做这项工作可减少相应的接车时间；服务顾问讨论所有任务委托书上的所需维修服务工作；对于直接接车,在清单上记录进一步的工作或安排。有两种车辆登记的方式：理想地,在直接接车时进行用户接待,在不同层面上评估车辆时,提供给用户进一步的维修服务(例如,由附件专家提供)。许多制造商比较推崇推荐直接接车。第二个选择也需要服务顾问参与进来与用户走到车辆处去讨论需要完成的维修服务工作。不用在车辆举升机处,而要在停车区域进行讨论。然而,对于这个方式有一些缺点——不能现场指出车辆的问题也不能积极地进行服务营销。

（2）把车开到直接接车工位上(举升机)。

（3）服务顾问记录的车辆状况及对用户情况的清楚分析。

（4）对用户进行维修范围的描述。

（5）积极的服务营销。

（6）确定车辆其他可能存在的问题并因此扩展维修范围。

5. 完成本流程必须遵守的行为规范及其案例与原因

1）重视用户关注的事情和用户的感受

规范行为：

（1）与用户商定维修需求,通过确认以获得用户的授权。重视用户关注的事情和用户的感受并认真对待,可以说："根据您向我描述的,我将详细检查您的车辆并且在必要的时候进行路试,然后做出准确的诊断。"

（2）对每一步进行示范,告诉用户服务人员想要做什么,边做边讲。用户可能会看到服务人员很忙,但是可能不知道服务人员正在忙什么。如果这种情况持续一段时间,会使他不知所措。通过向用户解释,可以让用户参与进来。

禁忌：不要忽略用户的感受。

2）记录、提出、论证诊断

规范行为：

（1）在诊断前告诉用户："我将详细检查车辆以便做出准确的诊断。"

(2)向用户描述服务人员正在做什么,这会让他更加理解并向他表明服务人员的工作方法是高水平和可靠的。

(3)评估整个车辆,记录用户愿望、问题、抱怨及故障。服务人员要让用户知道自己很关心他的安全,他的车辆的保值性以及他个人关心的问题。这些对服务人员都是很重要的。

(4)提出的解决方案要清楚并易于理解。让用户确认他理解所讨论的每件事情。并不是所有问题都能第一时间被理解。如果服务人员能询问用户是否理解,这表明并不仅是对于事实的理解而且是理解了背景及内容。

3)推荐额外的服务(特别的促销服务、车辆检查、内部清洁)

规范行为:利用每个与用户交流的机会来销售服务,用户将为之感谢服务人员。可以说,"我注意到了轮胎已经磨损了,而且快要达到安全线了。很高兴以优惠的价格为您定购一套新的轮胎。我会在系统中记录您需要再次检查轮胎的时间,所以您不必记住日期。必要时,我将在轮胎检测及更换前联系您。可以吗?"如果服务人员积极地为用户提供额外的适合用户的服务项目,不仅向用户表明服务人员对用户安全及车辆保值性的关心,也表明了服务人员对用户及用户需求的重视。

(五)总结所有的安排

1. 核心信息

对接车时间、替代交通工具、取车时间、报价做出安排。

2. 负责人

服务顾问。

3. 辅助工具

ElsaWin——工时工位目录、任务委托书、维护表、ERP系统。

4. 流程

根据诊断,服务顾问总结的维修和服务工作范围包括额外工作,并在工作文件中记录更新用户不同意的任何有关安全的工作。服务顾问借助系统,能够回答用户关于检查和标准维修工作固定价格的质询或者在用户任务委托书上给用户标出的对应的价格。在检查的情况下,在ElsaWin系统中添加维护表中讨论过的额外工作、当前里程数并把任务委托书连同维护表打印出来。如果适合,应该与用户检查下列项目并添加或在任务委托书中标记。

(1)检查所有文档/随车工具(任务委托书、车辆/主钥匙、车辆行驶证等)。

(2)如果发生任务增项,确认费用界限;提供付款方式并让用户决定。

(3)确认维修期间用户的可联系性。

(4)必要时,检查、更新并确认可能的取车时间。

最后,服务顾问口头总结即将进行的工作;用户在任务委托书上签字并获得副本;服务顾问感谢用户的光临并道别;如果给用户安排了替换车,那么服务顾问陪同用户到替换车登记处。

5. 完成本流程必须遵守的行为规范及其案例与原因

1)处理个人物品

规范行为:

(1)始终亲手移交个人物品及文档。

(2)确保移交个人物品及文档时手是空着的。

(3)用户给服务人员个人物品及文档或者服务人员给用户个人物品及文档时,必须确保手是干净的。服务人员张开的手掌是值得信赖的标志。

禁忌有如下方面:

(1)从不在用户面前把经销商钥匙签(包含车牌号及用户名字)挂到用户的钥匙上。这与对用户的尊重是相抵触的。

(2)不要折叠或弄脏从用户手中接过来的文档或者那些交给用户的文档。仔细地整理、清洁属于用户的文档及物品表明服务人员尽责的职业道德和对用户的重视。

2)价格透明

规范行为:

(1)在任何时候,必须能解释标准工作及额外服务项目的价格。如果不能清楚地阐述价格,问清楚后给用户打回电话。这将保证服务人员的服务是透明的。

(2)协议是约定的。告知用户在服务完成之前,用户将收到书面形式的报价。努力提供给用户足够的信息表明服务人员没有隐瞒什么并且服务人员认同并遵守服务的价值。

(3)在每次解释之后,询问用户是否理解了所有的价格并向用户强调用户的功能及情感性目的:"那么您能在下次去长途旅行时放心驾驶,因为您知道您的车得到了很好的服务。"在没有认识到服务活动进行的目的时,用户主要把服务活动看作是一种财务负担;如果服务人员能让用户更加明确服务活动目的,不仅向用户表明服务人员对用户安全及用户车辆保值性的关心,也可以积极地销售服务项目。

3)提供多种付款方式并让用户决定

规范行为:让用户确认他对付款方式的选择感到很满意,可以说:"您想如何进行付款?"提供选择方式,描述区别及利弊。用户喜欢能够自我决定的感觉,不同方案的选择能满足这种期望,这对提升用户的满意度有积极的影响。

4)总结用户需求并要求确认

规范行为:在每次解释之后,询问用户是否明白了价格构成并强调它们的功能及情感利益。这能向用户表明服务人员对他是诚心诚意的。通过解释每一步,有助于用户更好的理解并帮助他明白对他的益处。

5)对变化优先提醒

规范行为:服务人员要向用户确保可提前通知任何变化:"您能否告诉我您的电话号码,以便当有任何变化时,我们能提前通知到您?如果我们联系不到您,可以给您留言或发短信息吗?"让用户决定通知方式以及他想用的联系号码。

6)使每次谈话的结束规范化

规范行为:

(1)创建一个包含最重要信息的表格(服务顾问的名字、接车时间、接车方式、替换车、初步的取车时间、价格、维修服务范围、必要的文档和停车/维修登记示意图),并把这个表格通过电子邮件、信件或传真的方式发给用户。

(2)可以收集到最重要的详细资料。

(3)询问用户是否每件事都清楚了:"你是否都清楚了?"询问用户是否完全明白能确保

用户的满意。

(4)询问用户是否还有其他没有解决的问题:"是否还有其他我能为您做的?"询问用户是否还有什么事情,表示服务人员对他的关心。如果服务人员遗留了一些没解释或不明确的问题,此刻是最后纠正的机会。如果用户积极地表达自己的想法,交流意见,那么在这种情况下就不容易放弃原来的主张。积极表达满意是一个约定的陈述,用户稍后也会承认。如果服务人员的高质量的服务得到了用户的认可,这将会再一次表现在用户满意度调查中。

(5)向用户解释下面要进行什么。"下面将要做的是……"服务人员的解释体现服务人员的专业性。

(6)致谢。"谢谢,占用您的时间了!"服务人员的致谢表明对用户的重视。

(7)表达愉悦。"我期待着令您满意地完成您的任务委托书。"向用户表达服务人员的愉快可以展现亲和力以及对用户的重视。

7)签署任务委托书

规范行为:作为一个象征,递给用户纪念笔来签署任务委托书。这意味着用户赋予服务人员一项艰巨的任务。

8)处理个人物品

规范行为:始终亲手移交个人物品及文档。确保当服务人员做这个时,服务人员的手是空的。如果用户给了服务人员个人物品及文档或者如果服务人员正给用户个人物品及文档,确保服务人员的手是干净的。服务人员张开的手掌是使用户对服务人员信赖的标志。

禁忌:从不在用户面前将经销商钥匙签(包含车牌号和用户姓名)挂到用户钥匙上。这与对用户的重视是相抵触的。不要折叠弄皱或弄脏从用户手中接过来的文档或者那些交给用户的文档。仔细地整理、清洁属于用户的文档及项目表明服务人员尽责的职业道德和对用户的重视。

9)陪同用户到替换车登记处的办公桌

规范行为:

(1)陪同用户到替换车登记处的办公桌。

(2)途中,以友好的方式向每个人打招呼。

(3)将用户介绍给替换车登记人员。

(4)向用户表明自己为自己的公司感到自豪并且表明个人接触对自己来说是很重要的。

(5)确保走在用户的左侧,这是一个对用户尊重和重视的特殊信号。

10)感谢用户惠顾并道别

规范行为:主动伸出右手,用坚定的握手向用户道别。注视着用户并说:"某某职务、姓名的女士/先生,感谢您的惠顾和信任!再会!"甚至当告别时,服务人员要给予用户全部的关注并表明自己期待着下次的见面。这向用户表明自己的重视及用户信任对自己来说是很重要的事实。

11)完成替换车的租赁协议——替换车登记人员接替服务顾问完成补充登记讨论的任务

规范行为:服务顾问登记流程的同时,替换车登记人员完成租赁协议(替换车)。这么做的结果是服务人员能缩短用户在经销商的时间,用户不会对烦琐的手续感到有任何负担。

12)把经销商钥匙签挂到钥匙上——替换车登记人员接替服务顾问完成补充登记讨论的任务

规范行为:在服务顾问正在处理用户的所关心的事情的过程中,当完成检查时,替换车登记人员准备一个将挂到车钥匙上的钥匙签(车牌号、用户姓名)。这么做的结果是能缩短用户在经销商的时间,也能避免钥匙的混淆。

(六)移交替换车并道别

1. 核心信息

从不让用户在没有交通工具的情况下离开。因此要有100%机动性保障的解决方案。

2. 负责人

替换车登记人员。

3. 辅助工具

驾驶证、租赁车协议。

4. 流程

替换车登记人员检查用户的驾驶证并完成租赁协议。用户签字并保留副本。替换车登记人员陪同用户到车旁,解释车辆的特点,再次对用户的惠顾表示感谢并道别。

5. 完成本流程必须遵守的行为规范及其案例与原因

1)令用户惊喜—小动作——大印象

规范行为:替换车应是最好的销售产品。选择适合用户形象的车型令用户感到惊喜。不需要服务人员做任何事情,只要让用户通过替换车方式进行试驾就可以了。这对于服务人员是没有任何销售压力的展示新车型的绝佳机会。

2)陪同用户到替换车旁

规范行为:

(1)陪伴用户到出口,并确保服务人员走在用户的左边。服务顾问对客户关怀负责,包括确保从不把用户单独留在经销商那里。

(2)适时地介绍自己并陪伴用户走到替换车处,要向沿途遇到的每个人打招呼。如果展厅门是向里开的,扶住门,保持开启,让用户先行。如果展厅门是向外开的,服务人员先行并为用户扶住门,保持开启状态。这向用户表明了服务人员对他的尊重和重视。

3)帮助用户进入车内

规范行为:由于身材不同,所以服务人员要始终努力确保不出现仰视或俯视对方情形,要主动配合用户的视线高度。根据情况,与用户一同坐下、站在下一步的位置或蹲下。必要时,为用户打开车的车门并帮他进入。相同的水平位置——相同的视线高度,避免了一方仰望另一方的情况。这些都让用户感到自己受到了重视。

4)骄傲地介绍并展示车的操作方法

规范行为:让这一刻给用户留下深刻的印象。每个车型都是企业的代言人。

5)感谢用户惠顾并道别

规范行为:

(1)主动伸出右手,用坚定的握手向用户道别。

(2)注视着用户并表示:"某某职务、姓名的女士/先生,感谢您的惠顾和信任!再会!"

(3)甚至当告别时,服务人员要给予用户全部关注并表明自己期待着下次的见面。这向用户表明服务人员对他的重视及他的信任对自己来说是很重要的事实。

(七)向车间发送任务委托书计划

1. 核心信息

我们内部的IT系统对我们的沟通进行支持。之后我们能够为用户提供更完整更专业的服务。

2. 负责人

服务顾问、车间班组长。

3. 辅助工具

任务委托书、维护表。

4. 流程

服务顾问立即将清晰书写的维修任务书连同完成的文件和维护表(额外任务的)移交给车间。根据经销商的大小及运行结构,或者通过任务委托书直接地交给维修技工或者将任务委托书交给班组长,班组长负责分配维修技工的任务以及按时完成工作。

5. 完成本流程必须遵守的行为规范及其案例与原因

1)把所有收集到的信息存储在IT系统中

规范行为:仔细更新核心用户资料,为新用户完整地创建数据并且谨慎地处理信息。要有责任心地处理这些信息并会收到持久的效果。统计数据表明,至少每14个月,用户的4项基本信息中(车主、地址、电话、电子邮件)至少一项会发生改变。最新的用户数据库对公司来说有不可估量的价值。利用每一次机会来更新用户的详细资料,销售人员对这些信息也是需要的。

2)用户档案——职责

当用户档案在服务人员的手中时,服务人员承担着责任。要做好用户档案,档案内容一般有以下构成:

第一页:用户简介。

第二页:驾驶证的复印件。

第三页:车型。

第四页:车辆行驶证。

第五页:获取的数据。

第六页:预约单。

第七页:车辆历史,结果,车辆基本特征、召回、车辆信息反馈单。

第八页:任务委托书。

第九页:维护表。

第十页:分订单。

第十一页:租赁车协议。

3) 如何处理用户档案

规范行为:

(1) 更新文档中的数据。服务人员的职责包括更新用户档案。这么做确保下一个负责的人能迅速找到他想要的。

(2) 在用户档案中的每一页上签字。服务人员的签字确认了服务人员已完成了服务人员的工作。只有当服务人员在每页都签字后,服务人员才能将这份档案交给下一个负责的人。

4) 移交用户档案——把职责转给车间班组长

规范行为:像上面那样,准备用户及车辆数据(用户档案)并将之移交给负责的服务顾问(口头及书面)。这将确保流程顺畅。服务人员的工作方法要符合相应品牌的要求。这是建立在100%专业知识的基础上,并结合服务人员在工作中的条理性和自我掌控的能力。

5) 用可靠的方式将所有信息移交给车间班组长

规范行为:培养团队合作精神。服务人员不是孤军奋战的士兵,要信守承诺。流程的各阶段在结合点处将职责移交给不同的角色。经常会出现的是,工作在这些结合点上被打断或延迟。所以结合点常常是执行的弱点。

(八) 监测工具——用户满意度调查(CSS)

问题1:

就服务人员的经销商而言,您的满意程度如何?

经销商对您的电话应答有多快?

问题2:

您的车辆停放在经销商期间,经销商是否为您提供了任何方便您出行的交通服务?

问题3:

您对必要的服务工作开始之前给出的信息满意程度如何?

问题4:

服务人员是否与您一起在车旁就所需进行的维修工作进行了交谈?

问题5:

您对您的经销商有关下面的问题满意度如何:经销商正确地完成了维修工作?

问题6:

您对您的经销商有关下面的问题满意度如何:经销商已实施的任务的价格/服务关系?

问题7:

您对您的经销商有关下面的问题满意度如何:从送车到取车的时间长短?

问题8:

经销商是否在承诺的时间内交车?

问题9:

在开始维修前,是否告知您预计的维修费用?

问题10:

应付金额与预先告知的费用信息大致相符吗?

问题11:

您最近这次去经销商那儿是不是由于前一次这家经销商没有正确执行或全部完成您委

托的维修工作而造成的呢?

问题 12:

关于以下方面,您对您的经销商满意程度如何?

(1) 服务员工的友好程度。

(2) 服务员工的专业知识。

(3) 服务人员积极倾听您的要求和期望并给予响应。

(4) 送车时的等待时间和取车时的等待时间。

(5) 预约时能考虑您的要求。

(6) 取车时车辆的整洁程度?

(7) 经销商是否把已完成的维护工作项目或结算清单主动为您进行了解释?

问题 13:

经销商设施的整体外观(视觉印象/整洁程度)和品牌的整体形象一致吗?

任务五　修理/进行工作

 学习任务

掌握修理/进行工作流程步骤。

 任务知识

修理/进行工作即服务核心流程的第四步,服务人员需要满足用户对经销商的基本期望。现在的问题是"准确、完整地完成所有任务委托书中指定的任务"。用户理所应当地会认为用户有权获得优质的维护服务。他相信服务人员能提供这种服务。并且这就是他要为之付款的东西。当安排预约、准备预约和接车时,用心准备,这是高质量工作和高效流程的基础。

一、用户的期望分析

优质的维修服务工作依照制造商技术标准及指南,用心正确全面地完成所有任务;如果发生变化,提前通知用户;如果达成的协议中有不能满足的,提前通知用户;服务/修理范围;取车类型及时间;商议的价格或价格区间;保证商议的安排顺利完成是用户基本的要求。

二、基本要求

为车间准备好所需的 IT 系统,提供所有车辆的详细服务及修理信息。确保检查和测量的设备、专用工具及设施是有序放置、整洁、工作正常的。使用透明车间管理系统。有足够数量的有资质的维修技工、机电工程师和服务技术人员,并通过服务培训资格认证系统对员工持续的培训。同下一个流程的负责人对即将进行的修理任务进行清晰、完整的沟通。

三、修理/进行工作流程步骤

(一)分派任务委托书

1. 核心信息

用户理所应当地认为有权获得优质的维修服务,因此我们要遵守对用户作出的承诺。

2. 负责人

车间班组长、维修技工。

3. 辅助工具

任务委托书、透明车间管理系统。

4. 流程

车间班组长或服务顾问根据预约安排及必需的技术资格水平,给相应的维修技工/专家分配任务。员工的技术水平来源于接受培训状况以及是否按照技术培训的资质认证程序正确进行培训。

5. 完成本流程必须遵守的行为规范及其案例与原因

1)检查信息

规范行为:首先对所有的需求进行一个概览能够亲自找出用户的需求。

2)选择并使信息合理化

规范行为:能够把重要的信息从不重要的信息中区分出来。为了达到我们服务的高质量标准将最重要的信息进行汇总(一页纸管理)。合理的服务组织为高效的工作流程提供必要基础。

3)为在预定的时间完成工作,安排相应的资源

规范行为:提前计划好必要的时间。计划好即将实施的服务活动,确定目标,协调工作相关流程,检查执行情况。这将向用户表明服务人员能够可靠地管理预约。

4)用可靠的方式把所有信息传递给维修技工

规范行为:培养团队合作精神。服务人员不是孤军奋战的士兵。要信守对用户的承诺。用可靠的方式将全部信息传递给维修技工。如果有复杂情况发生,要予以全力支持。流程的各阶段在结合点处将职责移交给不同的角色。经常会出现的是工作在这些结合点上被打断或延迟,所以结合点常常是执行的弱点。

(二)记录完成任务所花费的时间

1. 核心信息

确保在高效率的基础上完成高质量的维修服务工作。

2. 负责人

车间员工。

3. 辅助工具

任务委托书、ERP系统、工时控制系统。

4. 流程

在每项维修工作开始之前,车间班组长在任务委托书上盖章,并在任务委托书上记录

他的开始时间。许多品牌制造商推荐使用与 ERP 系统的数据接口相连的工时控制系统。

(三) 系统诊断/故障排除

1. 核心信息

用专业知识来保障用户车辆处于良好状态。借助于内部 IT 系统,专业地准备各项服务活动。

2. 负责人

服务技术人员(诊断技术员)。

3. 辅助工具

车辆反馈单、ElsaWin——技术问题解决方案。

4. 流程

如果在准备工作或车辆接待登记阶段时,用户抱怨不能被准确地识别/诊断,问题将转给诊断技术员或服务技术员来解决。由有多种信息工具的 VAS 车辆诊断系统和电子服务信息查询系统(ElsaWin)可以协助他进行诊断。如果 ElsaWin 没有提供任何解决方案,则用车辆信息反馈单提出技术咨询。当车间能够为解决问题提供出清晰的维修指令时,即完成了诊断/排查故障。

5. 完成本流程必须遵守的行为规范及其案例与原因

规范行为:用可靠的方式将所有信息移交给服务技师。如果出现复杂问题,给予他足够的支持。培养团队合作精神。服务人员不是孤军奋战的士兵。要信守承诺。流程的各阶段在结合点处将职责移交给不同的角色。经常性的是,工作在这些结合点上被打断或延迟,所以结合点常常是弱点。

(四) 认真负责地完成工作

1. 核心信息

准确完整地完成所有任务委托书中指定的任务。这会使用户能够充分信任我们。

2. 负责人

维修技工。

3. 辅助工具

任务委托书、维护表、ElsaWin——技术问题解决方案、维修手册、流程图、测量及检测记录、座椅及转向盘的保护罩。

4. 流程

(1)指派的维修技工现在要完全、系统地逐步检查条目。维修技工利用所有相关信息及工具来缜密地完成工作以避免出现重复维修。准确地遵循适用的(跟车辆相关的)工作指导(维护表)。用记号立即勾出已完成的条目(区分出已完成或者未完成)。

(2)利用所有与解决问题相关的技术信息及系统(技术问题解决方案/维修指令、流程表等)。

(3)打印出测量及测试检查结果并附加到任务委托书。

(4)在任务委托书上标记出所有已实施的维修服务项目。

(5)当正在做维修服务工作时,使用座椅及转向盘罩来避免维修油污(尤其是当从停车区域取车时)。

(五)对任何必需的任务增项,给出迅速的通知

1. 核心信息

真诚面对用户是我们核心的价值观之一。因此我们要对任何计划的改变给予用户提前的告知。为用户提供合理的多种解决方法及方案。

2. 负责人

车间班组长、维修技工。

3. 辅助工具

任务委托书、CRM 系统、ElsaWin-ETKA。

4. 流程

如果在实施任务委托书时,维修技工决定需要更多的时间来完成工作,则须按如下步骤进行。

(1)维修技工立即通报/直接向车间工长或服务顾问给出关于维修范围、费用及商议交车时间的任何改变的反馈(根据经销商的大小及运作方式来决定采用不同反馈的方式)。

(2)服务顾问检查相关需要的资源(是否有备件、车间维修能力、替换交通工具等)。服务顾问检查调整商议的取车时间的可行性。服务顾问告知用户任务增项的额外费用并向用户解释如果不解决这个缺陷将会发生什么结果。服务顾问告知/反馈给用户(可行时,确定维修范围及新的取车时间)以征得用户对任务增项、费用的确认并向用户解释如果不解决这个缺陷将会发生什么后果。(如果任务委托书中有任何改变,迅速通知用户)

(3)根据用户的决定给予维修技工继续工作的许可。向任务委托书添加新的维修任务条目,并且更新所需的资源计划。在任务委托书中记录所有用户不同意的服务增项。对服务人员来说,任何缺陷,尤其是与安全相关的问题,应该向用户强调并稍后在结算单中打印出来。

(六)如果任务发生变化,给出迅速的通知

1. 核心信息

真诚面对用户是我们核心的价值观之一。因此我们要对任何计划的改变给予用户提前的告知。为用户提供合理的多种解决方法及方案。

2. 负责人

维修技工、车间班组长或服务顾问。

3. 辅助工具

任务委托书、DS-CRM。

4. 流程

如果有任何与用户已商议好的安排不能满足时,例如,取车时间或维修费用,维修技工应立即通知服务顾问或车间班组长。那么服务顾问立即通知用户并与他协商确定新的安排。所有内容都要考虑到。在经销商停留的时间——取车时间。调整费用估价。

5. 完成本流程必须遵守的行为规范及其案例与原因

1)对于已经安排的预约,如果有改变要打电话通知

规范行为:打电话给用户:"您好,请问是××职位、姓名的女士/先生吗?我是您在××

经销商的服务顾问××,方便占用您一点时间吗?或者我在其他时间再打来?"承担相应责任并制定新的协议及决定。为用户充分考虑后续的花费及客户利益。

禁忌:如果打错了,不要简单地挂断电话,而要为服务人员的打扰表示抱歉。服务人员刚通话的人可能也是或会变成一个用户。作为服务的代表,服务人员要以友好、乐于助人的态度对每个与自己交流的人。

2)表达服务人员的歉意

规范行为:向用户说明情况,让用户能够看到这能给他带来的好处:"很抱歉,我们需要一天多的时间来修理您的车。因为我们很关心您的安全,所以我们想确保问题已被解决。"给自己设立高标准——服务人员要做到最好。为了提供最佳服务,服务人员必须反应迅速,随机应变。

禁忌:不要因为延时和变化而责怪他人,这是在推脱责任。用户只想知道服务人员对他的处境是认真负责的并会处理好。

3)提出两个初步可供选择的预约时间

规范行为:提供两种可选择的预约时间并让用户决定。"在星期二之前,我们将需要实施维修。您更想什么时间取车,星期二下午2:15或者4:15?"用户喜欢自主选择。准时会节省用户时间。与用户商议一份时间表,星期五下午4:15到4:45而不是4点钟。这样用户可以更好地计划他的时间。这会鼓励用户遵守预约的规则,时间区间比整点的时间更好,这可以潜意识地增强用户准时性。检查适合用户的新日期。这确保用户同意新的取车时间。

禁忌:不管怎样,尽量只给出两个选择供用户挑选。多于两种的选择会给用户带来过多的压力。

4)保持服务是透明的

规范行为:

(1)服务人员必须能够随时说出标准工时和额外的服务项目的价格。如果服务人员不知道确切的价格,给用户打回电话。这将保证服务人员的服务是透明的。

(2)协议是约定的。告知用户在服务完成之前,用户将收到书面形式的报价。

(3)告诉用户服务人员将为他发送更新的报价。问明为用户提供书面报价的联系方式和地址:"您想通过哪种方式得到您的文档记录,信件、电子邮件还是传真?"努力提供给用户足够的信息表明服务人员没有隐瞒什么并且服务人员认同并遵守服务的价值。

(4)在每次解释之后,询问用户是否明白了价格构成并强调它们的功能及情感利益:"那么您能在下次去长途旅行时放心驾驶,因为您知道您的车得到了很好的服务。"在最初没有明确了解目的时,服务活动对于用户来说是一项财务负担,所以服务人员应该使用户清楚地认识到,服务活动对车辆安全性及车辆保值的意义。

(5)始终感谢用户花时间听服务人员的解释和安排:"某某职务、姓名的女士/先生,感谢您的耐心与合作。"用户从服务人员的信息和解释中获益。如果服务人员感谢了用户就超过了用户的期望。

5)使每次谈话的结束规范化

规范行为:

(1)创建一个包含最重要信息的表格(服务顾问的名字、接车时间、接车方式、替换车、初步的取车时间、价格、维修服务范围、必要的文档和停车位/维修登记的指示图)并把这个表格通过电子邮件、信件或传真的方式发给用户。

(2)收集到最重要的详细资料。

(3)询问用户是否每件事都清楚了:"您是否都清楚了?"询问用户是否完全明白能确保用户的满意。

(4)询问用户是否还有其他没有解决的问题:"是否还有其他我能为您做的?"询问用户是否还有什么事情,表示服务人员的关心。

(5)如果遗留了一些没解释或不明确的问题,此刻是最后纠正的机会。如果用户积极地表达自己的想法,交流意见,那么在这种情况下就不容易放弃原来的主张。积极表达满意是一个约定的陈述,用户稍后也会承认。如果服务人员的高质量的服务得到了用户的认可,这将会再一次表现在用户满意度调查中。

(6)向用户解释下面要进行什么。"下面将要做的是……"服务人员的解释体现服务人员的专业性。

(7)致谢。"谢谢,占用您的时间了。"服务人员的致谢表明服务人员的重视。

(8)表达自己的愉悦。"我期待着接待您!"向用户表达服务人员的愉快可以展现亲和力以及对用户的重视。

6)感谢用户的交流并道别

规范行为:感谢用户的交流并友好地道别:"某某头衔、名字的女士/先生,谢谢与我进行了交流及理解!再见!"

禁忌:结束通话时,必须在用户挂掉电话之后才能挂掉电话。不要马上挂断电话,因为这是很没有礼貌的。

(七)记录工作完成状态

1.核心信息

用户理所应当地认为用户有权获得优质的维修和服务。因此我们要遵守我们对用户的承诺。

2.负责人

维修技工、车间班组长或服务顾问。

3.辅助工具

任务委托书。

4.流程

当完成所有的维修和服务之后,车间班组长/服务顾问与维修技工仔细检查情况。检查的最佳时间是车辆正在举升平台上。车间班组长/服务顾问对照已完成的维修服务来检查用户的任务委托书,并用目视检查的方式对车辆实施初步的质检。

(八)移交给质检员

1.核心信息

内部的 IT 系统对内部沟通提供支持,能够为用户提供更完整更专业的服务。

2. 负责人

维修技工。

3. 辅助工具

任务委托书、维护表。

4. 流程

维修技工将车辆移送到停车区域并在任务单上标记位置号码。签署任务委托书和维护表,在任务委托书上盖章并交质检员。

5. 完成本流程必须遵守的行为规范及其案例与原因

1)在IT系统中存储所有收集到的信息

规范行为:仔细更新核心用户资料,为新用户完整地创建数据并且谨慎地处理信息。统计数据表明,至少每14个月,用户的4项基本信息中(车主、地址、电话、电子邮件)至少一项会发生改变。最新的用户数据库对服务人员的公司来说有不可估量的价值。利用每一次机会来更新用户的详细资料。销售的同事将会感谢服务人员。

2)用户档案——职责

规范行为:当用户档案在服务人员的手中时,服务人员承担着责任。

3)如何处理用户档案

规范行为:在记录中更新数据。服务人员的职责包括更新用户档案。这么做确保下一个负责任务委托书的人能够快速找到他想要的。在用户档案的每页上签字。服务人员的签字确认意味着已完成了自己的任务。当服务人员只有在每页都签字后,才能将这份档案交给下一个负责的人。

4)移交用户档案——将职责移交给质检员

规范行为:像上面那样,准备用户及车辆数据(用户档案)并将之移交给负责的质检员(口头及书面)。这将确保流程顺畅。服务人员的工作方法要符合高档品牌的要求。这是建立在100%专业知识的基础上,并结合服务人员在工作中的条理性和自我掌控的能力。

5)以可靠的方式将所有信息移交给质检员

规范行为:培养团队合作精神。服务人员不是孤军奋战的士兵,要信守对用户的承诺。流程的各阶段在结合点处将职责移交给不同的角色。经常性的出现,工作在这些结合点上被打断或延迟,所以结合点常常是弱点。

(九)监测工具——用户满意度调查(CSS)

问题1:

您对您的经销商有关下面的问题满意度如何:经销商正确地完成了维护工作?

问题2:

您对您的经销商有关下面的问题满意度如何:从送车到取车的时间长短?

问题3:

经销商是否在承诺的时间内交车?

问题4:

应付金额与预先告知的费用信息大致相符吗?

问题5:
您最近这次去经销商那儿是不是由于前一次这家经销商没有正确执行或全部完成您委托的维修工作而造成的呢?

问题6:
就服务人员的经销商下面几点而言,您的满意程度如何?
(1)送车时的等待时间和取车时的等待时间。
(2)服务人员的友好程度。
(3)服务人员积极倾听您的要求和期望并给予响应。
(4)取车时车辆的整洁程度。

任务六 质检/内部交车

学习任务

掌握质检/内部交车的流程要点。

任务知识

每次质检包括应是对已完成的服务进行检查并反复核对用户任务委托书,检查所有的车间维修工作是否与厂家的指导文件相符。一旦完成了维修任务,就要进行质检。有意识地为交车做准备。这包括检查记录在任务委托书上的维修时间和备件以便生成一个清晰的、便于用户理解的发票/结算单。

一、用户期望分析

准确、细心地进行维修服务工作,并与厂家的指导文件相符合。信息如果发生差异时,如果有商议好的安排之一不能被满足,则立即给出通知,包括维护范围、取车的类型及时间、商议的价格或价格区间、准备好交车、车辆清洁并停放好、打印结算单、所有收集到的信息记录。

二、基本要求

依据售后服务的组织结构而定的质量负责人职责/角色(车间主任、服务顾问或质检员);定期检查测试项目。

三、质检/内部交车的流程要点

(一)移交任务委托书/检查记录

1. 核心信息

通过执行定期检查,我们保证提供一致的服务质量。这突出了我们的质量高要求并让我们能在必要时采取迅速的对策。

2. 负责人

质检员。

3. 辅助工具

任务委托书、维护表、检查及测试记录,用户档案。

4. 流程

在完成维修服务之后不久,质检员在所有书面记录中检查任务委托书的内容(由维修技工签字的)。在任务委托书上标记的位置的帮助下,能很容易地找到车辆。

5. 完成本流程必须遵守的行为规范及其案例与原因

1)检查信息

规范行为:首先,查看用户档案了解用户的所有需求。这样服务人员能清楚地了解用户的需求。

2)选择并使信息条理化

规范行为:能够把重要的信息从不重要的信息中区分出来,总结最重要的信息(一页纸管理)。对于服务的高质量标准来说,对服务内容的组织和理解是高效的工作流程的保证。

(二)路试

1. 核心信息

细心地执行质量流程能证明服务人员的能力,节省用户的宝贵时间并提升维修服务的效率。使用户能100%的信赖。

2. 负责人

质检员。

3. 辅助工具

路试检查表。

4. 流程

路试是质量认证/质检的重要部分。质检员使用"路试检查表"作为在维修服务之后进行路试的指南。在拆装维修或诊断检查之后,质检员根据存在的问题安排相应的路试(例如,如果问题只有在高速行驶时发生,就安排在高速路段上路试)。

(三)执行最终检验并准备车辆

1. 核心信息

细心地执行质量流程能证明服务人员的能力,节省用户的宝贵时间并提升维修服务的效率,使用户能100%的信赖。

2. 负责人

质检员。

3. 辅助工具

任务委托书、分订单、后视镜的宣传挂页。

4. 流程

在路试以后,质检员把汽车开到举升平台上做最终检验。实施下面的各项活动。

(1)详细检查任务委托书中的工作是否全部正确完成。

(2)检查所有记录在任务委托书上的分项目是否完成。

(3)在路试后检查所有的油/液渗漏情况。

(4)执行指定的任何已实施的维修服务工作的目视检查。

(5)检查所有液位;检查车辆的所有功能(灯光、喇叭等)。

(6)准确检查服务签、油位标签;检查车辆的清洁程度。

(7)清理车辆内部及外部(与用户商议的)后视镜的宣传挂页。

(8)质检员将车驶入停车位,要确保用户来取车时能很容易就可以开出来。

(9)标记当前的里程数及车辆的停放位置编号。

(10)通过签署任务委托书,以保证"执行的工作"100%达到质量要求。

5. 完成本流程必须遵守的行为规范及其案例与原因

1)在IT系统中存储所有收集到的信息

规范行为:仔细更新核心用户资料,为新用户完整地创建数据并且谨慎地处理信息。要有责任心地处理这些信息并持久地坚持。这会通过服务人员处理用户及车辆的详细资料时来证明。统计数据表明,至少每14个月,用户的4项基本信息中(车主、地址、电话、电子邮件)至少一项会发生改变。最新的用户数据库对服务人员的公司来说有不可估量的价值。利用每一次机会来更新用户的详细资料。销售的同事将会感谢服务人员。

2)用户档案——职责

规范行为:当用户档案在服务人员的手中时,服务人员承担着责任。内容有如下方面。

第一页:用户简介。

第二页:驾驶证的复印件。

第三页:车型。

第四页:车辆行驶证的复印件。

第五页:获取的数据。

第六页:预约单。

第七页:车辆历史,结果,车辆基本特征、召回、车辆信息反馈。

第八页:任务委托书。

第九页:维护表。

第十页:分订单。

第十一页:测量及测试记录。

3)如何处理用户档案

规范行为:在记录中更新相关数据。服务人员的职责包括更新用户档案。目的就是确保下一人能迅速找到他想要的数据。请在用户档案中的每一页上签字。服务人员的签字确认了服务人员已完成了服务人员的任务。只有当服务人员在每页都签字后,服务人员才能将这份档案交给下一个负责的人。

4)移交用户档案——把职责移交给服务顾问

规范行为:像上面那样准备用户及车辆数据(用户档案)并将之移交给服务顾问(口头及书面的)。这将确保流程顺畅。服务人员的工作方法要符合高档品牌的要求。这是建立在100%专业知识的基础上,并结合服务人员在工作中的条理性和自我掌控的能力。

5）以可靠的方式将所有信息移交给服务顾问

规范行为：培养团队合作精神。服务人员不是孤军奋战的士兵，流程的各阶段在结合点处将职责移交给不同的角色。常常会发生的是，工作在这些结合点上被打断或延迟，所以结合点常常是弱点。

（四）计算工时及材料/制订结算单

1. 核心信息

保证在高效率的基础上完成高质量的工作。

2. 负责人

服务顾问、索赔员。

3. 辅助工具

任务委托书、CRM 系统、维护表、维修记录、ElsaWin、ERP 系统（索赔/索赔的申请）。

4. 流程

在质量检查完成之后，服务顾问立即检查盖章时间、任务委托书所用的备件以及对应的报价。然后建立一个清晰的便于用户理解的结算单。这应该涵盖下面的要点：工时费及材料费需分开填写；在结算单上应该有服务顾问名字；记录在任务委托书上用户未同意进行的，但必要的维修服务工作；附加记录（维护表、常规检测记录等）；打印维修记录（不要给用户）；如果此项工作单是属于索赔范围的，则相关人员需要将文件转交给索赔员，用户通过 ERP 系统向制造商申报索赔。

（五）服务项目及取车放行车辆

1. 核心信息

可靠并信守约定，以此与用户建立起 100% 的相互信任。

2. 负责人

服务顾问。

3. 辅助工具

任务委托书、用户发票/结算单、名片、维护表、车辆行驶证、车钥匙、小册子。

4. 流程

服务顾问收集有关向用户交车的所有记录及信息。这包括：一份盖了章、完成了的任务委托书；包含用户发票/结算单在内的发票信封；在索赔期内的任何应完成的维修服务的建议；服务顾问的名片；当前提供的服务、特别的服务活动或新产品的发布的详细资料；一份签字的维护表；车辆行驶证；车钥匙；机动性保障手册；再准备好车辆及发票/结算单，准备用户来取车。服务顾问现在通过电话或短信通知用户可以取车了。

5. 完成本流程必须遵守的行为规范及其案例与原因

1）在 IT 系统中存储所有收集到的信息

规范行为：仔细更新核心用户资料，为新用户完整的创建数据并且谨慎地处理信息。要有责任心地处理这些信息并持久地坚持。这会通过服务人员处理用户及车辆的详细资料时来证明。统计数据表明，至少每 14 个月，用户的 4 项基本信息中（车主、地址、电话、电子邮件）至少一项会发生改变。最新的用户数据库对服务人员的公司来说有不可估量的价值。

利用每一次机会来更新用户的详细资料。销售的同事将会感谢服务人员。

2）用户档案——职责

规范行为：当用户的档案在服务人员手中时，服务人员承担着责任，内容：

第一页：用户简介。

第二页：驾驶证的复印件。

第三页：车型。

第四页：车辆行驶证复印件。

第五页：获取的数据。

第六页：预约单。

第七页：车辆历史，结果，车辆基本信息、召回、车辆信息反馈。

第八页：任务委托书。

第九页：维护表。

第十页：分订单。

第十一页：测量及测试记录。

第十二页：路试检查表。

第十三页：发票/结算单。

第十四页：维修记录。

3）如何处理用户档案

规范行为：更新记录中的数据。服务人员的职责包括更新用户档案。目的是确保下一个负责的人能迅速找到他想要的数据。在用户档案中的每一页上签字。服务人员的签字确认了服务人员已完成了服务人员的任务。只有当服务人员在每页都签字后，服务人员才能将这份档案交给下一个负责的人。

4）移交用户档案给下一环节负责人

规范行为：像上面那样准备用户及车辆数据（用户档案）并将之移交给下一环节的负责人（口头及书面）。这将确保流程顺畅。服务人员的工作方法要符合品牌的要求。这是建立在100%专业知识的基础上，并结合服务人员在工作中的条理性和自我掌控的能力。

（六）以可靠的方式将所有信息移交给下一环节的负责人

规范行为：培养团队合作精神。服务人员不是孤军奋战的士兵。要信守承诺。流程的各阶段在结合点处将职责移交给不同的角色。经常会出现的是，工作在这些结合点上被打断或延迟，所以结合点常常是弱点。

（七）监测工具——用户满意度调查（CSS）

问题1：

关于下面的问题，您对经销商的满意程度如何，经销商正确地完成了维护工作？

问题2：

关于下面的问题，您对经销商的满意程度如何，经销商对已实施的任务的价格/服务的关系？

问题3：

经销商是否在承诺的时间内交车？

问题4：

应付金额与预先告知的费用信息大致相符吗？

问题5：

您最近这次去经销商那儿是不是由于前一次这家经销商没有正确执行或全部完成您委托的维修工作而造成的呢？

问题6：

关于以下方面，您对您的经销商满意程度如何？

(1)送车时的等待时间和取车时的等待时间。

(2)取车时车辆的整洁程度。

任务七 交车/结账

学习任务

掌握交车/结账的流程要点。

任务知识

服务核心流程的第六部分详细说明了向用户交车及结账过程。我们始终要在交车时给用户一个详尽的发票/结算单的解释。根据维修的范围及用户的要求来决定这个解释，是否应该由服务顾问还是其他的专业人员来给出。通过100%地遵守商议的安排，给用户灌输信任的感觉并使用户获得积极的服务体验。

一、用户期望

(1)友善的个人形象。经销商中所有员工的都是友善和礼貌的。

(2)经销商期待着用户的到来并做好充分的准备（如用户停车位，清洁程度，使用用户尊称进行问候，指示标识）。

(3)准备交车。所进行维修工作的全部信息被详尽清楚地记录在发票/结算单上；车辆清洁并停车；发票/结算单的解释；收集好所有的记录。

二、基本要求

经销商安排好的停车位(清晰标识用户停车位，如果可能，设置交车区域)；清楚的一级及二级标识(停车或步行指引)；通知相关的所有员工承诺的交车时间(最多等待时间为分钟)；足够数量的有资质的员工。

三、交车流程阶段

友好的接待及欢迎；检查并收回替换车；关于维修服务及发票/结算单的全部消息；付款；用户档案的移交；移交车辆；与用户沟通维修相关的信息。

（一）友好的接待及欢迎

1. 核心信息

友好和良好的个人形象会给用户留下良好的印象，期待用户的来访并将做好充分的准备。

2. 负责人

服务顾问。

3. 辅助工具

停车区域的指示图和透明车间管理系统。

4. 流程

在接近主要入口处有显著的标志及足够数量清晰标识的用户停车位，这会使用户到达时感觉很舒适。经销商的场地环境及中心自身应该给用户一个整洁、组织良好及有序的整体印象。在信息台/服务接待处，友好地用用户的名字进行问候并且服务顾问已做好充分的准备。

5. 完成本流程必须遵守的行为规范及其案例与原因

1）准时是礼貌对待用户的最好方式

规范行为：让准时成为服务人员的品牌。从来不迟到，对于安排的预约始终遵守时间，在正确的时间出现在服务人员的位置上。服务人员的准时表明服务人员尊重用户的时间。服务人员在表现出对用户的体谅、重视和可靠。服务人员在安排的时间出现在了正确的地方。

禁忌：迟到是不顾及他人、不礼貌和不负责任的行为。

2）用户一走进展厅门就给予充分的关注

规范行为：用眼神交流、友好的微笑或点头示意来表达服务人员已注意到用户的到来。利用好服务人员的外表、声音、眼神。服务人员的表情——一个微笑会产生奇迹。

禁忌：对用户来说，没有比被忽视、不被理睬更大的侮辱。这告诉用户，"服务人员对我没有什么"。一个装出来的微笑或对立的表情很容易被用户看到。

3）欢迎用户光临经销商

规范行为：

（1）走到柜台前面，这样服务人员可以更加靠近用户。

（2）接近用户但要保持必要的距离。接受每项挑战并多向前想几步。为了能够代表品牌向用户问候，服务人员必须努力消除自己与用户之间的障碍，例如接待台主动配合用户的视线高度。

（3）如果正坐着，此时必须站起来与用户保持同一高度。根据情况，与用户一起坐下，在（用户）下一步的位置站立或蹲下。努力保持相同的水平位置——相同的视线高度。这避免了一方仰望另一方的情况。

（4）主动伸出服务人员的右手与用户握手示意。

（5）注视用户，这表示服务人员对用户很重视。如果服务人员的用户有女士相伴，先向女士问候，"您好，我是某某，您的服务顾问！欢迎光临！我能为您做些什么？"作为服务品牌的代表，应该友好、热情地对待每个人，他可能就是服务人员下一个用户。

禁忌有如下方面：

（1）不要拒绝去握一只伸出的手。这是不礼貌的行为并会激怒用户。

(2)不要太靠近服务人员的用户。如果侵占了他的个人空间,是不受欢迎的,用户会失去兴致,并变得带有侵略性而且很焦虑,这将在用户脸上表现出一种拒绝的表情。

(二)检查并收回替换车

1. 核心信息

每个用户对我们都是很重要的。每个负面的评价代表着一个我们可以改进的机会。每个正面的评价都会激励我们做得更好。

2. 负责人

服务顾问,替换车登记人员。

3. 辅助工具

结算单。

4. 流程

服务顾问询问用户是否对替换车满意并收回钥匙。在ERP系统中的用户记录中添加用户的所有反馈并同时通知销售部。陪同用户到服务台,服务顾问负责为用户交车并解释结算单。同时,替换车登记人员开始对替换车是否有损坏进行目视检查,标记里程数并检查燃油液位。

5. 完成本流程必须遵守的行为规范及其案例与原因

1)陪伴用户到用户休息区

规范行为:

(1)陪伴用户到用户休息区。

(2)途中,用友好的方式向每个遇到的人进行问候。服务人员向用户表明:自己对公司感到骄傲,与用户个人的接触对自己也是很重要的。

(3)确保服务人员要走在用户的左侧。这是一个对用户尊重和重视的特殊信号。

(4)给用户提供座位。如果服务人员是在有棱角的桌子旁边,坐在与用户成90°的位置。这是礼貌对待用户的方式,这个位置会让用户感到尊贵并且有符合人体工程学的音效。

禁忌:避免与用户并排坐着。这将使眼神交流变得很困难并且会给用户造成一种被包围的感觉。

2)讨论所需时间

规范行为:

(1)与用户商定所需的时间,可以说:"我将用5~10min的时间来解释结算单。可以吗?"让用户来决定他是否能够接受解释结算单所用的时间。这将对解释结算单所花费的时间让用户有个好印象。

(2)然后让一个员工亲自进行车辆移交。如果用户有足够的时间,他便能为等待做好准备而且并不会感到厌倦和不舒服。

3)提供饮料

规范行为:

(1)提供适合季节的饮料(冬天提供热饮,夏天提供冷饮)。

(2)当服务人员提供的饮料的杯子带把时,如果是手为右撇子用户应将杯把朝向右侧,左撇子则反之。

(3)可以用"今天很热,一杯凉爽的饮料可以吗?"或"今天很冷,一杯热茶或者热咖啡可以吗?"进行询问。水是生命之源,要始终为来宾提供饮料,这是社会行为学中最古老的法则之一。

禁忌:不要不提供饮料或限制用户的选择。如果仅提供咖啡,表明并不愿意提供用户想要的饮料。

4)鼓励用户进行坦诚的反馈

规范行为:

(1)征询用户:"您已经使用××(车型)两天,您对这个车型满意吗?"

(2)感谢用户的信任并表达自己正期盼他真诚的反馈。

禁忌:不要用"那是不对的!"之类的话语反驳用户;不要找借口:"我们没那么做!"不要责备用户:"您搞错了!"

5)用户是我们的信息来源——我们热切地接受他的反馈

规范行为:

(1)服务人员要接受反馈尤其是自己不喜欢的反馈意见。

(2)倾听,但不要有解释或找理由辩解。

(3)平静地接受用户正在说的内容。

(4)询问自己不理解的事情。不是每个回答都能第一时间被理解,理解的关键是要了解背景及内容。此时可以说,"您能给我举个例子吗?""为什么是那样,我们能怎么改变它?""我不理解您刚才说的。"用户是获得信息最好的来源,因为那是他所亲身遇到并经历的状况。

禁忌:不要感到有个人攻击。不要责备别人。不要推测。不要打断用户说话。

6)提供小奖励

规范行为:给用户小奖励,并适时以"对!好建议!""这是很重要的一点!""好主意!您说得对!"之类的语言及时对用户的意见建议做出反应。这表达了服务人员对用户真诚的感激。

7)感谢用户的反馈

规范行为:

(1)感谢用户每个正面的评价:"感谢您坦率、真诚的反馈。"把这当作改进的激励。

(2)感谢用户每个负面的评价:"您观察得很仔细。谢谢。"把负面的评价看作是改进的最大机会。

8)对于等待要获得用户的同意

规范行为:

(1)如果需要用户等待,要征询用户:"能让您等一会吗?"

(2)向用户解释下面要进行什么:"下面要进行的是……"用户希望随时了解正在发生的事情,一定要让他清楚所有情况及等候的原因。

9)员工问候用户(服务台)

规范行为:

(1)接近用户但要保持必要的距离。

(2)接受每项挑战并多向前想一步。为了能够代表品牌向用户问候,服务人员必须消除服务人员与用户间的任何障碍。

(3)主动配合用户的视线高度。根据情形,与用户一起坐下,在下一步的位置站立或蹲下。保持相同的水平位置等于保持了相同的视线高度,可以避免一方仰望另一方的情况。

(4)主动伸出右手与用户握手示意。

(5)注视用户,表示对用户的重视。用户有女士相伴,先向女士问候:"您好,我是某某,您的服务顾问!欢迎光临!"作为品牌的代表,应该友好、热情地对待每个人,他可能就是下一个用户。

禁忌有如下方面:

(1)不要离用户太近。如果侵占个人空间,是不受欢迎的,用户会失去兴致,并变得带有侵略性而且很焦虑,这将在用户脸上表现出一种拒绝的表情。

(2)不要拒绝去握一只伸出的手。这是非常不礼貌的并会激怒用户。

(三)关于维修服务及结算单的全部消息

1. 核心信息

正确地给用户开具结算单能体现出服务的透明化及专业化并提升用户的忠诚度。

2. 负责人

服务顾问。

3. 辅助工具

结算单、替换的备件。

4. 流程

对完整的结算单给出清晰的解释,解释已完成的工作(必要时,在车辆旁进行)和结算金额是如何计算出的;解释索赔及优惠索赔的维修项目;指出潜在的没有处理的问题,或者我们即将要解决的问题;展示更换下来的旧件(如果用户要求);服务项目的概况(机动性保障,服务活动等);解释并提醒下次进厂服务的时间。

5. 完成本流程必须遵守的行为规范及其案例与原因

价格透明规范行为:

(1)向用户介绍结算单以让他很容易地读取到所有的条目。

(2)使用指示工具(纪念笔)来指出正解释的条目。努力提供给用户足够的信息会表明服务人员没有什么隐藏的,服务人员的服务是物有所值的。

(3)在每次解释之后,询问用户是否明白了价格构成并强调它们的功能及情感利益,"那么您能在下次去长途旅行时放心驾驶,因为您知道您的车得到了很好的服务。"因为在没有认识到服务活动进行的目的时,用户主要把服务活动看作是一种财务负担。如果服务人员能让用户明确服务活动目的,不仅向用户表明服务人员对用户安全及用户车辆保值性的关心,也正积极地销售自己的服务项目。

(四)付款

1. 核心信息

给予优质产品表明了让用户支付的款项更有价值。这是物有所值的。

2. 负责人

结算员。

3. 辅助工具

任务委托书。

4. 流程

在登记处为用户用商议的付款方式开具发票并在任务委托书上标记。发票总体上要与登记时制定的费用或商议的价格界限相一致。

5. 完成本流程必须遵守的行为规范及其案例与原因

1) 现金付款

规范行为：服务人员了解自己提供的服务的价值并且用户愿意支付真正相符的价格。这是唯一保证公司效益的方法。

禁忌：如果从用户那里接到现金，不要当着用户检查它们的真实性。这是一个明显不信任的信号。

2) 信用卡

规范行为：如果无法支付的问题出现应向用户表明："对不起，我们的数据暂时连接不上（或者我们的读卡器出现了故障）。如果您愿意的话，您可以用现金支付账单。"这可以使服务人员避免把可能出现的信用卡无法支付问题归咎于用户。

3) 收据

规范行为：

(1) 确保在排列好发票、结算单和收据的边缘后再盖章。这可保证标志和其他重要的细节不被覆盖。

(2) 把文档折叠成三个部分。确保每个部分是等尺寸而且边缘是整洁、平整的，并征询用户："我把发票、结算单折叠后放进一个信封，可以吗？"这向用户表明为他服务的经销商是干净、整洁地进行工作。

禁忌：如果服务人员的手是脏的，不要折叠纸张。这将在纸上留下难看的印记。

(五) 用户档案的移交

1. 核心信息

为所提供的服务而骄傲且通过悉心地处理文档记录和更新记录的方式来证明。

2. 负责人

结算员、服务顾问。

3. 辅助工具

任务委托书、用户发票/结算单、名片、维护表、车辆行驶证、车钥匙、小册子。

4. 流程

结算员现在将所有相关文档移交给用户。这包括：已完成并盖好章的任务委托书；装在发票信封里的用户发票/结算单；在担保期内的任何已实施的工作的建议；（服务顾问的）名片；当前提供的项目、服务行动或新产品发布的详细资料；已签字的维护表；车辆行驶证；车钥匙（直到交接）；适用时，机动性保障手册。

5. 完成本流程必须遵守的行为规范及其案例与原因

1) 把发票/结算单递交给用户（带有惊喜）

规范行为：在发票信封中放置服务礼品（例如，巧克力）。礼品会增进友谊。服务礼品会使用户对发票/结算单感到愉快。

2）感谢用户惠顾并道别

规范行为：主动伸出右手，通过坚定的握手向用户道别。注视着用户说："某某职务、姓名的女士/先生，感谢您的惠顾和信任！再会！"这会传达出自己很期待用户的再次到来的愿望。

3）服务顾问陪同用户进行交接

规范行为：

（1）陪同用户到达出口。

（2）途中，友好地向每个遇到的人问好。这向用户表明：服务人员是为自己的公司感到骄傲，并且这种个人的接触对是很重要的。

（3）确保服务人员走在用户的左侧。这是一个对用户尊重和重视的特殊信号。

（4）如果展厅门是向里开的，扶住门，保持开启，让用户先行。如果展厅门是向外开的，服务人员先行并为用户扶住门，保持开启状态。清理路上的障碍物，尽可能使通向用户车辆的路干净、整洁。

（六）移交车辆

1. 核心信息

提供给用户符合所经销的品牌的服务体验。任务是服务体验和我们自己的骄傲及快乐所传递的体验，给用户一次令人印象深刻的品牌体验。

2. 负责人

服务顾问。

3. 辅助工具

位置图。

4. 流程

服务顾问陪同用户共同交车。交车的多种选择：送车服务，晚间取车。

5. 完成本流程必须遵守的行为规范及其案例与原因

1）在用户车辆旁直接交车

规范行为：在用户车辆旁与用户谈论按照接车时的约定已执行了的修理和服务。这种方式能展示出经销商的高水平的服务，并巩固用户对我们的信任。

2）使用抛光布

规范行为：使用抛光布。这意味着服务人员会随时去除可能会在车上发现的任何痕迹。

3）去除保护罩

规范行为：去除车间用的保护罩，认真确保内部没有污渍或尘土。这向用户表明服务人员对他的车辆进行了干净整洁的处理。

4）从车钥匙上去除经销商钥匙签

规范行为：用抛光布擦干净用户的车钥匙。随着时间的推移，尘土会在车钥匙的凹槽中沉积。

5）在车辆仪表台上留下一个小礼物

规范行为：在车辆的仪表台上放置一块擦玻璃的抹布，或者一块玻璃抛光布，带有题字："我们关注您的视觉感受！"如果可以，在旁边放置一个内部的反馈调查问卷。用户将会非常喜欢这样的小礼物。

6) 针对个人的"感谢"

规范行为:感谢用户的信任并交给他一张名片。向用户展现公司的所有员工都在为了他的安全和舒适提供优质维修服务。而且这正是令服务人员骄傲的事情。从用户档案中删除第三页,"车型"(这页没有被替换并且应该包含所有与服务核心流程有关的人员签字),把它折起来并交给用户,作为一种"感谢"。这强调了经销商的私人化接触。

7) 交接/接收名片

规范行为:

(1) 把名片交给用户,而且这么做的时候要看着用户。名片应该始终崭新。服务人员正向用户表明自己的重视。

(2) 如果用户给了服务人员名片,要先仔细认真地阅读。这表明自己是重视用户的。

禁忌:

(1) 服务人员的名片应该是没有折痕和没有弄脏的。清洁和整齐是服务人员应优先考虑的事。名片是经销商和服务人员自己的使者。

(2) 如果用户给了服务人员名片,不要不看就放在一边。

8) 感谢用户惠顾并道别

规范行为:

(1) 主动伸出右手,用坚定的握手向用户道别。注视着用户,这表明了服务人员对用户非常重视。

(2) 征询用户收集反馈信息时间:"我可以通过电话在接下来的两天里联系您吗?什么时间对您来说合适?星期二的下午8:15还是星期五的8:15?"服务人员应该很自然地想知道所有做完的事情是否达到了用户的要求。

(3) 打开直接接车的大门,并驶出用户车辆并为用户离开做好准备。如果服务人员留下用户单独驾车离开直接接车区域,会令用户感到不安。

(4) 告别:"某某职务、姓名的女士/先生,感谢您的惠顾和信任!再会!"这表现服务人员非常期待与他再次相见。

9) 一个服务活动就是一次服务体验

规范行为:象征性地用抛光布擦拭车的标志。这表明服务人员极为重视并尊重自己所经销的品牌。

(七) 监测工具——用户满意度调查(CSS)

问题1:

您对您的经销商有关下面的问题满意度如何,经销商正确地完成了维护工作?

问题2:

您对您的经销商有关下面的问题满意度如何。

问题3:

已实施的任务的价格/服务的关系?

问题4:

经销商是否在承诺的时间内交车?

问题5：
应付金额与预先告知的费用信息大致相符吗？
问题6：
您最近这次去经销商的原因是不是由于前一次这家经销商（"带入所确认经销商名称"）没有正确执行或全部完成您委托的维修工作而造成的呢？
问题7：
关于以下方面，您对您的经销商满意程度如何？
（1）服务人员的友好程度。
（2）服务人员的专业知识。
（3）送车时的等待时间和取车时的等待时间。
（4）对已完成的维护工作项目或结算清单的解释。
（5）服务人员积极倾听您的要求和期望并给予响应。
（6）经销商是否把已完成的维护工作项目或结算清单主动为您进行了解释？
（7）经销商设施的整体外观（视觉印象/整洁程度）和所经销的品牌的整体形象一致吗？

任务八　跟　　踪

 学习任务

掌握跟踪流程的阶段的要点。

 任务知识

通过跟踪维修服务并通过电话回访用户，使提供的服务更加完美。这是一个表明服务人员重视用户并重视服务人员对服务的承诺的好机会。电话回访对于服务是个很好的营销工具。这是服务人员一个很好的从用户得到关于服务质量的反馈机会。管理队伍及其余的员工能够利用这个信息来识别出改进的潜力，并能从中把有效的行动分离出来。很自然地，在完成一次约定的服务之后得到反馈是很重要的，并能确保由经过训练的员工进行电话回访。电话回访应该能加强并使用户的服务经历更完美。

一、用户的期望分析

除了合理可靠的维修之外，用户期望得到更高级别的客户关怀。研究表明：一个满意的用户能够把一个正面的经历细节分享给5个人；一个不满意的用户将会把负面的经历告知另外的11个人。13%的人将会把细节分享给超过20个人。有关数据显示，每个流失的用户（依据用户的年限）意味着经销商总共要损失超过100万人民币，或者每年5万人民币营业额。

二、基本要求

服务核心流程的跟踪环节的计划、执行和分析按照工作描述并在管理人员的直接责任下进行。足够数量的有资质的员工，定期的员工会议会可以在公司内建立一个良好的基础。

三、跟踪流程的各阶段

(一) 时间

1. 核心信息

欢迎对公司提供的服务有直接体验的用户提出改进建议;因此,在维修服务结束之后必须寻求用户反馈。只有通过这样的方式才能确定公司是否完全遵守了对用户的所有承诺。

2. 负责人

客服代表。

3. 辅助工具

电话回访记录、电话记录报告(IT录入)。

4. 流程

服务人员应该在服务活动之后尽早打回访电话(不多于六个工作日)。

5. 完成本流程必须遵守的行为规范及其案例与原因

1) 在服务活动后的72小时内取得联系

规范行为:在服务活动后的72小时内取得联系。向每个用户征求真诚的反馈。客户关怀的质量是给用户留下深刻印象的关键。服务之后服务人员越快地联系用户,用户就越会感觉服务人员对他的想法非常重视。

2) 维持定期的用户接触

规范行为:在最初的问候之后,选择一个积极的方面来开始谈话:"某某头衔、姓名的女士/先生,您已经成为我们的用户三年了。非常感谢您对我们的信任。"这是一个积极靠近用户的方法。

禁忌:不要准备做出有敌意的反应!(反作用)如果服务人员过于强硬,用户积极正面的印象将被改变。

3) 在通话前设立目标

规范行为:

(1) 让满意的用户推荐服务。用户有很广的交际圈,如果服务人员能通过自己的行动给他留下深刻的印象,他将会很高兴地给其他人推荐服务人员的服务。

(2) 表达愿望:"我们的目标是继续为您提供最好的服务。如果您能将我们推荐给其他人,我们会很开心。"每次交流都会给服务人员提供一个改变用户对其印象的机会。良好的表现会让用户确信自己选对了品牌。

4) 回访电话

规范行为:

(1) 向用户档案中更新或添加联系的详细资料。

(2) 输入新的联系预约并发送打印出的信息给用户(如果要求)。留意每个单独的细节会让服务人员逐步建立起一个完整的用户资料。这产生了信任的感觉,并让服务人员远离竞争。

(二) 范围

1. 核心信息

每个用户对企业都是很重要的。每个负面的评价代表着一个可以改进的机会。每个正面的评价都会激励大家做得更好。

2. 负责人

客服代表。

3. 辅助工具

电话回访记录、电话记录报告(IT录入)。

4. 流程

回访电话应该至少在所有服务用户中的1/3进行。所有经历过有问题的维修或有过重复维修经历的用户必须要接到回访电话。这些用户应该受到特别的关心。

5. 完成本流程必须遵守的行为规范及其案例与原因

1)征询每个用户的意见

规范行为:不要躲避挑战。用户每个想法和意见对服务人员都是很重要的。一些成功的有很高声誉的经销商在服务活动之后,几乎与100%的用户进行联系。

2)用礼品作为报偿

规范行为:用礼品给用户惊喜(根据用户的情况)。经销商可以大范围的使用这种方式,也可以在工作出现错误时使用。

(三) 准备

1. 核心信息

认真对待用户。个性化的客户关怀意味着需要调查用户及其车辆的维修历史。

2. 负责人

客服代表。

3. 辅助工具

用户数据、维修历史。

4. 流程

根据一定的标准选择用户,准备电话回访。为了进一步工作的目的,通话的人应该掌握所有有关提交的车辆详细资料及信息,也就是说,整个维修记录,也包括处理任务委托书的人员姓名,以及将来对维修服务的打算。打电话的人能够给出熟悉的反应。必要时,有关于用户的信息。

(四) 抱怨

1. 核心信息

除了合理全面的维修任务之外,提供给用户超过平均水平的客户关怀。

2. 负责人

客服代表。

3. 辅助工具

用户数据、维修历史、信息反馈制度、"用户抱怨记录"表。

4. 流程

通话的人必须始终认真对待并记录负面的评价或批评。在这样的情况下,询问用户批评的原因、如何补救以及问题得到优先处理都是很重要的。

5. 完成本流程必须遵守的行为规范及其案例与原因

1)在电话中,确认服务人员对报告的职责

规范行为:

(1)拿到用户数据单放在自己前面、创建做标记的空间。
(2)叙述反馈规则。
(3)仅公司中培训过的人可以开展这项责任重大的任务。
(4)服务人员的声誉建立在专业的方式上、对用户评价的针对性应对及敏感的反应。
禁忌:如果打错了电话不要简单地挂断,而要为自己的打扰表示抱歉。
2)注意(接听)态度,并有意识地放慢问候语速
规范行为:
(1)坐在凳子上时,要双脚着地。一个稳定姿态会使您内心保持平静、自信和安稳(与地面接触)。在您面前的是一面镜子,并标注有:"这就是用户看到的我"。
(2)在接听电话前,停顿一下并微笑。用户能感觉到服务人员的微笑。第一反应是至关重要的!友好的反应会使整个通话过程驶向一个正确的方向。没人会抵触友善和微笑。大量的调查(包括在婴儿上的调查)表明友好的姿态会留给正在跟服务人员通话的人一个良好的印象。
(3)缓慢、清晰地讲话。您舒缓清晰的话语有助于实现一次高质量的通话。用户听清与自己通话者的姓名可消除匿名感。名字是一个人对话时最重要的个人信息,对名字的重视就是对人的重视。这是对用户信任和重视的标志。
(4)用某某头衔、姓氏问候用户。
(5)写下所有重要的信息。能重复细节,表明服务人员高度重视用户的意见。
(6)不要把麦克风放在自己的喉部或放在一旁,直接对着麦克风讲话,否则背景噪音会很明显。
3)鼓励用户给出真诚的反馈
规范行为:感谢用户的信任并表达服务人员正期盼他真诚的反馈,"您的车两天前在我们这里。我代表公司再次感谢您选择我们的服务。您对我们提供的服务是否满意?"
禁忌:不要用"那是不对的!"之类的语言反驳用户;不要用"我们没那么做!"之类的语言找借口;不要责备用户说,"你搞错了!"。
4)留意用户关注的问题
规范行为:集中全部注意力对待用户,并且不要仅仅听取内容而是要听出"细微的差别"。用一些确认词来表明自己正在注意倾听,例如"好的、我明白了、哦、是的、我理解"。这表明服务人员对用户关注的问题是感兴趣的。他会感觉到服务人员对他的尊重。
禁忌:在通话期间,避免做其他的事情。用户会留意到并因此而被激怒。从不在通话中打断对方的谈话。打断会影响谈话对象的思路,以至于他不能完整地表达他的想法,这将使用户的兴致受到打击。
5)用户是信息的来源——要真诚地接受反馈
规范行为:
(1)服务人员要接受的反馈甚至是自己不喜欢的,无论如何要真诚的倾听,且不要有解释或找理由。
(2)平静地接受正在说的内容。

(3)询问自己不理解的事情。不是每个回答都能第一时间就理解的,关键是要了解相关背景及内容,此时可以说"您能给我举个例子吗?""为什么是那样,我们能怎么改变它?""我不理解您刚才说的……"之类的语言。用户是获得信息最好的来源,毕竟他提供的信息是他所亲身遇到并经历的状况。

禁忌:不要感到有个人攻击,不要责备别人,不要推测,不要打断说话。

6)提供小奖励

规范行为:给用户小奖励,可以说,"对!好建议!""这是很重要的一点!""好主意!您说得对!"这表明了服务人员对用户真诚的感激。

7)总结用户需求并要求确认

规范行为:总结要点并定时提及用户的名字(如果合适):"我将总结您所说的。这样可以吗?然后我能保证准确地传达。"随着这个过程,让用户在此时体验总结的重要性。

8)感谢用户的反馈

规范行为:感谢用户每个正面的评价,"感谢您真诚的反馈。"把这当作改进的激励。感谢用户每个负面的评价,"您观察得很仔细。谢谢。"把这看作是改进服务质量的最好机会。

9)使每次谈话的结束规范化

规范行为:

(1)创建一个包含最重要信息的表格(服务顾问的名字、接车时间、接车方式、替换车、初步的取车时间、价格、维修服务范围、必要的文档和停车位/维修接车的位置图),并通过电子邮件、信件或传真发给用户。

(2)将可以收集整理最重要的详细资料。

(3)询问用户是否对每件事都清楚了。询问用户是否完全明白能确保用户的满意,"服务人员是否都清楚了?"

(4)询问用户是否还有其他没有解决的问题。询问用户是否还有什么事情,表示服务人员的关心:"是否还有其他我能为您做的?"

(5)如果遗留了一些没解释或不明确的问题,此刻是最后纠正的机会。

(6)如果用户积极地表达自己的想法,交流意见,那么在这种情况下就不容易放弃原来的主张。积极表达满意是一个约定的陈述,用户稍后也会承认。如果高质量的用户服务得到了用户的认可,将会再一次表现在用户满意度调查中。

(7)向用户解释下面要进行什么:"下面将要做的是……"。正确解释可充分体现专业性。

(8)致谢。致谢表明重视:"谢谢,占用您的时间了""我期待着您的光临。"向用户表达自己的愉快可以展现亲和力以及对用户的重视。

10)感谢用户的交流并道别

规范行为:感谢用户的交流并友好地道别。"某某职务、姓名的女士/先生,感谢您的预约和对我们的信任!再见!"结束通话时,必须在用户之后挂掉电话,很快挂断电话是很失礼的。

(五)不满意的用户

1. 核心信息

我们接受每个挑战。目标是让每个不满意的用户变得忠诚并愉快的用户,表达出正面的看法。

2. 负责人

客服代表、服务顾问或服务经理。

3. 辅助工具

用户数据单、维修历史、"用户抱怨记录"表。

4. 流程

如果用户不满意,服务顾问或服务经理也应该给用户打回电话。另外,为用户安排新的预约来解决问题并给予优先性。负责的员工应该始终是那些解决问题的人。

5. 完成本流程必须遵守的行为规范及其案例与原因

1)始终保持必要资源可用

规范行为:给重复维修和抱怨留出时间。专业的声誉及形象很大程度上是依赖于处理抱怨的迅速性及适当性。

2)24小时内进行电话回访,可选择的解决方案

规范行为:24小时之内致电用户:"您好,我是您在××经销商的服务顾问××,请问是××职位、姓名的女士/先生吗?方便占用您一点时间吗?或者我在其他时间再打来?"用户并不期望一个能即时解决的方法,至关重要的是尽快地解决问题。

禁忌:打错电话不要马上挂断电话,而要为打扰道歉。这可能是下一个用户。

3)3个工作日内的电话回访,解决方案的承诺

规范行为:在3个工作日内处理用户的所有关心的事情,不要拖沓。

(六)记录

1. 核心信息

我们从抱怨中获得收获。这能确保我们在未来可以持续地遵守对用户的承诺。

2. 负责人

客服代表。

3. 辅助工具

"用户抱怨及跟踪"表、通话记录的结果。

4. 流程

为了下次与用户联系,必须在ERP/CRM系统中对回访电话进行记录。通过查询记录,就可以在与用户的下次交流中从维修历史记录中参考正面或负面的要点。

5. 完成本流程必须遵守的行为规范及其案例与原因

1)处理成功

规范行为:通过宣布的方式,与每个相关的人员分享成功或正面的反馈。团队重视任何形式的承认,这是动力的源泉。分享成功——因为成功属于我们每一个人。成就是团队努力的结果。团队,"团结起来成就卓越"。

2) 记录抱怨

规范行为:确保完整地记录所有抱怨。

3) 定期评估抱怨并从中学习

规范行为:定期评估用户抱怨。用户的抱怨暴露公司存在的问题并可以有目的地用来进一步改进内部流程并最终提升服务质量。避免不满比费力地恢复满意要更重要、更简单、更节省费用。

4) 取得并执行改进行动

规范行为:持续地观测和分析抱怨的原因能够制定合适的改进措施。从抱怨中学习可以提高今后的服务质量。

(七) 补充资料/辅助工具

1. 核心信息

我们提出想法并设立我们自己的挑战目标。自发的欢迎新行动的执行,以帮助我们实现目标。

2. 负责人

管理层。

3. 辅助工具

电话回访报告结果、针对电话回访报告的行动清单、抱怨及跟踪记录。

4. 流程

可以从打回访电话过程中发现实用的信息,即交谈和记录,改进行动的分析及发展。

1) 改进的想法

规范行为:

(1) 检查改进想法的适宜性及可行性。

(2) 对能够让公司受益的改进给予奖励。

(3) 创造最大的机会并自发地产生想法。

禁忌:不要对批评当前状况的意见进行反驳。

2) 计划的行动

规范行为:

(1) 从通话记录中将最重要的用户评论复制到行动的清单中。

(2) 计划详细和系统的改进措施。

(3) 要灵活、善于学习地考虑到甚至是不同寻常的解决方法。

(4) 要给用户留下积极的印象。

3) 监测抱怨

规范行为:对通话报告进行月度评估;尽快地开始观察改进的效果,并监控改进措施的执行。定期监控以便很快地做出反应。

任务实践

本实践将结合任务一至任务七综合完成。将学生分为若干小组,布置实训任务。各小组学生根据实训任务单1(表9-8-1)和实训任务单2(表9-8-2)的任务要求结合本项目所学内容对表演者进行评价,并提出改善意见。

汽车营销人员售后服务礼仪实训任务单1   表 9-8-1

任务名称	售后礼仪实训	班级		教师评阅	
		姓名			
背景知识考核	(1)你知道电话回访的目的吗? (2)交车礼仪规范是什么?				
自我学习评价	□优　　□良　　□中　　□及格　　□不及格				

汽车营销人员售后服务礼仪实训任务单2   表 9-8-2

任务名称	售后礼仪实训	班级		教师评阅	
		姓名			
任务描述	(1)汽车销售顾问李平电话预约周先生本周六上午九时来店交车。 (2)周先生本周六上午九时如约来到展厅,汽车销售顾问李平负责交车。 (3)周先生刚刚把新车提回家,营销顾问刘明打电话回访				
组织与实施步骤	第一步:分组,每3人一组,分配角色。 第二步:分析出现的问题,提出改善建议。 第三步:在布置好的场地中,模拟练习。 第四步:挑选出典型小组,示范展示				
学生实训后反思与改善	小组互评 优点: 不足: 改善点:				
自我学习评价	□优　　□良　　□中　　□及格　　□不及格				

参考文献

[1] 王景平,留连兴.现代礼仪修养[M].北京:国防工业出版社,2007.
[2] 蔡践.礼仪大会[M].北京:当代世界出版社,2007.
[3] 少恒.实用礼仪大全[M].北京:当代世界出版社,2010.
[4] 石虹,胡伟.汽车营销礼仪[M].北京:北京理工大学出版社,2010.
[5] 金正昆.商务礼仪教程[M].4版.北京:中国人民大学出版社,2013.
[6] 金正昆.服务礼仪教程[M].4版.北京:中国人民大学出版社,2014.
[7] 石虹.汽车营销礼仪[M].2版.北京:北京理工大学出版社,2013.
[8] 姜京花.汽车商务礼仪[M].北京:人民交通出版社股份有限公司,2019.
[9] 孔春花.礼仪与沟通[M].北京:人民交通出版社股份有限公司,2019.